山口正紀

壊憲翼賛報道

04〜07年メディア検証

現代人文社

はじめに

核戦争などによって人類が滅亡するまで、あと何分あるかを示す「世界終末時計」。一九四七年、米国の科学者たちによって創設されたこの時計は二〇〇七年一月、針が二分進められ、現在「あと五分」を指しているという。日本国憲法は、世界終末時計と同じ年に施行された。「政府の行為によつて再び戦争の惨禍が起ることのないやうにすることを決意し」（前文）、「戦争の放棄、軍備・交戦権の否認」（九条）を定めた平和憲法。それが今、世界終末時計のように「あと何分」の危機に瀕している。

二〇〇一年に発足した小泉政権、二〇〇六年にそれを継いだ安倍政権は、「壊憲時計」の針をいっきに進めた。二〇〇五年、「戦争できる憲法」を目指す自民党の「新憲法草案」が発表された。二〇〇七年、それを実現すべく憲法改定の手続きを定めた「国民投票法」が成立した。

それと並行し、「先取り壊憲」の既成事実化が進む。米国のアフガン・イラク侵略に自衛隊が参戦し、「北朝鮮の脅威」を口実に「有事法制」という名の戦争体制が整備された。首相が靖国神社に参拝し、防衛庁が防衛省に昇格、「教育の憲法」教育基本法が改悪された。「規制緩和」の名で労働法制が改悪され、格差・貧困化が拡大する。反戦ビラで逮捕・有罪。市民運動や労働組合、朝鮮総連などへの政治弾圧が日常化した。死刑判決が急増し、「二カ月に一度」の死刑執行。少年法が重罰化され、冤罪は後を絶たず、裁判所は問答無用の誤判を繰り返す。

この状況に「戦前」を知る人は、「満州事変」（一九三一年）前後の空気を感じる、と警告する。今や「戦争できる国」作りの段階から「戦争する国」へと進みつつある日本。だが、マスメディアは「壊憲」の動きにも、その先取り状況にも、警鐘を鳴らそうとしない。それどころか、「テロの脅威」や「犯罪不安」を煽り、「壊憲」への道を地均しする〈翼賛報道〉に雪崩れ込んでいる。

二〇〇七年参院選後の安倍政権自壊で、「壊憲」の流れが止まったかのようなムードがある。だが、それは〈幻想〉にすぎない。二〇〇八年三月、「新憲法制定議員同盟」は、鳩山由紀夫、亀井静香氏を顧問に迎え、中曽根康弘会長は「国会議員の中に改憲のエネルギーが充満している」と語った。同じ月、文部科学省は新学習指導要領に「愛国心教育」を明記、映画「靖国」は圧力で上映が中止された。四月、自公民の超党派「安保議連」が活動を再開し、海外派兵恒久法作りが企まれている。

新自由主義がもたらした「格差・貧困化」の閉塞社会と自民党政治への不信。その行き詰まりを「日米同盟」と資本の要請にそって打開し、抵抗する労働者の闘いをいっきに叩き潰そうとする〈壊憲潮流〉。その危険なうねりが、報道されない水面下で勢いを増している。

国民投票法＝壊憲手続法は、二〇一〇年五月になれば、いつでも作動する。「改憲派」主導の政界再編が行われれば、最短六〇日で国民投票は実施される。この「壊憲時計」は時限爆弾のように時を刻んでいる……。

＊

私は二〇〇三年末、三〇年間勤務した読売新聞社を退社した後、フリージャーナリストとして、『週刊金曜日』その他のメディアに記事・論文を発表してきた。

本書には、二〇〇四年から二〇〇七年まで『週刊金曜日』に連載した記事を第一部「現場で考えた'04〜'07報道検証」として収録した。これは『ニュースの虚構　メディアの真実——現場で考えた'90〜'99報道検証』、『メディアが市民の敵になる——さようなら読売新聞』（いずれも現代人文社）の続編に当たる。第二部「壊憲状況に抗う視点」には、同じ期間に発表した論文、レポートを収め、「あとがきに代えて」で、「メディアがジャーナリズムであるために」何が必要か考えてみた。

本書を通じ、市民が〝壊憲〟翼賛報道を疑う視点を持っていただければ、そして報道現場でメディアの「翼賛化」に抵抗する若い記者たちの助けになれば、と思う。

山口正紀

壊憲翼賛報道
04～07年メディア検証

目次

第1部 現場で考えた'04～'07報道検証

2004年

2005年

2006年

2007年

第2部　壊憲状況に抗う視点

第1部◆現場で考えた'04〜'07報道検証

2004

◆安田弁護士無罪判決

「悪徳弁護士」報道の検証も必要だ

04年1月16日

「安田好弘弁護士ですね。それではあなたに対する強制執行妨害被告事件について、判決を言い渡します」

二〇〇三年一二月二四日午前一〇時、東京地裁一〇四号法廷。川口政明裁判長が判決を読み上げた。「主文　本件各公訴事実につき、被告人は無罪」。瞬間、廷内は支援者の「ウォーッ」という歓声と拍手に包まれた。

判決は、「警察・検察の権力犯罪」への有罪判決というべきものだった。

この裁判で、検察が描いた「事件の構図」は、概略次のようなものだ。

〈安田弁護士は顧問先の「スーンズ社」社長らと共謀し、債権者による賃料差し押さえを免れるため、ス社が所有する賃貸ビル二棟のテナントから入った賃料を実体のないダミー会社の口座に振り込ませ、計二億円を隠匿して、強制執行を妨害した〉

判決は、それが巧妙・悪質な「だまし絵」であることを明らかにした。

第一に、安田弁護士がアドバイスした「分社化」構想は、「強制執行妨害の指南」ではなく合理的な会社再建策であり、実際にビル一棟のテナント料に関して設立された分社には実体もあった。

第二に、別の一棟に関する「分社」は実体のない隠し口座だが、それはス社従業員Sらが会社資金を横領するため勝手に開いたものであり、Sら四人は約二億円を横領、分配した。

判決は、続いて「本件の捜査、公訴の提起」自体を検討の対象とした。

第一に、「関係者の取調べに際して捜査官による不当な誘導があった」こと。従業員Sの「安田弁護士は強制執行妨害を指示し、報酬を得た」との供述調書には不自然かつ重大な変遷があり、それには「検察官の意向が色濃く反映され」ている。

第二に、捜査機関は早い段階でSらによる横領の事実を知りながら、それを不問に付し、あたかも社長が強制執行妨害の目的で二億円を隠匿したかのように見せかけ、安田弁護士がそれに関与したとして逮捕・起訴した。しかも検察は、弁護側が反対尋問で追及・暴露するまで、Sらによる横領の事実を隠し続けていた。

判決は「このような検察官の態度はアンフェアとの評価を免れない」と厳しく批判。Sの供述を、「一種の司法取引のような形で、全面的に捜査機関に迎合する供述を行ったと見られてもやむを得ない」と指摘した。

判決文の表現は穏やかだが、要するに、こういうことだ。警察・検察は、事件の本体であるSらの横領容疑を握りつぶすのと引き換えに、彼らにウソの供述をさせ、安田弁護士の容疑を捏造して、逮捕・起訴した。

許しがたい計画的権力犯罪である。その「動機」は何か。判決は言及していないが、逮捕当時の状況を想起すれば、警察・検察の狙いは明白だ。

安田弁護士は、日本の死刑廃止運動の理論的、実践的リーダーだ。数多くの死刑求刑事件、冤罪事件で検察と対決し、いくつかの死刑判決を覆してきた。一九九八年一二月の逮捕当時は、オウム真理教・麻原彰晃被告人の主任弁護人を務めていた。

死刑廃止運動、麻原弁護団の中心的存在を逮捕し、弁護士活動をできないようにして司法界から排除する――それが、この権力犯罪の動機だ。

メディアはその道具に使われた。新聞、テレビは逮捕と同時に警察情報鵜呑みの「悪徳弁護士」報道を展開。『朝日新聞』は、《安田弁護士／報酬、ダミー会社から／計千数百万円受け取る》《安田弁護士／犯行を終始指示／強制執行妨害事件》などとリーク情報を垂れ流した。『毎日新聞』も、《資産隠し指南　安田弁護士／報酬総額6000万円／「スーンズ」社から6年間で》などと競った。

安田弁護士は一〇カ月近くも勾留され、麻原弁護団の国選弁護人も解任された。判決後の会見で安田弁護士は、「自身の裁判に忙殺され、弁護士としての活動ができなかった」と検察への憤り、悔しさを吐露した。

まさに〈弁護士活動強制妨害〉というべき権力犯罪。それが事実上、判決で断罪された。だが、各紙の判決報道は、その重い意味を伝える扱い・内容ではなかった。一二月二四日夕刊、『毎日』は一面四段で報じたが、『朝日』『読売』は社会面のみ。逮捕報道より小さい扱いですませた。

各紙は逮捕時の自らの「権力犯罪加担報道」にも頬被りした。最も悪質な犯人視報道をした『朝日』は、解説記事で《捜査当局の「強引な捜査」の背景には何があったのか》と、お気楽に書いた。知りたければ、当時の担当記者に聞いてみればよい。

◆日本軍性暴力とイラク

過去に目を閉ざすうちに……

04年1月30日

陸上自衛隊の先遣隊が〈戦地イラク〉に出発した一月一六日夜、東京都内で小さな集まりが開かれた。「日本の戦争責任資料センター」の連続ゼミナールだ。同センター共同代表でもあるノンフィクション作家・川田文子さんが「私が出会った日本軍性暴力被害者たち」と題して話した。

川田さんは一九七〇年代から二十数年余、アジア各地の「皇軍慰安所」で日本兵の性暴力にさらされた数多くの女性たちに会い、被害の聞き取り・記録活動に取り組んできた。

沖縄、在日、韓国、インドネシア、中国……。ゼミ会場の壁際には、川田さんが撮影した十数人の被害者の写真パネルが並べられた。その多くは、私の母親と同世代だ。彼女たちの心とからだには、癒えることのない深い傷が刻み込まれているはず。だが、その表情は穏やかで、中には笑顔もあった。しかし、川田さんのお話を聞くうち、一見穏やかな彼女たちの顔の向こうから凄絶な「生」の痛みが、胸苦しく迫ってきた。

その一人、ペ・ポンギさん。一九四四年秋、植民地・朝鮮から下関、鹿児島を経て沖縄に連れて来られ、渡嘉敷島の慰安所で、毎日何人もの日本兵の相手をさせられた。翌年三月、米軍が上陸。以後五カ月間、日本軍とともに山中を逃げまどった。

戦後、異境に放置されたポンギさんは故国に戻るすべもなく、沖縄本島を転々とした。時には歓楽街で身をひさぎ、野菜売りや子守り仕事で口を糊する日々。一九七二年、沖縄の「施政権返還」で、ポンギさんは「不法滞在者」の扱いに。七五年、特別在留許可を受けるため、出入国管理事務所に「慰安婦として連れて来られた過去」を明らかにした。

報道でそれを知った川田さんは、「これはたいへんなこと」と聞き取りを始めた。物置のような小屋で、「慰安婦」の記憶と激しい頭痛に苛まれ、ひっそり暮らすポンギさん。取材は五年間に及んだ。六歳で一家が離散、以来一人で生きてきた彼女は、我が身を切りそぐように、つらい記憶をポツリポツリ語ったという。

川田さんは、被害者一人一人の写真と語り合うかのように話し続けた。

宋神道《ソンシンド》さん。九三年に「在日」で初めて日本政府に謝罪・賠償を求めて提訴した。彼女は一六歳から中国各地で七年に及ぶ「慰安所生活」を強いられ、何度も妊娠・出産・死産・堕胎させられた。日本の敗戦後は、日本兵にだまされて日本に連れて来られ、見知らぬ土地に放り出された。

ウィダニンシさん。一八歳のとき、インドネシアを侵略した日本軍に拉致・強姦され、慰安所に監禁されて、二年余も強姦され続けた。日本軍から「娘を探したら殺す」と脅されていた彼女の父親は、日本の降伏後、その怒りを再会した娘にぶつけ、憤怒と抑鬱のうちに亡くなったという。次々と語られるすさまじい日本軍性暴力のありさま。耳を傾けるうち、私は一二年前のことを思い出した。

実は、ポンギさんの話を伺ったのは初めてではなかった。ポンギさんは九一年一〇月、那覇市内でひっそりと亡くなった。彼女の追悼集会が一二月、都内で開かれた。その数日前、三人の韓国人・元「慰安婦」女性が日本政府に賠償を求める訴訟を起こした。川田さんは「私たちはポンギさんに何の償いもしないまま死なせてしまった。この裁判で三人の方が名乗り出られたのは、ポンギさんからのバトンタッチのような気がします」と追悼の言葉を述べた。

集会を取材した私の記事は、同月九日付『読売新聞』家庭と暮らし欄トップに《ポンギさんの遺志確かに》の見出しで掲載された。一二年前の『読売』には、こんな記事も載った。

だが……。「ポンギさんの遺志」は今も実現されない。その後、相次いで起こされた「慰安婦」訴訟を日本の裁判所は、ことごとく退けてきた。

そればかりか、「慰安婦は商行為」と、被害女性たちをさらに苦しめる政治家の暴言が繰り返され、それが、「ゴーマン」漫画で流布された。

「日本人拉致被害者」は大々的に報道しても、今や「日本軍性暴力被害者」には関心を向けないメディア。

講演の終わりに川田さんは言った。

「過去の問題をきちんと片付けてこなかったから、自衛隊がイラクに行くようになってしまったんです」

《陸自先遣隊イラク入り》を一面トップで報じた二〇日付『読売』のコラム「編集手帳」は、《イラクの人々は自衛隊の給水活動を待ちわびている》と書いた。なぜ「自衛隊の」なのか。『読売』は、再び「国策」宣伝機関の「過去」に戻ろうとしている。

◆「少年事件」公開捜査

蔓延する「さらし者」容認の思想

04年2月13日

警察庁は二〇〇三年一二月、これまで成人に限定してきた公開捜査を少年にも拡大する方針を通達した。被疑者が少年であっても、「事件が凶悪で再犯の可能性が高く、社会的に大きな不安を与えている場合」は、名前や顔写真の公表も含め公開捜査の対象とする、という。「少年のプライバシー保護、社会復帰」より、「治安、社会不安の解消」を優先する方針。少年法の理念から大きく逸脱している。

一月二七日付『朝日新聞』に掲載された「定期国民意識調査」結果では、この「少年公開捜査」について七四%が賛成し、反対は一九%にとどまった。同じ調査は「少年犯罪への不安」についても訊いているが、四二%が「大いに」、三九%が「ある程度」、不安を感じる、と答えている。

私が怖いなと思ったのは、警察による少年法の「なし崩し改悪」に、あっさりと賛同してしまう「国民意識」のありようだ。それを醸成したのは、少年事件が起きるたび「凶悪化」「低年齢化」をセンセーショナルに叫ぶ報道だが、それだけではない。こうした重大な方針変更を批判的に検証せず、「客観報道」してしまうメディアの姿勢にも大きな問題がある。

各紙は「少年公開捜査」を一二月一一日付夕刊・一面トップで報道した。社会面サイド記事では、《緊急時の運用強調／警察庁「特殊ケースに限定」》＝『朝日』、《人権尊重か治安優先か／適切判断に懸念も》＝『毎日新聞』、《少年犯罪激増　苦肉の「公開捜査」／遺族「真実への一歩」／慎重運用求める声も》＝『読売新聞』などと、「懸念」も一応取り上げた。

しかし、それらの記事から「今、なぜ少年公開捜査なのか」という大きな疑問への答は浮かんでこない。

疑問を解くカギは、その二日前に発表された政府の「青少年育成施策大綱」の中にある。大綱には、「人権保護と捜査の必要性を勘案し、少年事件の公開手配のあり方について検討する」との文言があった。警察庁はこの大綱にしたがい、わずか二日で検討（？）結果を発表したわけだ。

この大綱の基になったのが、〇三年九月、鴻池祥肇・青少年育成推進本部担当相（当時）が首相に報告した少年非行対策の試案。それを報じた『毎日』によると、《試案は、少年を加害者の視点からとらえ直すという「少年法と異なる発想」に基づき、⑴公衆を保護⑵事実解明の重視⑶親も含めた責任の自覚――の三つの観点から》《公開手配に過度に慎重な制度運用の改善》などを検討事項に掲げた。

「青少年育成施策大綱」の実体は「非行対策」だった。これをまとめた鴻池氏はどんな人物か。〇三年七月、長崎「男児殺害」事件で少年が補導された直後の発言が教えてくれる。

「報道の仕方も問題がある。嘆き悲しむ親だけでなく、犯罪者の親も映すべきだ。信賞必罰、勧善懲悪の思想が戦後教育の中に欠落している。日本中の親が自覚するように引きずり出すべきだと思う。今の時代、厳しい罰則をつくるべきだ。親なんか市中引き回しの上、打ち首にすればよい。大綱で道徳心のある心を育てようなどと言っている場合ではない」――まさに「さらし者」の思想。

そんな思想に根ざした「少年公開捜査」は、少年法に反するだけではない。日本も批准した「子どもの権利条約」などの国際ルールにも逆行する。同条約は少年司法に関し、手続きのすべての段階で「子どものプライバシーが尊重される権利」を規定。また、少年司法運営に関する国連最低基準規則は「原則として、少年の特定に結びつくどんな情報も公表されるべきではない」としている。

ちなみに、鴻池氏は〇三年七月一六日の衆院内閣委員会で、「引き回し発言」にからんで子どもの権利条約への認識を問われ、「私は詳しいことは存じておりません」と言い放った。

一月三〇日、国連子どもの権利委員会は子どもの権利保護に関する日本の取り組みへの第二回審査結果を公表した。「子どもの権利条約NGOレポート連絡会議」の仮訳によると、総括所見は、在日外国人の子どもや婚外子への差別、体罰、いじめ、過剰な競争教育など多数の問題点を指摘。「少年法改革」についても、「改革の多くが、条約および少年司法に関する国際基準の原則および規定の精神にのっとっていないことを懸念する」と述べ、その改善を勧告した。

日本の「子どもの権利」が国際社会からどう見られているか、を示す重要な文書だが、マスメディアはほとんど取り上げなかった。「さらし者」の思想は、それを批判しないメディアの中にもはびこっている。

◆「九・一一」後の報道

立ち上がる新しいメディア

04年2月27日

二〇〇三年「九・一一」事件後、世界は変わった、と言われる。たとえば侵略戦争になだれ込む〈アメリカの民主主義〉。だがそれは、「変わった」というより「本質が露呈した」と言うべきだろう。

日本のマス・メディアも同じだ。侵略戦争に反対しない報道。権力に追従する体質がむき出しになった。一方で、確実に「変わった」ことがある。人々のメディアへの眼差しだ。

私は二〇年近い「人権と報道・連絡会」の活動を通じ、事件報道の多くが警察情報の垂れ流しで報道されない事実があることや、報道を鵜呑みにする危険性を訴えてきた。だが、「メディアの中立性」を信じる人々は、容易に「ニュースの虚構」に気づかない。報道被害者の叫びにもなかなか耳を傾けてくれなかった。

「九・一一」後、そんな状況が変わりつつある。新聞やテレビの報道だけでは、なぜこんなことが起きたのかわからない。ほんとうのことを知りたい。爆撃する側の主張だけでなく、それによって殺される側の人々の状況を知りたい。そう思う人々の報道への不満が、メディア本体に疑いの眼差しを向け始めた。私たちには知らされていない事実がある……。

その眼差しの対象は、『読売新聞』『産経新聞』やＮＨＫなど〝国策報道機関〟だけではない。アフガン空爆を支持し、有事法制に賛成した『朝日新聞』『毎日新聞』にも向き始めた。

知りたいこと、知るべきことを伝えてくれるメディアが、あまりにも少ない。高度情報社会の情報飢餓。

そんな状況を変えようとするメディアが生まれ、育ちつつある。インターネット新聞『日刊ベリタ』、三月に創刊されるフォトジャーナリズム月刊誌『ＤＡＹＳ　ＪＡＰＡＮ』だ。

『日刊ベリタ』は「九・一一」を直接のきっかけとして誕生した。大手メディアの「ブッシュ大本営」情報垂れ流しに苛立ったジャーナリストたちが、インターネットを使い、自らオルタナティブな情報を発信しようと二〇〇二年六月に立ち上げた。

元毎日新聞記者の永井浩編集長に、創刊の目的や現状をうかがった。

それによると、『日刊ベリタ』は、海外在住邦人から募った約六〇人の「ベリタ特派員」による記事、ローマに本部を置いて反グローバリゼーションの動きなどを精力的に伝える「IPS通信」の配信、ボランタリーな国際情報翻訳集団「TUP」の速報を中心に、大手メディアが伝えない国際ニュースを掲載している。

最近の報道では、米軍による子どもの虐殺を告発したイラク帰還米兵のインタビュー、サマワのオランダ軍が劣化ウラン弾を発見した、という記事などがよく読まれたそうだ。

当初は無料だったが、〇三年三月からオリジナル記事を一本五〇～一〇〇円程度に有料化し、三カ月四〇〇〇円の定期購読制度も開始。最初、月六〇件だったヒット数は一〇万件に達した。まだ財政基盤が弱く、運営スタッフの多くはボランティアだが、「ミニコミ紙の壁を破った草の根ジャーナリズムとして、確かな手応えを感じる」と永井さんは言う。

韓国ではすでに、インターネット新聞が大統領選挙を左右する影響力さえ持っている。『日刊ベリタ』も同様の大きな可能性を秘めている。

『DAYS JAPAN』は広河隆一責任編集の月刊誌。その目指すものは、同誌によると《「権力の監視」というジャーナリズム本来の役割をになう雑誌・「現場主義」と「調査報道」の雑誌・「人間の命と尊厳」「自然の環境」を守る雑誌・「差別、抑圧、飢餓、女性に対する暴力」などに取り組む雑誌》だ。世界最高水準のドキュメンタリー写真を掲載する、と意気込む。

その創刊前夜祭が二月九日夜、都内で開かれた。広い会場を埋め尽くした参加者の多くが若い世代だった。そのことに驚き、胸が熱くなった。

広河さんも熱く語り、呼びかけた。

「今、人道復興支援の名で暴力がはびこっている。だれがイラクを破壊したのかは一顧だにされない。犠牲者のことを伝えないジャーナリストは、ジャーナリストではない。ジャーナリズムが爆弾を落とす側に進んでいる。爆弾を落とされる場所に行くジャーナリストは少ない。私たちは自衛隊をイラクに送ってしまった。『DAYS JAPAN』は、こんな時代が要請し、一つの形になった。目をそむけてはいけないことがいっぱいある。それを伝えていきたい」

市民の視点で権力を監視し、大手メディアが伝えない情報を発信する新しいメディア。その誕生と成長は、権力にすり寄る大手メディアの記者にも大きな影響を与えるに違いない。

◆裏金作りと恵庭冤罪事件

「うそは北海道警の始まり」です

04年3月12日

二〇〇三年一一月、テレビ朝日「ザ・スクープ」の〈スクープ〉で明るみに出た北海道警旭川中央署の「裏金作り」は、北海道警の「疑惑」から全国警察の「事実」に発展しつつある。

二月二九日、同番組の「警察の裏金疑惑第２弾」が放送された。番組は、新たに福岡県警などの内部告発者の取材をもとに、「裏金作り」という「詐欺・公金横領・虚偽公文書作成・同行使」が、全国警察共通の組織犯罪であることを明らかにした。

この間、道議会の追及を「うそも答弁」でしのいできた道警本部長も、元道警最高幹部の証言で、「調査」を口にせざるをえなくなった。だが、それも「うその上塗り」にすぎない。泥棒の元締めが、「子分がやったかどうか聞いてみる」と言うようなものだ。同番組キャスター鳥越俊太郎氏は言った。「ウソは警察の始まり」。

鳥越氏は、警察の組織的犯罪とうそが捜査活動を含め警察全体に「モラルハザード」を起こす懸念、を指摘した。それはすでに現実化している。二〇〇〇年三月、北海道恵庭市で女性会社員が殺害され、約二カ月後に同僚女性Ｏさんが逮捕された恵庭事件の捜査は、まさにその典型だ。

この事件で警察・検察は、Ｏさんの逮捕・起訴段階で「被疑者以外の会社関係者全員のアリバイを確認した」と明言したが、それは「真っ赤なうそ」だった。公判で証言した会社関係者自身にアリバイがなく、警察が裏付け捜査もしていなかったことが暴露された。公判に提出されたアリバイ調査報告書は「捜査員の作文」で、家族以外の裏付けのある「関係者」は五一人中一三人だけだった。

警察は、Ｏさんに有利な証拠を隠してもいた。「事件の夜、現場近くで二台の車が約二〇分間停車していた」という重要証言。「複数の犯人」を示唆するものだが、警察は事件直後に調書を取りながら、弁護側が証言者を発見するまで隠していた。

Ｏさんが事件の夜、給油した時間を証明するガソリンスタンドのビデオも、警察は隠していた。判決直前、その存在が報道され、検察の描く「犯行時間」は崩れたが、判決はそれを無視し、「犯行は可能」と強弁した。

公判では、捜査員が「自分たちがいかにいい加減な捜査をしていたか」を懸命に訴える迷場面もあった。

事件約一カ月後の四月一五日に被害者の遺品が発見され、一一日以降に投棄されたことが確認された。当時、警察はOさんを二四時間、監視・尾行していた。「被告人には、遺品を捨てる機会がなかった」という弁護側の指摘に、捜査員は「食事や用便、居眠りで数時間、目を離したこともある」「監視を気づかれないよう、人や車の出入りが確認しにくい場所で自宅を監視していた」などと〝反論〟、「見逃した可能性」の立証に努めた。警察官が法廷で自らの「怠惰でマヌケな捜査員」ぶりを力説するとは！

ほかにも、捜索令状も本人の同意もなしに「被害者のロッカーキーを被告人の車から押収した」と称する「物証」捏造の重大な疑惑もある。

まさにうそまみれの捜査。道警の警察官たちは、長年の組織ぐるみの裏金作りで、うそに慣れきったのか。「うそは北海道警の始まり」――。

これほどひどい捜査による逮捕・起訴にもかかわらず、札幌地裁は〇三年三月、「犯人の可能性はある」と、懲役一六年の有罪判決を言い渡した。

その控訴審が三月二二日、札幌高裁で始まる。控訴審には、札幌の四人に加え、新たに東京から四人のベテラン弁護士が合流した。その一人、『裁判官はなぜ誤るのか』（岩波新書、〇二年）の著者で元裁判官の秋山賢三弁護士は、「どこから見ても無罪判決しかあり得ない事件」と断言する。

支援の輪も広がっている。北海道の支援会に加え、首都圏の冤罪体験者やその支援者らが〇三年末、「恵庭冤罪事件支援会・東京」を発足させた。

控訴審初公判前日の二一日には、午後一時から札幌市の北海道大学学術交流会館で「恵庭裁判を考える」集会が開かれる。集会には、河野義行さん（松本サリン事件）・三浦和義さん（ロス疑惑）・山田悦子さん（甲山事件）が参加し、体験を通して冤罪の怖さとOさんへの支援を訴える。

一九七四年の第一次逮捕から実に二五年間、支援者とともに闘い抜き、冤罪を晴らした山田さんのよびかけの言葉。

「Oさんは、かつての私です。正義は法によってしか実現されません。しかし、それには裁判官の意識を変えていかなければなりません。それができるのは、犯人視報道で作られた世間の意識を変え、裁判所を包囲していくような支援運動の力です」

迫られる〈犯人視報道〉の検証

04年3月26日

事件の呼び方が、事件に対する見方、立場を内包している場合がある。

二〇〇一年一月、仙台市の北陵クリニック元准看護士・守大助さんが「点滴に筋弛緩剤を混入した」として逮捕され、計五件の殺人・殺人未遂の罪で起訴された事件。メディアはこれを「筋弛緩剤事件」と呼ぶ。

だが、患者の死亡・症状は筋弛緩剤と無関係で、医療過誤が主な原因だったとしたら……。事件は、殺人・同未遂の「事件性」を失う。そうして別の「事件」が立ち上る。医療過誤、その隠蔽を図る冤罪事件である。

冤罪を主張する弁護団は公判の途中から、「北陵クリニック事件」と呼んでいる。必ずしも冤罪の視点に立たなくとも、「事件の現場」をさす客観的な呼び名と言えよう。メディアもそう呼称すべきだと私は思う。「中立・客観」報道を標榜するのなら。

しかし、報道の大半は「呼び方」どころではなく、「警察の視点」で展開されてきた。裁判は三月三〇日、一審判決を迎える。だが、「マスコミ法廷」では、「前代未聞の病院内無差別殺人」「恐怖の点滴男」として、とっくに「有罪判決」が下されていた。

《背筋凍る〝恐怖の点滴〟／守容疑者／「容体急変」平然と報告》（二〇〇一年一月八日付『読売新聞』）

《「女児」後も急変・死亡／計20人近く容体急変　うち10人死亡》（同一〇日付『朝日新聞』）

多くの読者・視聴者は、今もこれを「信じて」いるだろう。それを覆す重大な疑問が、次々と法廷に提示されてきたにもかかわらず、である。

「人権と報道・連絡会」は三月定例会で、守さんの弁護人・阿部泰雄弁護士に裁判の経過を聞いた。その中から、初期報道、警察・検察が描く「事件」への主な疑問を紹介する。

①起訴五件中二件について、主治医が「心筋梗塞」「薬の副作用」と法廷証言。他三件も専門医が、てんかん、副作用及び医療過誤などを指摘

②筋弛緩剤は一二分間で血中濃度が半減する。それを点滴に混入する方法で死に至らせる「凶器性」が、医学的にも何ら立証されていない

③「患者の血液・尿などから筋弛緩剤を検出した」とする鑑定には、鑑定資料の採取・授受、鑑定法・記録などに

重大な不備があるうえ、再鑑定用に残すべき資料が理由もなく「全量消費」された（鑑定捏造疑惑）

④「筋弛緩剤が多数行方不明」とされたが、「筋弛緩剤の不明」は、守さんが就職する以前から起きていた

⑤同クリニックは多額の負債・経営難から重症患者も多数受け入れる一方、救急対応ができる医師の退職・不在で、「容体急変による他病院への転送・死亡」が頻発していた

他にも、クリニックから警察への「事件通報」の不自然さ、「犯行目撃者」の不存在などいくつも疑問がある。仙台地裁がそれにどんな答えを出すか。三〇日の判決を注視したい。

ただ、判決如何にかかわらず、メディアにはやるべきことがある。逮捕直後に繰り広げたセンセーショナルな犯人視報道の検証とその報道だ。

その一部について、すでに〇三年一一月、仙台弁護士会から「勧告書」が出ている。『河北新報』『朝日』『読売』『毎日新聞』の報道に関する仙台市民の人権侵害申し立てに基づき、各社への告知・照会、調査結果をまとめたものだ。以下に要点を記す。

『河北新報』――被疑者の本籍、住所の地番表記、父親の職業、被疑者の結婚予定、学校時代の写真掲載などは〈プライバシー侵害〉

『毎日』――学校時代の写真掲載は〈プライバシー侵害〉、《殺意の点滴なぜ》の題で行った連載（「仮面の下に殺意」などの記述）や、否認後の「自白」報道などは〈犯人視報道〉

『朝日』――《疑惑のしずく》の題で行った連載の前文（「医療従事者が点滴を凶器とするといった前代未聞の事件」）、同連載各記事の被疑者＝犯人を前提とした「識者、犯罪心理学者の分析」などは〈犯人視報道〉

『読売』――《殺意の点滴　准看護士事件》の題で行った連載各記事、《標的、老人から子供に？／犯行アピール意図か》の見出しなどの一連の記事の記述は〈犯人視報道〉

犯人視報道は、勧告書が指摘した以外にもテレビ・週刊誌も含めて多数ある。報道は「予断を抱いた証人」をつくり、裁判にも影響を及ぼした。

メディア各社には、自分たちが出した「捜査段階の有罪判決」を真摯に検証し、その結果と反省を読者・視聴者に伝える責任・義務がある。

阿部弁護士は問いかけている。

「松本サリン事件誤報の反省は、報道にどう生かされてきたのか」

判決も権力チェックの対象だ

04年4月9日

〈某警察幹部〉全国の警察官、科学捜査研究所の技術吏員諸君。よく聞いてくれ。今後、証拠の鑑定資料を再鑑定用に残す必要はないぞ。全部使ってしまってもいいことになった。

〈まじめな捜査員A〉しかし、我々が遵守すべき犯罪捜査規範には、鑑識資料について「再鑑識のための考慮を払うように」とありますが……。

〈某幹部〉いや、裁判所が言ってるんだ。「鑑定資料を全量消費しても、鑑定書の証拠能力や信用性を否定すべき事情になるとは言えない」って。

〈ふまじめな捜査員B〉てことは、ちょっくらヤバイ資料は、全部使ったことにしてもいいってワケで？

〈某幹部〉そういうことになるな。

〈まじめな捜査員A〉そんなことを認めたら、焦って証拠を捏造する不心得者が現れないとも限りませんが。

〈某幹部〉なに固いこと言っとるんだね、キミは。判決に書いてあるんだ。「警察が事件でっち上げにかかわることはありえない」って、な。


——三月三〇日、こんな会話がインターネット上を飛び交う悪夢に襲われた。二〇〇一年一月、仙台市の北陵クリニック元職員が「患者の点滴に筋弛緩剤を混入した」として逮捕され、五件の殺人・殺人未遂の罪に問われた裁判。仙台地裁（畑中英明裁判長）は起訴事実をすべて認定し、求刑どおり無期懲役を言い渡した。

この裁判で、弁護側は「患者の容体急変は、病気や薬の副作用が原因。検察が主張する筋弛緩剤混入という事件そのものが存在しない」と主張。被告人が犯人であるかどうか以前に、五人の容体急変に「事件性」があるかどうか、が最大の争点となった。

判決は、検察の主張どおり「事件性」を認めた。その主な根拠としたのが、宮城県警の嘱託で大阪府警・科捜研が行った「患者の血清や尿、点滴ボトルなどの各鑑定資料から筋弛緩剤の成分が検出された」とする鑑定だ。

判決はこの鑑定書に基づき、「容体急変はいずれも筋弛緩剤の投与による故意の犯罪行為」と認定したうえで、「犯人は被告人」と断罪した。

弁護側は公判で、この鑑定について「資料の採取、保管、分析方法に問題がある」とし、「鑑定資料たる血清や尿、点滴輸液と、患者五人との同一性の証明がない」と疑問を投げかけた。とりわけ重大なのが、「鑑定資料の全量消費」問題だ。警察の身内＝科捜研の鑑定を検証すべく、弁護側が第三者的な検査機関による再鑑定を求めても、もう資料はない！

鑑定書によると、血清・尿は一ミリリットルから七ミリリットル、点滴輸液は三ミリリットルから五三ミリリットルと、鑑定資料は十分にあり、量も違ったのに、どれも「全部使い切った」。法廷でその理由を問われた科捜研の技術吏員は、「何度も分析を繰り返した」「鑑定嘱託事項になかった他の薬毒物についても分析した」「残った資料は捨てた」と弁明した。

犯罪捜査規範にも違反するこんなばかげた言い訳をだれが信用するだろうか。証拠捏造の「状況証拠」と言われても仕方がないではないか。

ところが、裁判官は信用した。判決は「資料の一部を保管する措置なども考慮すべきだった」と述べながら、「捏造をうかがわせる事情はない」と認めた。これでは、再鑑定を望む被告人の防御権はないも同然だ。

メディアには、警察の捜査だけでなく、裁判を見守り、判決をチェックする責務がある。判決に疑問点があれば、それを指摘するのが仕事だ。

私は判決当日と翌日の新聞各紙、テレビニュースを注意して見たが、鑑定資料全量消費に関する判決認定に疑問を呈した報道はただ一つ、三〇日深夜に放送されたＮＨＫの解説番組「あすを読む」だけだった。同番組で若林誠一解説委員は「鑑定資料を保管するルールを作るべきだ。資料が残っていない場合は、証拠として認めないことが必要ではないか」と指摘した。まったく同感だ。

他のテレビ番組・新聞は、《状況証拠積み重ね結論》（『朝日新聞』三〇日夕刊）といった判決の内容説明や、《「あの子に謝って」／涙で聞く被害者母》（『毎日新聞』同）などの情緒的「被害者家族」報道に終始した。

それどころか、弁護側の冤罪主張を批判する記事さえあった。鑑定資料捏造の主張を「古典的ともいえる手法」と揶揄し、判決で否定されてもやむをえないとした佐木隆三氏の寄稿（『読売新聞』三一日朝刊）。《弁護側の姿勢はいたずらな混迷を招き、司法への信頼を揺るがす結果になった》とする『産経新聞』の解説（同）。

メディアは警察情報依存の犯人視報道に慣れ、権力を監視する視力をすっかり「弛緩」させてしまった。

◆イラク・日本人拘束事件

被害者・家族攻撃を煽る『読売』

04年4月23日

戦争で家族を失った子どもを助けようと、あるいは戦争の惨禍を伝えようとイラクに入った日本人三人が八日、武装グループに拘束された。

衛星テレビ・アルジャジーラが高遠菜穂子さんらの映像とともに伝えたグループの声明文は、自衛隊撤退を求めた。「米軍は我々の土地に侵略したり、子どもを殺したり、いろいろとひどいことをしているのに、あなたたちはその米軍に協力した」と。

その映像が流れてわずか一時間半後、福田官房長官は記者会見で「自衛隊は、イラクの人々のために人道復興支援を行っている。撤退の理由はない」と言明した。交渉の可能性、糸口はあるか。その検討の形跡すら感じさせない問答無用の即答。それが事態にどのような悪影響を及ぼすかなど、考えもしなかったのだろう。

「自衛隊の一時撤退という選択肢はないのでしょうか」「これでは助かる望みがない」「見捨てないで欲しい」

九日深夜、TBS「NEWS23」で三人の救出を必死に訴える家族の姿を見ていたたまれなくなり、一〇日午後、国会議事堂前に出かけた。

一〇〇〇人近い人々が、国会記者会館前の歩道を埋めていた。「三人を見殺しにするな」「自衛隊は撤退しろ」。プラカードを掲げ、首相官邸に向けて声を振り絞る人たち。その頭上の街路灯に、チェイニー米副大統領来日歓迎の星条旗と日の丸が揺れていた。日本人拘束事件の真っただ中、「日米同盟」を誇示するかのように……。

国会前集会では、取材中の報道陣に対しても「イラク戦争の本質をきちんと報道してほしい」「三人を非難するのはやめろ」などと批判の声が上がった。新聞・テレビで、「三人が拘束されたのは自業自得」と言わんばかりの主張が流されていたからだ。

その急先鋒が『読売新聞』。同紙九日付社説は、《三人の行動はテロリストの本質を甘く見た軽率なものではなかったか》と批判。一〇日付では、《イラクでは、一般市民を巻き込んだテロが頻繁に発生している。それを承知でイラク入りしたのは無謀な行動だ。三人にも、自らこうした事態を招いた責任がある》と非難した。

一般市民を巻き込んだテロ？　それを繰り返しているのは米軍だろう。米軍は四月五日以降、ファルージャを包囲し、子どもや高齢者が避難していたモスクにも容赦なくミサイルを撃ち込んで六〇〇人以上を虐殺した。

「邦人拘束」の事態に何ら有効な対応を取れない外務省は、『読売』の「自己責任論」に飛びついた。竹内行夫外務事務次官は一二日、「自己責任の原則を自覚して欲しい」と被害者に「責任」転嫁。一三日付『日本経済新聞』、一四日付『産経新聞』は、それを支持する社説を掲載した。

『読売』の被害者攻撃は、家族にまでエスカレートした。一三日付社説は、《人質の家族の言動にも、いささか疑問がある。記者会見で、公然と自衛隊の撤退を求めていることだ》と批判。さらに、《自己責任の原則を欠いた、無謀かつ無責任な行動が、政府や関係機関などに、大きな無用の負担をかけている。深刻に反省すべき問題である》とまで書いた。

英米のNGO「イラク・ボディカウント」によると、〇三年三月の開戦以来、民間人の死者は一万人を超えた。米軍がばらまいたクラスター爆弾や劣化ウラン弾は「戦闘終結」後もイラクの人々を殺傷し続けている。

この非道な「ブッシュの戦争」で家族を失った子どもたちを助け、劣化ウラン弾の被害実態を伝えようとして命がけで行動した人たちに、『読売』は「反省」を迫るのだ。「安全な？　サマワ」で、自衛隊を持ち上げる提灯記事ばかり書いてきた『読売』が。

この社説が載った一三日、政府の対応を批判する高遠さんの弟妹の発言に関して母親が記者会見し、「二人の感情的な発言を許して欲しい」と頭を下げた。三人の実家には「自業自得だ」「死ね」などの中傷・嫌がらせ電話、手紙が相次いでいるという。

国策に逆らうような非国民は死ね――日本はこんな国になっている。

小泉首相は一三日、「退避勧告に従わず入ってしまう人がいる」と、拘束された三人を暗に非難した。外務省は一四日、契約ジャーナリストも含めて報道各社に退避を勧告した。

開戦以来、「殺される側」からイラク戦争と被害の実態、人々の困難な状況を伝え続けてきたのは、フリージャーナリストやNGOの人たちだ。彼らを「自己責任論」の脅しで退去させ、武装自衛隊は居直り、居座る。

「非人道占領支援」の実態を覆い隠す小泉政権の報道統制。『読売』はそのお先棒かつぎに成り下がった。

◆『読売』改憲二〇〇四年試案

「有志連合軍」参加への道作り

04年5月14日

憲法記念日の五月三日、『読売新聞』は「憲法改正二〇〇四年試案」を発表した。《九四年、二〇〇〇年試案の骨格を踏襲しながら、（中略）国の理念、基本的価値をより明確にした》という。一〜三面に関連記事、一二〜一七面全ページを試案全文と解説記事などで埋めた大特集だ。

一面の見出しは、《家族は「社会の基礎」／「生命倫理」条項も新設》。何を大げさなと思いつつ試案全文を読むと、「第四章国際協力」に、糖衣に包んだ表現で重大な追加があった。

この「国際協力」の章は「九四年試案」が設けたものだが、第一三条（理念）で、「人類の災禍」をもたらす要因として今回、「国際テロリズム」を追加。さらに第一四条（国際活動への参加）で、「軍隊の一部」も含めて「積極的に協力する」国際活動として、「確立された国際的機構の活動」に加え、新たに「国会の承認」を前提に「その他の国際の平和と安全の維持並びに人道的支援のための国際的な共同活動」を盛り込んだ。

どういうことか。一五面の解説記事は、「国際平和協力活動が緊急に必要とされながら、国連が動けない場合、認識を共有する有志国家が共同対処する事態」を想定し、「日本が必要とするのであれば、軍隊が参加できる道を確保した」と説明している。

国連決議なしに米英など「有志国家」が始めたイラク戦争のような戦争に「日本軍」も堂々と参加できるようにしよう、といっているのだ。

三日付『読売』社説《「新憲法」を政治日程に乗せよ》はこう書いた。

《自衛隊のイラク派遣が示すように、自衛隊が国際平和協力活動に果たす役割は大きい。イラク戦争などで露呈した国連の機能不全を考えれば、「国際的機構の活動」への参加だけでは十分な役割を果たせない》

イラク戦争で、米英は「大量破壊兵器隠し」「九・一一テロやアルカイダとのつながり」などの「証拠」を捏造して「戦争の大義」をでっち上げ、数万人のイラク人を殺した。それがいかに非道なものか。当初は戦争に賛成した米国内の主要メディアでさえ最近は、情報操作や民間人虐殺、被拘束者虐待など、イラク戦争の汚い真実を次々と報じている。

それでもなお『読売』は、「戦争の大義」捏造や占領の実態に知らぬ顔をし、自衛隊派遣を賛美しつつ、それを追認する改憲を迫っているのだ。

同社説は、改憲主張の根拠として《国民の憲法意識が大きく変化した。読売新聞の今年三月の憲法世論調査では、65％の人が「憲法を改正した方がよい」と答えた》と述べた。だが、これは「世論操作」というものだ。この調査では、改憲派の標的である「九条改正」に対する賛成は四四％で、反対の四七％を下回っていた。

『朝日新聞』の世論調査（五月一日付）でも、「改憲賛成」は五三％と過半数だが、「九条改正」賛成は三一％、反対は六〇％だった。「九条改正」では、依然として反対が多数派なのだ。

〇三年一二月、小泉首相は自衛隊のイラク派兵決定に関して記者会見した際、憲法前文の一部を読み上げた。

「われらはいづれの国家も、自国のことのみに専念して他国を無視してはならないのであって……」というくだりを取り出し、派兵正当化に悪用したのだ。首相は、前文前段の平和主義にはまったく触れなかった。

『読売』改憲試案も、憲法前文から、九条に直結する平和憲法の真髄というべき以下の文章を削除した。

「政府の行為によつて再び戦争の惨禍が起ることのないやうにすることを決意し」「平和を愛する諸国民の公正と信義に信頼して、われらの安全と生存を保持しようと決意した」

憲法の平和主義、それを条文化した九条は、侵略戦争を起こした「政府の行為」への戒めだった。小泉首相、『読売』改憲論は、戦争の記憶を抹殺することによって、その戒めを解こうとしている。それに乗せられる「戦争を知らない」国会議員たち。

『毎日新聞』五月三日付掲載の衆参両院議員憲法調査では、「戦力保持明記」支持が五七％と九条改正派が多数になった。今、ここにある危機。

まだ戦争の記憶も傷跡も生々しかった一九四七年、文部省が発行し、中学校教科書として使われた『新しい憲法のはなし』は、《こんどの憲法では、日本の国がけっして二度と戦争をしないように》「戦力の放棄」を決めたと述べた後、こう断言した。

《しかし、みなさんは、けっして心ぼそく思うことはありません。日本は正しいことを、ほかの国よりさきに行ったのです。世の中に、正しいことぐらい強いものはありません》

◆立川・反戦ビラ弾圧

〈言論・表現の自由〉はだれのもの？

04年5月28日

イラクに派遣されていた陸上自衛隊第一陣の一部が五月一七日、帰国した。同日の『朝日新聞』夕刊一面に、「家族との再会を喜ぶ隊員」の写真が大きく掲載された。妻の腕から幼い我が子を抱きとる若い隊員の笑顔。記事には、三一歳の隊員の「帰れてうれしい」との言葉があった。「帰れない可能性」もあった。サマワでは四月、宿営地に向けて迫撃弾が撃ち込まれた。五月にはオランダ軍兵士が死傷する戦闘が起きた。

それでも小泉政権が「非戦闘地域」と言い張るサマワに、連休明けから陸自第二陣が続々出発している。その家族は、どんな思いで第一陣帰国のニュースや映像を見ただろうか。

問題は「戦闘の危険」だけではない。自衛隊の「人道復興支援活動」はイラクの人々から喜ばれないばかりか、「米英の占領支援」だとして撤退を求める声が広がっている。これも、隊員と家族には気がかりだろう。

そんな中、自衛官と家族に「イラク派兵を一緒に考えよう」と呼びかけた市民が、「犯罪者」扱いされている。ビラを官舎のポストに入れた「立川自衛隊監視テント村」の三人が「住居侵入容疑」で逮捕・起訴された。

それは、反戦運動の弾圧という問題にとどまらない。市民のだれにもかかわる「言論・表現の自由」と「知る権利」が、権力によって侵害された。そして、「言論・表現の自由」にだれより敏感であるべきマスメディアが、その重大性に気づいていない。

「人権と報道・連絡会」五月定例会で、この弾圧事件について「テント村」メンバーから話を聞いた。逮捕され、一一日に保釈されたばかりの大西章寛さんは、恫喝、侮辱、暴言にさらされた取り調べの中で、刑事が漏らしたという言葉を紹介した。

「これからは、市民団体のビラ入れも商業チラシ配布も、今までみたいに自由にはできなくなるだろう」

警察は家宅捜索で、「住居侵入」と無関係なパソコンや資料多数を押収。逮捕された三人は七五日間も勾留され、公務員男性は保釈後も「休職」扱い。三人で計四五〇万円の保釈金を取られた。「オカミに逆らえば、こうなるぞ」という卑劣な見せしめ。

五月六日の初公判。弁護人は、「情報伝達手段がテレビ、新聞などの巨大資本に独占されている現代社会においては、ビラ配布という情報伝達方法は、市民にとって自分の思想・信条・自分が接しえた知識・経験等を他者に伝えるための数少ない手段であり、その自由は最大限尊重されるべきである」と意見陳述した。

警察・検察は、その自由を「住居侵入罪」の拡大解釈によって、市民から剥奪しようとしている。それは市民の自由な情報交換の機会、マスメディアが伝えない情報を知る手段を市民から奪う。大西さんは言った。

「自衛官も家族も、いろんな不安を抱えていると思う。イラク派兵を市民がどう思っているか、反対意見の中身を知っているかどうか。それによって、派遣先で何か起きた時、現場での反応も変わってくると思う。そうした情報を伝えるビラを遮断し、自衛官を市民社会から隔離する。それが、今回のビラ弾圧の目的だ」

市民の「言論・表現の自由」。それと同時に、自衛隊員の「知る権利」も侵害された、と大西さんは言う。

まさに、「戦時体制」下の言論弾圧。にもかかわらず、マスメディアの多くは、その危険な実態を伝えようとしない。逮捕時は、『産経新聞』やフジテレビ、TBSなどが「防衛庁宿舎に無断侵入」などと警察情報を垂れ流しただけ。しばらくして『朝日』が《ビラ配りでなぜ逮捕》と三月五日付社説に取り上げたが、後は尻すぼみ。『東京新聞』だけが、起訴や長期勾留の問題点を報じ続けている。

同じ時期、三月の『週刊文春』出版差し止め問題では、ほぼ全メディアがトップニュースで伝えた。だが、『文春』報道は市民のプライバシーを商品化して「報道の自由」を危険にさらす「人権侵害商法」でしかない。その反省抜きに、『文春』や身内のメディアは、「報道の自由への挑戦」「言論弾圧」などと大騒ぎした。

その『週刊文春』三月一八日号は、先の『朝日』社説を「左翼小児病」と揶揄し、《関係者以外立ち入り禁止というのに、そこにはいってビラを撒くというのも非常識》などとビラ入れを非難、言論弾圧に加担した。

「言論・表現の自由」は、マスメディアの商売用占有物ではない。市民のもの、「知る権利」のためのものだ。それを侵害する反戦ビラ弾圧の実態を伝えないことで、メディアも市民の「知る権利」を奪っている。

◆佐世保事件

初期集中報道の〈限界と弊害〉

04年6月18日

痛ましい事件が起きた。長崎県佐世保市の小学校で一日、六年生の少女が同級生の首をカッターナイフで切り、死亡させた。テレビで事件を知ったとき、「また集団的人権侵害取材・報道が始まる」と心配になった。

翌二日の各紙は一面、社会面トップで、《「仲良し」2人なぜ／「また子どもが」沈痛》(『朝日新聞』)などと大報道、テレビ各局も長時間を割いて詳報した。以後数日間、新聞、テレビはトップ扱いで報じ続けた。

取材・報道の中心は、「殺意」「動機」「一一歳少女の心の闇」。事件後一週間余りの『朝日』『読売新聞』と『長崎新聞』(ホームページ)を読み比べた。報道内容に大きな違いはなかった。『朝日』の主な記事を見てみよう。

《「仲良し」2人、なぜ》の疑問。最初の答えが二日夕刊一面の《HP書き込みトラブル?》という警察情報。《女児「殺すつもりだった」》と「殺意」も大きく取り上げた。社会面では、ネット上の会話が「事件の引き金になった可能性」を伝えた。

三日朝刊一面は《「後ろから手で目隠し」》と再び「殺意」にふれ、社会面は彼女がホラー小説好きだったと書いた。同日夕刊一面は《「4日前方法考えた」／補導女児「嫌なこと書かれて」》と「計画性」を示唆。社会面《女児「会って謝りたい」》の記事は、少女が面会した弁護士に「何でやったのかな」と話した、と報じた。

四日夕刊一面《動機、「ぶりっこ」書かれ／小6女児不快感、蓄積か》、五日朝刊社会面《体重気にする様子も／事件前HPに》は、体重に関するHP上でのやりとりを取り上げた。

六日朝刊社会面《「バトル・ロワイアル」前月、DVD女児借りる》、七日朝刊社会面《HPに「呪い」「殺しアンケート」／女児「非日常」に関心か》は、中学生が殺し合いを強いられる映画「バトル・ロワイアル」やホラーと、事件の関係を示唆した。

八日朝刊社会面《殺害後、体動かす／女児「死亡確かめた」》は、「殺意」の再確認。九日朝刊社会面《女児の心探る》では、《女児の行動には、なお多くの疑問が残る》として、家族の状況、ミニバスケ部を辞めてからの「行動の変化」などを詳述した。

連日の詳細な報道でも、「なお多くの疑問」と書かざるをえない状況。『長崎』は八日朝刊で《事件発生から1週間、見えぬ女児の心の深淵》として、《ネット空間と現実の世界でもつれていった、一見ささいに見える同級生同士のいさかい。その「動機」と残忍な事件との間には大きな隔りがある》と書いた。『読売』も九日夕刊で、《消えぬ「なぜ?」/犯行と動機　大きな落差》と報じた。

しかし、もともと一週間ぐらいで「なぜ?」が消える、と考えるほうが間違っている。本人が「何でやったのかな」と茫然自失の状態なのだ。

〇三年七月の「長崎男児殺害事件」もそうだった。メディアは事件直後、「少年の供述」を競って報じたが、約三カ月後、精神鑑定を経た「保護処分決定理由」との間には「大きな落差」が生じた。その「決定理由」さえ、事件をどこまで解明できたか。

事件直後の少ない情報で「心の闇」を究明しようとすること自体に無理、限界がある。それを強行して、被疑者・被害者周辺を根掘り葉掘りする。その結果、生じるのが報道被害だ。

『長崎』は八日朝刊に、地元で児童精神医療に取り組む精神科医・宮田雄吾さんの寄稿を掲載した。その報道に関する指摘は痛切だ。

《事件が起ったとき、原因がわからないと不安になるので原因探しが始まる……原因や責任の追及に重きをおいた取材報道は、傷ついた人々の回復を阻害する……被害者や加害者の家族、学校関係者、同級生らの心の回復に対して殺到する報道陣は二次的な加害者ともいえる存在だ》

「報道加害」は承知で、「傷ついた人々」の傷をえぐる週刊誌もある。

《小6殺人「報じられない加害女児の素顔」》(『週刊ポスト』六月一八日号)、《同級生を殺した小6「家庭の事情」》(『週刊現代』六月一九日号)、《新聞が書けない「11歳のバトル・ロワイヤル」》(『週刊新潮』六月一七日号)。取材目的は、好奇心に媚びる「刺激的情報」の収集としか思えない。

ネット上では、また名前・写真など「加害者情報」が飛び交った。〇三年の「打ち首」発言(本書七頁参照)に続き、閣僚がまた悪乗りし、「元気な女性が多くなった」と性差別発言。安倍晋三自民党幹事長は事件当日の講演で、「教育基本法改正の必要性」に結びつけた。

痛ましい子どもの悲劇。それを金儲けや政治に利用したり、おもしろがったりする大人の〈心の病み〉が、この社会に広く根深く蔓延している。

◆朝日新聞「取材と報道」指針

「書く側」本位の実名原則論

04年7月2日

朝日新聞社は記者の取材・報道の指針を四年ぶりに全面改訂し、六月から実施しているという。二一日付記事で「指針の主なポイント」を読んだが、「これでは報道被害はなくならないな」というのが率直な感想だ。

記事は、指針を「事件・事故報道の意義」「被害者の取材と報道」など、五項目に分けて説明している。

その中で、被害者への配慮として「事件直後などに取材を無理強いしない」「遺体の帰宅時は写真取材を原則自粛する」などと明記したこと、「事件発生当初だけでなく、長期継続取材で真相に迫り、より深みのある事件記事をめざす」と継続取材の大切さを明記した点は、記者の取材姿勢を改める重要な指針だと思った。

だが、報道被害を生む根本的な問題には目を閉ざし、手をつけていない。指針は報道の役割を「犯罪情報の共有化と危険の軽減」と規定し、共有すべき情報に「氏名」を含めて「実名原則」を再確認した。それこそが、被害者のプライバシーを侵害し、被疑者をさらし者にする〈報道加害構造〉の最大の問題であるのに。

記事は、治安の悪化にふれ、《事件や事故が起きた場合、詳細な情報が伝わらないことはかえって不安を高める》として、《犯罪や事故を個人や社会のリスク（危険）とみなし、その情報をみなで共有し、再発を防ぎ、望ましい社会について考えることが大切な時代になっている》という。

私は、事件直後の断片的で不確かな捜査情報による集中豪雨的報道こそ、「かえって不安を高める」ものだと思う。それは往々にして、被疑者や被害者に対する「のぞき趣味」的関心を煽るだけで終わり、再発を防ぐのにも役立たない。だからこそ、「長期継続的報道」が大切なのだ。

さらに疑問なのは、《報道には、事件を身近に感じてもらうリアリティ（現実性）が求められる》として、それを実名原則に結びつけたこと。

《氏名は、人が個人として尊重される基礎となる情報であり、社会の中で生きている証しだ。そのように考えたとき、報道はやはり実名から出発すべきだと思う。そのうえで、実名原則の理由を①リアリティを持って情報を共有する②捜査当局などの恣意的な情報隠しや誤りを市民の側からもチェックする③匿名報道では「犯人捜し」や「疑心暗鬼」が広がるなど無用な混乱を招く——の3点にまとめた》

氏名が「人が個人として尊重される基礎となる情報」なら、その情報をコントロールする権利は本人・家族にあるはず。当然、氏名を報道されたくない場合もある。その意思を確かめず、新聞が勝手に「実名から出発」するのは、報道される人を「個人として尊重」していないからだ。「実名原則の理由」三点も、「報道する側」の一方的論理だと思う。

二〇〇一年九月の新宿・歌舞伎町ビル火災で、『朝日』は被害者の氏名・顔写真を掲載した。すでにテレビ映像で、現場が「風俗店」であることは広く知られていた。それでも『朝日』は「飲食店」として被害者名を報道した。読者が《リアリティを持って情報を共有する》ために?

同年一月の「北陵クリニック事件」(「仙台・筋弛緩剤事件」と報道)。『朝日』は、《医療従事者が点滴を凶器とするといった前代未聞の事件》などと実名で犯人断定報道を行い、仙台弁護士会から人権侵害の勧告を受けた。これも《捜査当局などの恣意的な情報隠しや誤りを市民の側からもチェックする》ためだった? ○四年三月の「立川・反戦ビラ弾圧」事件(本書二〇頁参照)を、『朝日』は《ビラ配りでなぜ逮捕》と社説に取り上げ、「市民の側からチェック」した。この社説は「匿名」で、十分にリアリティがあった。

九七年・神戸児童殺傷事件、九八年・和歌山毒カレー事件、九九年・京都日野小事件などでの《「犯人捜し」や「疑心暗鬼」》は、匿名報道が原因? まさに「だれが犯人か」の「氏名」を特定する取材競争が、地域に疑心暗鬼をもたらしたのではなかったか。

記事は、《実名が明らかになることで様々な不利益が生じることも事実だ。十分な取材をしたうえ、記事にする段階で不利益も考量し報道機関として自主的に実名か匿名かの判断をしていきたい》と補足もしている。

だが、警察情報に依存した事件直後の集中報道を「実名から出発」する限り、報道される側の「不利益」は避けられない。匿名から出発し、市民が関係者の氏名情報も共有すべき「公人の公的事件」かどうか、自主的に判断する——指針をこう改めれば、報道被害はきっとなくせる。

04年7月16日

◆松本誤報と恵庭冤罪事件

初期報道の誤り正す公判報道を

松本サリン事件(一九九四年)から一〇年たった。六月二七日を中心に、新聞・テレビ各社が報道の問題点や「その後」を検証する記事・番組を特集した。

二六日には松本市で、シンポジウム「はたして報道は変わったか、そして被害者は今」が開かれた。各紙によると、河野義行さんが改めて犯人視報道による被害の深刻さを語り、「テレビや新聞は間違ったと気づいたら、すぐ訂正を出すべきだ」と、遅すぎる訂正の問題点を指摘した。

松本サリン事件では、約一カ月後に《押収した薬品類だけでは、サリンは合成できないと判明した》（七月三〇日付『朝日新聞』）にもかかわらず、各社が初期の犯人視報道を訂正したのは、翌年四月以降だった。

この事件の報道は、他にも多くの教訓を残した。①警察庁のリーク情報を裏付け取材なしに報道②自社だけ報じない「特オチ」を恐れ、未確認情報を見切り発車報道③予断、思い込みで「犯人らしい情報」を集め、ストーリー化④集団で自宅を包囲し、二四時間監視する人権侵害取材――。

メディア各社は九五年六～七月、特集や特別番組で自社の誤報を検証し、《欠けていた裏付け取材／危険な予断一人歩き／非公式情報チェックに反省も》（七月七日『読売新聞』）などと「反省の意」を表明した。

だが、「反省」は生かされたのか。九五年・オウム報道、九七年・神戸児童殺傷事件、九八年・和歌山毒カレー事件、二〇〇〇年・恵庭女性殺害事件、〇一年・北陸クリニック事件……。松本誤報で「反省した」はずの犯人視報道の問題点がすべて噴出した。報道は何も変わらなかった。

訂正の問題はどうか。河野さんの場合は逮捕に至らず、オウム報道の都合もあって各社が訂正した。だが、他の事件では多くの場合、初期犯人視報道がそのまま放置されている。

河野さんは「間違ったと気づいたら、すぐ訂正を」と訴えた。記者たちが報道の間違いに気づき、訂正、修正するチャンスはある。公判だ。

たとえば、恵庭女性殺害事件。二〇〇〇年五～六月、メディア各社は「交際相手を奪われた嫉妬と憎悪から同僚女性を殺害、遺体を焼き捨てた」と、犯人視報道を繰り広げた。

一審公判では、警察の証拠隠し、アリバイ文書捏造などが次々明るみに出た。事件当夜、現場付近で二台の不審な車を目撃したとの法廷証言（警察はその供述調書を握りつぶしていた）は、複数の真犯人の存在＝冤罪を裏付ける決定的証言だった。

「物証」は、警察の捏造の疑いが濃厚な被害者のロッカーキーのみ。それでも札幌地裁は昨年三月、「犯行の可能性はある」と、有罪判決を出した。〇四年三月、札幌市で開かれた「恵庭裁判を考える」集会で、河野さんは言った――

「可能性だけなら、私も十分に有罪だったでしょう」。

その控訴審が三月、札幌高裁で始まり、六月二九日で四回を数えた。

第二回公判では、被告人・被害者と三角関係にあったとされた男性が、検察が主張する「三角関係」を明確に否定。被害者の携帯電話が女子更衣室ロッカーで発見され、「女性である被告人の犯行」の状況証拠とされた問題でも、「私や上司など男性従業員も更衣室に出入りし、被害者のロッカーにはカギがかかっていなかったことも知っていた」と、一審判決認定の誤りを示す重要証言を行った。

第三回は、元東京都監察医務院院長の上野正彦氏が証言。遺体解剖鑑定書などの分析に基づき、「女性としても非力な被告人が、判決が認定したような方法で、車内に痕跡も残さず被害者を絞殺するのはきわめて困難」などと一審判決に疑問を呈した。

第四回公判では、判決が認定した「一〇リットルの灯油をかけて着火し、五分以内に現場を離れる」方法で、本件のような全身の高度焼損、炭化が生じるかをめぐり、弁護団が二月に行った豚の焼損実験の概要を弁護士が証言した。被害者と同じ体重の豚に衣類を着せ、判決認定の方法で実験したところ、体の表面は黒く焦げたが、皮膚を切り開くとほとんど生の状態で、被害者の遺体焼損状況とはほど遠かった、という。

どれも初期犯人視報道の「間違い」を正す重要な証言だ。公判には毎回、各社が取材に来ている。だが、翌日の新聞を見ると、北海道新聞に一段見出し数十行の記事がある程度。他紙には、記事さえないことが多い。

「報道が間違った」と気づかないのか。それとも弁護側立証だから「ニュース」にしないのか。松本誤報の教訓は、初期報道にも裁判報道にも、生かされようとしていない。

◆熱海署不当逮捕事件

問われる権力チェックの報道姿勢

04年7月30日

警察の捜査がずさんなら、発表を鵜呑みして誤報を流す新聞社もひどい。〇四年五月、静岡県熱海市で旅館経営者が不当逮捕される事件が起きた。「人権と報道・連絡会」七月定例会で、その報告を聞きながら、ため息が出た。「事件」の概要は、こうだ。

五月六日、旅館経営者・山本はるみさんと従業員で元夫

Sさんが熱海署に逮捕された。容疑は窃盗、有印私文書偽造・同行使、詐欺。翌日の『東京新聞』(地域版)は、《従業員の通帳盗む》の見出しでこう報じた。

《調べでは、2人は昨年8月ごろ、当時従業員で入院中だったTさん方に侵入。郵便貯金通帳と印鑑を盗み、市内の郵便局で6回にわたって払戻請求書にTさんの名前を記入し、盗んだ印鑑を押印して計60万円をだまし取った疑い》(記事は実名)

地元紙の『静岡新聞』『熱海新聞』にも、同様の犯行断定記事が掲載された。

山本さんは、取り調べで「罪を認めろ」と自白を迫られたが、無実を訴え続けた。「私は三万円ずつ二回、お金を下ろしたが、それは急病で倒れたTさんの世話していたSさんから、入院中の費用として頼まれたもの。郵便局長にも事情を説明し、納得のうえで払い戻しを受けた」と。

警察はおそらく、山本さんの主張を裏付け捜査して、すぐに容疑、逮捕の間違いに気づいたはずだ。それでも山本さんを二〇日間勾留した。

一方のSさんは、容疑の一部を認める供述調書を取られ、起訴された。だが、こちらにも大きな問題がある。

それを明らかにしたのは、両親の救援に奔走した山本麻衣子さんだ。彼女は弁護士から思うような支援が得られず、インターネットで知った「人権を守る会」の千代丸健二さんに相談。その助言で警察との交渉、関係者の面会など調査に取り組んだ。

そうして、新聞報道とは異なる情報を得た。起訴状では、「SがTさんの部屋に侵入し、通帳と印鑑を盗み出した」とされている。ところが、Tさんが住んでいた部屋の家主の女性は、麻衣子さんにこう言った。

「私はTさんが部屋で倒れているのを見つけ、Sさんに連絡して救急車を呼んだ。通帳と印鑑は、私が部屋で見つけて病院に持っていき、Sさんに渡した。そのことは警察にも二回話して調書になっているはず」

麻衣子さんが面会でそのことを訊ねると、Sさんは「警察にそう説明したが、刑事に『結果的には盗んだことになる』と言われ、罪を認めたような調書を取られた」と話した。

実は「被害者」Tさんは、Sさんが東京でタクシー運転手をしていたときの同僚で二〇年来の友人。労組委員長もしていたSさんを信頼し、山本さんが旅館を開業した後、二人一緒に熱海に来て旅館で働くようになった。Tさんは以前から妻子と別居しており、熱中症で倒れたTさんの世話も、Sさんがすべて引き受けた。

問題は、Sさんが貯金の一部を自分の飲食代などに流用したこと。SさんはTさんの退院後、相当額を返済したが、後にTさんの家族から「もっと多額の金を引き出していたのでは」と疑われ、被害届が出された。

千代丸さんは「これは本来、民事で解決できる問題。半年以上もたっていきなり逮捕した警察のやり方には問題がある。しかも山本さんを共犯と誤認し、逮捕した」と批判する。

山本さんは五月二六日、不起訴処分で釈放されたが、その報道はない。彼女は二八日に記者会見を開き、不当逮捕と犯人視報道に強く抗議した。

会見には全国紙、通信社、テレビ各局の記者が出席したが、記事にしたのは、逮捕報道をした三紙と『毎日新聞』『伊豆毎日新聞』の五紙。他社は、この不当逮捕問題を報道しなかった。

日ごろ「実名報道で権力チェックする」と言っているメディアが、これほど明白な警察の人権侵害を、なぜニュースにしようとしないのか。

報道被害については、『東京』が《精神的ショックに加え、逮捕が報道されたことで山本さんの経営する旅館が旅館組合から除名されるなどした》と触れただけ。会見の席でも、誤報を謝罪した新聞社はなかった。

一方、起訴されたSさんの初公判が七月一六日、静岡地裁沼津支部で開かれた。Sさんは「私は窃盗はしておりません。貯金の一部を借りたこともTさんに話し、了解を得ていました」と全面的に無罪を主張した。

その翌日、麻衣子さんに熱海署から「Sは接見禁止になった」と連絡が来た。無罪主張への報復、家族との接触を断つ人質司法。こんな権力のありようを監視し、伝えることこそ、メディアの仕事ではないか。

◆映画・三浦和義事件

再現された〈報道冤罪〉の恐怖

04年8月20日

映画『三浦和義事件〜もうひとつのロス疑惑の真実』（東真司監督）が完成、七月三一日から九日間、東京・渋谷のミニシアターで公開された。

「過剰な演出じゃないの、これは」と思った人もいるかもしれない。

カメラやマイクを手にたむろする報道陣が、三浦家のゴミ袋を漁って中身を調べたり、郵便受けから手紙を抜き取って勝手に開封したりする場面。連行の警視庁幹部が、報道各社がそろうのを無線で確かめながら、時間稼ぎに車をぐるぐる走らせたり、捜査員がカメラ映りを気にしたりする「深夜の逮捕・引き回しショー」。

「これは、いくらなんでもひどすぎる」と、作品としてのリアリティを失いかねないシーンだ。しかし、それらは脚本家の想像・虚構ではなく、三浦さんが体験した出来事の忠実な再現だ。そのことが、恐ろしい。

「ロス疑惑」とは何だったのか。その全体像を初めて「報道冤罪被害者」の側から描いたこの映画は、「疑惑報道」を信じ、三浦さんに「灰色イメージ」を抱く多くの人に、混乱と衝撃を与えると思う。自分はいったい何を見、何を信じてきたのか。

私は、「人権と報道」をテーマにした市民講座や集会などで講演する際、いつも参加者にこんな質問をする。

「ロス疑惑」事件の三浦和義さんを犯人だと思う人は？　約半数がおずおずと手を挙げる。質問を変え、では、三浦さんは無実だと思う人は？　今度は、一人か二人。五〇人ほどの参加者がいて、一人も手を挙げないことさえある。「銃撃事件」で〇三年、無罪判決が確定したことを知っている人は、半数かそれ以下だ。

そこで、私はいくつか公判で明らかにされた事実を紹介し、それを知っているかどうか、訊いてみる。

●事件当時、三浦さんの会社は黒字で、お金にまったく困っていなかった。つまり「保険金殺人」の動機がない。

●「殴打事件」で、「被害者の傷は、倒れたときに何かにぶつけたもの」という医師の診断書（「殴打」を否定したもの）を、検察は隠していた。

●銃撃実行犯として逮捕された男性は銃を撃った経験も乏しく、彼が借りた「白いバン」は事件と無関係とわかり、無罪になった。一方で、事件前後に三浦さんが国際電話で話したのは彼だけ、と検察が立証した。つまり、「銃撃の共犯者」がいない。

●三浦さんが事件直後から訴え続けた「二人組の強盗」を目撃した人がおり、調書もあった。検察は、弁護団がその目撃者を見つけ、証人申請するまで、その事実を隠していた。

こうした事実のほとんどを、大半の人が「初めて知った」という。そうして、「では、三浦さんは犯人じゃなかったのですか」と私に聞き返す。

メディア総ぐるみのすさまじい「ロス疑惑」報道を浴びた人たちは、いまだにメディアの「マインドコントロール」に支配されているのだ。

その原因は、法廷で上記のような事実が明らかになっても報道せず、無罪判決が出ても、自らの誤った報道について、検証も反省も訂正も謝罪もしない、メディアの姿勢にある。

おそらく低予算で製作されたこの映画は、そうしたメディアに対し、「あなたがたは、いったい何をしたのか」と問いかけている。私は「もうひとつのロス疑惑の真実」というサブタイトルに、一大虚構を合作したメディアの「疑惑報道の真実」を描こうとする若い監督の強い意思を感じる。

映画は、「疑惑報道」の発端からメディアのすさまじい取材攻勢、取引先から取引を停止されるなどの報道被害、逮捕から長期裁判、そして無罪判決へと、事実を忠実に描いていく。その中で、メディアが伝えてこなかったさまざまな真実が語られる。

とはいえ、この作品は「退屈な社会派映画」ではない。『週刊文春』疑惑報道から二〇年に及ぶ三浦さんの苦難の道のり。それを九〇分余に凝縮し、刑務所での処遇改善の闘いなど、印象深いエピソードも織り込みつつ、感動的に描き出している。

三浦さん役を力演した高知東生さんは少々ダンディ過ぎるが、宝生舞さん演じる妻・良枝さんの表情は、はっとするほど似ていた。公判手続きの場面に初歩的ミスもあるが、それを差し引いても「おもしろく、かつ考えさせられる映画」だと思う。

劇場によると、観客は事件当時を知らない若い人が多いそうだ。私は、疑惑報道を浴びた世代にこそ、この映画を見、考えてほしい。報道関係者には、「報道冤罪」の恐さ、メディアの責任を考える機会に、と願う。（作品はDVD化され、GPミュージアムソフトから発売された）

◆警察の裏金作り報道

全国紙は『道新』の闘いに学べ

04年9月3日

アテネ五輪「柔道ダブル金」報道で埋まった八月一五日付『朝日新聞』社会面に、《道新と琉球新報／JCJ大賞受賞》の一段記事があった。日本ジャーナリスト会議（JCJ）が、北海道新聞社の道警裏金問題取材班などに大賞を贈ったという短信だ。

〇三年一一月、テレビ朝日「ザ・スクープ」が旭川中央署の「裏金疑惑」を報じて以来、『北海道新聞』（道新）は〇四年七月まで六〇〇本に及ぶ記事で道警裏金問題を徹底追及してきた。その優れたジャーナリズム活動が、『琉球新報』の日米地位協定改定を求めるキャンペーンとともに表彰された。

その活動を記録した『追及・北海道警「裏金」疑惑』が、「講談社文庫」で出版された。フリージャーナリストが警察の不正・腐敗を暴いた例は数多いが、新聞社がこれほど警察の暗部を探ったのは初めてだ。『日本警察　腐蝕の構造』(講談社文庫、一九八九年)などの著者・小林道雄さんは本書の解説で、《私の知る限り、警察の不正経理についての事例や記述をここまで網羅的に集めた本はない》と称賛する。

私は〇四年三月、新聞労連の記者研修会で、道新取材班の高田昌幸デスクからその取材・報道ぶりを聞き、「よくそこまで警察と対決できたものだ」と思ったが、この本で「道新の闘い」のすごさに改めて感嘆した。

道新の裏金報道は、「ザ・スクープ」放映の二日後、一一月二五日付《捜査報償費/不正支出か》で始まった。同夜、道警・司法担当記者約一〇人が集まり、以後の取材・報道方針を話し合った。そこで出た意見――。

「この疑惑は徹底的に追及しよう。たんなる一警官の個人的な不祥事ではなく、組織全体の問題だ。その輪郭も見えているし、見逃すことは不正に手を貸すことになる」

「マスコミも警察一家の構成員だ、と読者から言われないようにするため、警察が認めた範疇での取材合戦から脱却する契機にしよう」

新聞の事件取材は、タテマエは「権力監視」だが、実態は警察情報に全面依存した犯人探し競争。だが、警察自体が「疑惑」の取材対象である裏金問題で、同じ手法は通用しない。

道新の記者たちは、《報道機関はいつの間にか警察に寄り添い、警察と一体化し、彼らに都合の良い情報しか書けなくなっていたのではないか》との反省から、裏金問題の追及を警察との「内輪の関係」を打破する契機にしたい、と考えたのだ。

そうして本格化した取材・報道は、道警が懸命に隠す裏金作りの実態を次々暴き出した。報道内容を否定する道警幹部の「ウソの上塗り」に怒り、幻滅した現職警察官・OBたちは道新の取材姿勢を信頼し、続々と「内部告発」情報を提供。記者が掘り起こさない限り表に出てこない「本物のスクープ」が連発された。

圧巻は、二月二六日付《弟子屈署で裏帳簿/幹部ヤミ手当記載》の特報。この記事は、元・弟子屈署次長の実名による裏金作りの詳細な証言、道による監査に結実し、道議会で「ウソも答弁」を重ねてきた芦刈勝治・道警本部長を

「陳謝」に追い込む。

道新取材班の批判の筆先は、疑惑解明に消極的な道知事や道議会にも向けられた。読者の声を聞こうと開設した電話・メールの「ホットライン」は、紙面を生き生き血の通ったものにする市民とのパイプになった。

道新取材班が入手した「裏帳簿」「裏金指南書」などの報道、元道警最高幹部の裏金告白証言などで窮地に立たされた道警は、不承不承「内部調査」を行うが、組織的裏金作りは否定して疑惑の幕を引こうと図った。その調査結果発表の会見で、道新記者は居並ぶ道警幹部に問うた。

「泥棒が泥棒を調べるような調査結果に、信憑性があるのか」

芦刈本部長は質問した記者をにらみつけ、しばし無言になったという。道新の報道姿勢を象徴するシーンだ。

警察裏金問題は、市民オンブズマンの情報公開請求などで全国に波及。福岡、静岡、京都、愛媛、鳥取、宮城などで次々問題化した。しかし、公文書の廃棄など警察の隠蔽・妨害もあり、全面的解明にはほど遠い。

疑惑追及報道も北海道を含め、まだまだメディア全体のものとはなっていない。道新ホームページによると、JCJ大賞の受賞あいさつで、高田デスクは「裏金が長年報じられなかった責任はわれわれマスコミにもある」と、警察との関係悪化を恐れる風潮を批判し、こう述べた。

「全国紙は何を怖がっているのか」

裏金作りの総本山は、警察庁だ。全国取材網を持ち、東京に拠点を置く全国紙の存在意義が問われている。

◆JR浦和電車区事件

公安御用達の「過激派」報道

04年9月17日

〈事件を捜査する〉のではなく、〈事件を作る〉。それが日本の公安警察の〝仕事〟だ。目的は、時の政治権力維持に邪魔な勢力の排除、もしくは「国民の不安」を煽ること。〈警察活動を監視する〉のではなく、〈警察活動を広報する〉。それが日本の大手メディアの公安報道だ。目的は、特ダネをもらうこと?

二月、立川・反戦ビラ入れの「住居侵入事件」化（本書二〇頁参照）。五月、「アルカイダ幹部接触」報道。公安警察・メディア一体「事件作り」の最新例だ。

東京地裁で審理中の「JR浦和電車区事件」も、その典型。「人権と報道・連絡会」九月定例会で、冤罪と闘う当事者の話を聞き、そう思った。

公安製「事件」は、二〇〇二年一一月一日に公表された。『読売新聞』同日夕刊に載った「公安の広報」。

《警視庁公安部は一日、JR東日本の運転士に嫌がらせして退社に追い込んだとして、同社労働組合「東日本旅客鉄道労働組合（JR東労組）」の大宮地方本部副執行委員長で、過激派・革マル派幹部のJR東日本社員、梁次邦夫容疑者（53）ら同労組組合員と元組合員計七人を逮捕、JR東労組中央本部（東京都渋谷区）など三十数か所を捜索した》

記事は続いて「公安部の調べでは」と「強要容疑」内容を詳述。概略は、前年一月から六月にかけ、組合の指示に従わない浦和電車区の運転士を脅迫して組合を脱退させ、退職に追い込んだ――というもの。同日から翌日にかけてその他紙、テレビ各局の報道も、ほぼ同じ内容だった。

疑問その一「なぜ浦和の事件で警視庁公安部なのか」。

疑問その二「なぜ一年半もたってから事件に」――。

答えは、〇三年七月の第六回公判、「強要事件被害者」Y氏の尋問で明らかになる。Y氏は自分から被害届を出しておらず、父親が浦和署に話したが、「事件」にならなかった。退職の約半年後、警視庁公安部の捜査員がY氏を訪ねた。被害届は捜査員が書き、本人は署名しただけだった。

梁次さんによると、Y氏はJR東労組浦和電車区分会員だった〇〇年一二月、組合で正式決定した行動を拒否、JR東労組を敵視するJR連合系の行事に参加したことを明らかにし、組合脱退の意思を示した。分会は、これを「JR連合の組織破壊」と受けとめ、職場集会で数回にわたり、Y氏に反省を求めて話し合った。Y氏は言動を左右にし、結局〇一年二月、組合を脱退、七月に退社した。

「Y氏問題」の背景には、八七年の国鉄分割民営化後に発足したJR総連から分裂し、JR東海とJR西日本を中心に結成されたJR連合の組織戦略がある。JR東日本でも九五年に「国防こそ最大の福祉」をスローガンに掲げる「グリーンユニオン」が旗揚げし、JR連合に加盟。JR総連の主力・JR東労組内への浸透、組織拡大に取り組んできた。

梁次さんは、Y氏の言動に対する組合の対応を「憲法で保障された団結権に基づく正当かつ当然の組合活動」という。Y氏は自ら組合を脱退したのであり、まして組合が退社を迫ったことなどなかった、と。

それを管轄違いの警視庁公安部が「事件」化した。標的は、JR東労組の本丸。数次にわたり、組合本部や本部役員宅など計六四カ所を捜索。

取調べでは「事件」と直接関係のない「革マル派」との

関係などを執拗に追及した。逮捕された梁次さんら七人は、三四四日間も勾留された。

「公安警察の狙いは、ＪＲ東労組を過激派、反社会的集団と印象付けること。平和・人権・民主主義を掲げるＪＲ東労組は、９・11後のアメリカのアフガン空爆に反対し、小泉政権の『戦争ができる国作り』と闘ってきた。私たちの逮捕は、それへの政治的弾圧」と梁次さんは言う。

その「過激派イメージ」作りに全面協力したのが、メディアだ。逮捕報道で、『日本経済新聞』『東京新聞』以外の全国紙各紙が、梁次さんを「革マル派幹部」と断定した。『朝日新聞』は《ＪＲ東労組内の「マングローブ」と呼ばれる革マル派組織の幹部で、事件の中心人物》とまで書いた。

「ＪＲ東労組は『組織の政治介入は認めない』という立場をとっており、私自身、革マル派と対立する場面も経験した。公安はマスコミにウソの情報を流させて組織を動揺させ、ＪＲ東労組をつぶそうとした。それが今回の『事件』の狙いだと思う」

アカ、過激派、オウム、テロリスト……。権力は、自分に刃向かう者に恐ろしげなレッテルをはって不安を煽り、人民を分断支配する。メディアが、その道具であっていいのか。

◆続・熱海署不当逮捕事件

〈人質司法の犯罪〉伝える報道を

04年10月15日

瞬間、法廷内の空気が凍りついた。

「裁判長、私を証人として呼ぶ許可を求める申立書に回答をいただいていません。お返事をお願いします」

九月二八日午後四時半すぎ、静岡地裁沼津支部一号法廷。傍聴席最前列の若い女性が突然立ち上がって発言した。一瞬の後、裁判長が言った。

「傍聴者の発言は禁じます。それ以上発言を続けたら退廷を命じます」

〇四年五月、静岡県熱海市の旅館経営者・山本はるみさんと従業員で元夫Ｓさんが、窃盗などの容疑で逮捕された事件（本書二七頁で概要紹介）。容疑は「〇三年八月、入院中の元従業員Ｔさん宅に侵入して郵便貯金通帳と印鑑を盗み、郵便局で払い戻しを受けて計六一万円をだまし取った」というものだった

山本さんの容疑は明白な事実誤認で、不起訴・釈放。それでも二〇日間勾留された。Ｓさんは容疑の一部を認めた

調書を取られ、起訴された。

だが、Sさんの逮捕・起訴も不当なものであることが、両親の救援に奔走した山本麻衣子さん、「人権を守る会」の千代丸健二さんの調査で明らかになった。通帳と印鑑はSさんが盗んだのではなく、急病で倒れたTさんを見つけた人から預けられ、入院費など必要に応じて引き出した。その際、Sさんが一部を自分の飲食代などに流用したが、後に返済した。

起訴後、接見禁止が解除されたSさんは、面会した麻衣子さんに「刑事にそう説明したが、『結果的に盗んだことになる』と言われ、罪を認めるような調書を取られた」と話した。

七月一六日の初公判。Sさんは全面無罪を主張した。その翌日、検察の請求で裁判所は再び接見禁止を決定。父親との意思疎通を遮断された麻衣子さんは、四回にわたり、接見禁止解除の申立書を裁判所に出した。

第二回公判間近、麻衣子さんは、初公判後に加わった国選弁護人から、「父親の翻意」を知らされた。五カ月近い勾留と再度の接見禁止で弱気になったSさんは、「一刻も早く外に出たい」と公訴事実を認めることにしたのだ。Sさんは最初の国選弁護人から「認めれば早く出られる」と言われていたという。麻衣子さんは、「私は父がやっていないという真実を知っているので、公判廷で証言させてほしい」との申立書を出した。

そうして迎えた第二回公判、審理は合議になり、改めて罪状認否が行われた。姉川博之裁判長が「前回話したことに変わりはないか」と訊くと、Sさんは「変えさせていただきます。罪を認めます」と答えた。

直ちに証拠調べに移り、検察側が申請した証拠に弁護側はすべて同意した。続く被告人質問。Sさんは警察で作られた「自白」調書も「認めます」と答えた。初公判を担当した裁判官が「前回、なんであんなことを言ったのか」と訊いた。Sさんは、「拘置所でいろいろ考えた結果、認めることにしました」とだけ述べた。

審理は、証人尋問、論告求刑、弁護側弁論と進み、約一時間で結審。裁判長が次回一〇月二八日の判決言渡しを告げた。最後に弁護人が接見禁止の解除を求めると、検事は「接見禁止は本日までです」と答えた。

全部筋書きができていたのだ。茶番劇は、裁判所、検察、弁護側が事前に合作した脚本通り演じられた。麻衣子さんが、傍聴席から裁判長に申立書への回答を求めた場面以外は。

検事が「犯情は悪質」と決まり文句で懲役一年六月を求刑したのに対し、弁護人は「情状酌量」を訴えた。

Sさんは、元同僚のTさんに仕事や住居を世話し、高齢で独り暮らしのTさんが難病を患った後は食事の面倒も見てきた。〇三年、熱中症で倒れたTさんを病院に運び、入院中の世話をしたのもSさん。借りた金はわずかで、すでに返済ずみ。弁護人はこれらの事情を挙げ、「なぜ逮捕、起訴しなければならなかったのか疑問」とまで言いながら、無罪判決ではなく「執行猶予の判決」を求めた。

Sさんに罪のないことは重々承知で、猿芝居を演じる「司法のプロ」たち。長期勾留、接見禁止という拷問手段を使って、被告人に「真実に基づく裁判」を断念させる。これが裁判か、これでも裁判か。裁かれるべきは、この「人質司法の犯罪」だ。

三人の記者が公判を取材していたが、翌日記事にしたのは『静岡新聞』だけ。《一転、起訴事実認める》の二段見出し、記事の最後に「初公判直後から接見が禁止され、精神的に追い込まれた」との麻衣子さんの談話で、かろうじて人質司法に触れた。

他のメディアは、おそるべき人質司法の実態を市民に伝えなかった。

◆新聞労連記者研修会

「ウソつき依存の事件報道」脱却へ

04年10月29日

「警察は平気でウソをつく。それが道警の裏金取材でよくわかった。そんな警察情報に頼った事件報道をこのまま続けていていいのだろうか」

一〇月上旬に都内で開かれた新聞労連ジャーナリスト・トレーニングセンター（ＪＴＣ）研修会で、『北海道新聞』道警キャップ・佐藤一記者は、若い記者たちにこう問いかけた。

事件報道の最前線にいる記者がこんなふうに語るのを聞き、長年続いてきた警察情報依存の事件報道が大きな転換点を迎えた、と私は思った。

ＪＴＣ研修会は毎年一～二回開かれている。今回のテーマは「権力をどう報道するか」。全国から約五〇人の若手記者が参加し、改憲、警察裏金問題、反戦運動弾圧などについて、取材者や弾圧被害者の話を聞いた。

警察裏金報道では、道新の佐藤記者、『高知新聞』県警キャップ・竹内誠記者の二人が取材体験を話した。

佐藤記者は九三年に入社し、五年前から警察担当、昨年から道警キャップ。竹内記者は九一年入社、支局勤務以外は「サツ回り」専門で、三年前から県警キャップ。二人とも、地元紙を代表する「事件記者」だ。

佐藤記者は〇三年一一月、テレビ朝日「ザ・スクープ」が道警裏金作りを特報したとき、「道警の内部告発が、なぜテレ朝に行き、道新には来なかったのか」と、大きなショックを受けたそうだ。「それは、道新は情報を握りつぶすかもしれない、と内部告発者に思われたからではないか」と。

道新の「サツ回り記者」たちは、そんな反省から「とにかく徹底的にやろう。そうして読者の信頼を取り戻そう」と話し合い、〇四年九月末までに七〇〇本の記事を書き続けた。

彼らは読者の信頼をかちとった。道新には組織的な裏金作りの実態を伝える内部情報が次々寄せられ、相次ぐスクープとなった。九月、シラを切り続けた道警幹部が、ついに「組織的不正」を認めた。ところが……。

「道警幹部は『道新とのこれまでの信頼関係が失われた』と言い出した。でも、信頼関係って何だろう。彼らは道新の報道を否定し、『組織的不正はない』とウソを言い続けてきた。それを信じるのが信頼関係か」

道警幹部は、道新記者に嫌がらせもしたという。事件事故の発表の際、わざと細部を省略し、他社の補足取材に応じても、道新記者には口をきかない。日常の事件報道で捜査情報をエサに、道新記者の屈服を図った。

「それが、警察との関係、事件報道も見直そうと話し合うきっかけになった」と佐藤記者。警察発表のままに事件発生、逮捕、供述情報を書いていていいのか。それが、冤罪加担、報道被害の原因にもなってきた。裏金問題取材に携わった若い女性記者は、仲間にこう問いかけたという。

「何のために記者をしているのだろう。何時間後かに発表されることを書いて、特ダネだと自己満足することか。警察が発表しないこと、知られたくないことを取材し、書いていくのが記者の仕事ではないのか」

『高知新聞』は、竹内記者が〇三年七月二三日付で報じた《県警、捜査費を虚偽請求／架空「協力者」仕立てる／本紙調査》の特報を皮切りに、警察裏金報道に取り組んできた。

「情報を入手したのは〇三年春。記事にするまで、ずいぶん勇気がいった。取材を察知した県警幹部から、記事にしないでくれと懇願されたり、つかみかかられたりした。彼ら全部を敵に回すのか、と悩んだ。上司に話すと『警察か読者か、どっちを向いて仕事しているんだ』と言われた。入社の面接で、権力と闘うと言った自分を思い出した。一〇年たって、汚れている自分が見えた。記事が出ると、親しかった刑事に『お前は敵や、もう口をきかん』と言われた」

竹内記者もまた、事件報道のあり方に疑問を持つようになったという。

「半日早いだけの報道に心血を注ぐのが記者の仕事か。高知では全国紙は裏金問題を書かない。今、権力の腐敗を追及しているのはオンブズマンや一部の雑誌だけ。新聞は読者から信頼されなくなっている。警察の不正を知っていて書かないのは、不正に加担するのと同じ。記者は市民の方を向いて仕事をしなければ」

二人の話を聞いて、ある地方紙の新人記者が、こんな質問をした。

「警察はウソをつくという。でも、今の事件報道だと、ウソつきから聞いた話を信じて記事を書かなきゃいけない。そんなことはしたくない。いったい、どうすればいいのですか」

警察依存の事件報道を記者たちに強いるマスメディアの幹部たちは、この根源的疑問に、どう答えるのか。

◆恵庭冤罪事件

裁判で見えてきた〈真犯人の工作〉

04年11月12日

冤罪事件には、さまざまな要因がある。捜査員の思い込みによるずさんな捜査。捜査情報を鵜呑みにした犯人視報道。それに影響され、検察官に迎合する裁判官。

捜査を誤った方向に導く〈真犯人の工作〉も要因の一つになる。

一九四九年に英国で起きたエヴァンズ事件。二五歳の青年が妻子殺害容疑で逮捕され、死刑になった。有罪の決め手となったのは、住宅の階下に住む元警察官の証言。死刑執行の三年後、この人物が女性六人殺害容疑で逮捕されてエヴァンズ事件の真犯人と判明、死刑廃止のきっかけになった(渡部保夫著『刑事裁判を見る眼』〈岩波現代文庫、二〇〇二年〉より)。

二〇〇〇年三月に北海道で起きた恵庭女性殺害事件。被害者の同僚Oさんが逮捕され、一審は懲役一六年の有罪判決。控訴審が〇四年三月に始まり、一審判決の誤りを示す新証拠、証言が次々出ている。

その第七回公判が一〇月二八日、札幌高裁で開かれ、被告人質問が始まった。控訴審から弁護団に加わった秋山賢三弁護士が、一審の膨大な記録と二審で判明した新事実をもとに質問。一審判決が描いた事件像と、Oさんの実像がいかに相容れないものかを立証した。

Oさんは両手小指・薬指が極端に短く握力がきわめて弱い。二ドア車の後部座席に回ってヘッドレスト越しに絞殺するという一審判決認定の無理不自然。計画的犯行と相容れない偶然の残業。事件当日と翌日、同じジーンズ・靴をはいていたこと。どれも重要な無罪証拠だ。

さらに、質問で浮かび上がってきたことがある。〈真犯人の工作〉の痕跡だ。第一は、被害者の携帯電話が事件翌日、会社の更衣室ロッカーで発見され、その携帯から犯行後、Oさんと関係のある複数の電話番号に架電されていたこと。

北海道警捜査一課長は、逮捕時の会見で「決め手は被害者の携帯電話が会社に戻っていたこと」と述べ、メディアも大々的に報じた。検察の冒頭陳述は、「女子更衣室に怪しまれずに出入りすることが可能な従業員による犯行」と述べた。

一審判決は、携帯の架電先を「電話帳未掲載で関係者以外に知り得ない被害者の勤務先や交際相手」と断定、「被告人が犯人である可能性を疑わざるを得ない」と述べた。

だが、更衣室には施錠装置がなく、女子従業員以外の人も容易に出入りできた。ロッカーにもカギはかかっていなかった。それが一、二審の複数の従業員証言に続き、Oさんの証言でも裏付けられた。

しかも、携帯からかけられた電話の番号は着信履歴とアドレス帳に残っていた、と弁護人が質問の中で立証した。携帯を手にすれば、関係者以外でも電話できたのだ。

もしOさんが犯人なら、なぜ自分が怪しまれるような場所に携帯を戻し、勤務先関係などに電話したのか。判決は説明できなかった。携帯電話のナゾ。それは、捜査を被害者の勤務先に絞らせる「真犯人の工作」と考えれば氷解する。

工作の第二の痕跡。事件一カ月後の四月一五日、Oさんが任意同行された翌日に、Oさんの住む早来町の山林で被害者の遺品が焼損されて見つかった。遺品投棄は大雨が降った一一日以降。当時、Oさんは警察に二四時間監視・尾行されていた。一審判決は「監視の目を逃れて、徒歩か車で現場まで往復することは可能」と認定した。

警察の監視を知りながら、犯行の証拠となる遺品と灯油を持ち、車か徒歩で、ぬかるむ山道を真っ暗な森に行って遺品を焼く。「逮捕してください」というような行為だ。

ぬかるみを走れば車に泥もつく。質問にOさんは「田舎では夜、人が歩くこと自体、目につく。みんな車ですから。その期間、車を洗ったこともない」と述べた。

Oさんが犯人なら、逮捕の危険を冒して遺品を投棄する必要もメリットもない。自分への疑いを強めさせるだけだ。だが、真犯人には、まさにそれがメリットとなる。

真犯人の〈工作の痕跡〉が見えてきた。それは、Oさんの無実を示す強力な〈状況証拠〉でもある。

◆「紀宮婚約」報道

皇室翼賛報道をリードする『朝日』

04年11月26日

こりゃまた随分、年下の男性と……と思って写真説明を見ると、一四年も前に撮影されたものだった。『朝日新聞』一四日付一面トップ《紀宮さま婚約内定》の記事に掲載された「婚約内定者」の写真だ。翌一五日付一面には、『朝日』報道で報道陣にとり囲まれた現在の写真。前日の「若者」とは、まるで別人だ。あんな古い写真を載せられて、本人も嫌だっただろうなあ。

それはまあ、どうでもよいが、どうでもよくないのは、またしても始まったメディアの大騒ぎだ。皇族の冠婚葬祭のたびに繰り返される「祝意」や「悲しみ」の強要。

NHKはじめテレビ各局は、一四日早朝からトップニュースで『朝日』報道をフォロー。一五日の各紙朝刊も一面トップ。社会面には、《気さくな「クロちゃん」》＝『読売新聞』、《電話、メールで心通わせ》＝『毎日新聞』、《「幸せ」にじみ出て／輝くサーヤの笑顔》＝『産経新聞』、《幸せ導いた兄の愛》＝『東京新聞』など、気恥ずかしい大見出しが躍った。各局ワイドショーは終日、「秘蔵映像」「母娘秘話」「お相手秘話」で盛り上がった。どれも同じような「秘話」！

『朝日』初報によると当初、九日に発表の予定だったのが、《中越地震や台風の被災者が苦しんでいるさなかに慶事を発表するのは忍びないという両陛下とお二人の強い意向で、延期された》という。

確かに、地震から三週間たっても仮設住宅の目途さえ立たずに豪雪期を迎える被災者にとって、自分たちの税金から結婚一時金（持参金）だけで一億五〇〇〇万円もの大金が支給されるという話を聞けば、心穏やかではいられないと思う。

だが、メディアは、そんな被災者にも「婚約への祝意」を求める。

一五日付各紙は、《地震の被災者「明るいニュース　心が癒される」》＝『朝日』、《被災者も「勇気出る」》＝『読売』、《被災地でも笑顔広がり》＝『毎日』、《「復興のはげみ」被災地・新潟から喜びの声》＝『産経』などと、大きく報じた。

ホントかよ、と思う。最初から「明るいニュース」に仕立てるべく、記者に《喜びと、公表を延期する配慮への感謝の声》（『読売』）ばかり、かき集めさせたのだろう。そうして、「婚約を喜ばないのは非国民」というムードを作り上げる。

そんな「祝意強要」に、いつも火をつけるのが『朝日』。一六日付『日刊ゲンダイ』によると、今回の記事を書いたのは、《朝日で40年近く皇室を担当しているベテラン編集委員》で、「秋篠宮成婚」「皇太子妃懐妊の兆候」報道も、この記者の「スッパ抜き」という。

まさに「皇室に強い朝日」。社説に《紀宮さまは、日本の伝統文化がいわば凝縮されている皇室で育たれた》（一五日付）などと書く『産経』より、同じ日の社説で《家族のつながりを大切にしてこられた……平成の皇室像》を強調した『朝日』のほうが、リベラルを売るアキヒト氏周辺には好ましいのだろう。

アキヒト氏は秋の園遊会で、米長邦雄氏（東京都教育委員、棋士）に「国旗・国歌は強制でないのが望ましい」とか何とか言った。「日の丸・君が代は自発的に」という、内心の自由により深く踏み込む政治的発言だ。それを『朝日』は、「天皇が日の丸・君が代強制をたしなめた」かのように持ち上げて報じた。「リベラル天皇」を印象づける『朝日』報道の典型だ。

〇四年、天皇・皇族の政治的発言が相次いだ。皇太子は二月、「イラク復興支援に当たられる自衛隊の皆さん」を激励。アキヒト氏も四月、チェイニー米副大統領との会談で「自衛隊の貢献」を強調した。

これらの発言は「国を愛する心」や「伝統文化の尊重」を学校教育に持ち込もうとする「教育基本法改正」の動きとつながる。そうした発言を、イラク派兵に反対のはずの『朝日』は問題にしない。

〇五年で敗戦から六〇年。メディアは、侵略戦争を指揮した天皇の責任を問わないことで、戦争を煽った自らの責任もごまかしてきた。「無責任の象徴」を美化する皇室翼賛報道の先頭を、『朝日』が走る。

◆長野県警「犯人扱い」事件

〈松本の教訓〉を学ばない『週刊新潮』

04年12月10日

「事件の後、いろんな方にお会いしましたが、私の話を最後まで聞いて本当に気持ちをわかってくださったのは、同じ被害にあった河野義行さんです。河野さんとお話しして気持ちが楽になりました」

〇四年四月、長野県飯田市で起きた女性殺害事件で、警察に一時「犯人扱いの取調べ」を受けた被害者遺族・桜井好子さんの言葉だ。

一一月二〇日、都内で開かれた「人権と報道・連絡会」主催のシンポジウム「弾圧・冤罪・裏金作り――警察の犯罪・メディアの現在」でのこと。桜井さんは、ポリグラフにかけられたり、一日一五時間に及ぶ取調べを受けたりした被害体験とともに、「河野さんに救われた思い」をこう話した。

長野県警は当初、桜井さんの人権侵害の訴えに対し、本部長が県議会で「説明や配慮が不十分だった」と述べるにとどまっていた。しかし、県公安委員を務める河野さんが一〇月七日、桜井さん宅を訪ねて二時間半にわたり面談。翌八日、県公安委員会は県警に「直接会って陳謝すべきだ」と提言した。これを受け、飯田署署長が一二日、桜井さんに直接謝罪した。

実はこの事件でも、「桜井さん犯人説」がリークされ、一部の社は桜井さん宅の写真を撮り、家族状況を密かに取材していた。だが、実際には犯人視報道に至らなかった。ある記者は桜井さんに「昔だったら書いていたかもしれない」と打ち明けた。桜井さんは「松本サリン事件のことが勉強になっていたんだと思います」と語った。

しかし、〈松本の教訓〉を学ぼうとしない者もいた。《「犯人扱い」遺族を唖然とさせた「河野公安委員」》という記事（一〇月一四日号）を掲載した『週刊新潮』である。

記事はまず《母親を失ったばかりの彼女を追い詰める警察》などと長野県警を非難し、こう書いた。

《そう、長野県警といえばかつて松本サリン事件で、第1通報者の河野義行氏を犯人扱いし、冤罪捜査に晒した〝前科〟がある。全く同じ構図ではないか》

日ごろ警察情報を噂話で潤色し、「新聞が書けない」記事を売り物にする同誌には珍しい「人権派」ぶりだ。だが、本当の狙いは見出しが示すとおり、河野さんにあった。

記事は《被害者を悲しませた「あの人」のひと言》とし

て、九月二四日の公安委員会後に河野さんが記者に話した言葉を、「警察と一緒にどうすれば納得させられるか考えていく」「本人にすれば犯人扱いと思うでしょうが、手続きを踏んでやっている」などと警察を擁護したかのように歪曲。そのうえで、桜井さんの談話として「納得なんてできるはずありませんよ。あの人も同じような目に遭っているのに、あれじゃ、まるで警察の代弁者じゃないですか」などと書き、《〝公人〟となった河野氏に、何があったのか》と記事を結んだ。

河野さんに真相を聞いてみた。

「新潮の記者があの場にいたかどうか知りませんが、記事は私の話の前後を切り離し、文脈を変えて歪曲したもの。警察の見解として伝えたことも、私の言葉にされています。私が言いたかったのは、遺族の方がどうしたら心穏やかになれるか、そのために警察は何をすべきか、ということでした」

実際、河野さんはその後、「遺族への直接謝罪、任意事情聴取時間の基準設定、ポリグラフが任意であることの告知徹底」などを県警に提言、いずれも実行に移された。

桜井さんも、『新潮』記事について「電話取材を受けた記憶がありますが、記事のようなことは言っていません。警察に関して言った言葉まで河野さんに対する批判のように書かれました」と話した。

《「犯人扱い」遺族を唖然とさせた》のは『新潮』だった。

――そう、『新潮』といえば、かつて松本サリン事件で、《「毒ガス事件」発生源の「怪奇」家系図》などと先祖の名誉まで毀損して河野さんを犯人扱いし、最も悪質・卑劣な冤罪報道に晒した〝前科〟がある。まったく同じ構図ではないか。

◆『新潮45』恵庭冤罪事件記事

なんとおっしゃる「うさぎ」さん

04年12月24日

本人と話もせず、数時間の公判を傍聴し、「知人」の噂話を聞いただけで、三十数年生きてきた一人の女性の「暗い底なし沼」がわかったりするものなのだろうか。

『新潮45』一二月号に掲載された作家・中村うさぎ氏の連載『女という病№12「恵庭ＯＬ」が抱える暗い底なし沼』を読み、そう疑問に思った。まあ、自分で「わかったつもり」になるのは勝手だ。しかし、それを次のような小説もどきの表現で記述し、雑誌に掲載するのは勝手ではすまないと思う。

《他人が恐れる「底なし沼」を、じつは彼女自身がもっとも恐怖していた。「結婚」は、そこから逃げ出す最後の手段のように思えた》

中村氏がこう描いた「彼女」とは、二〇〇〇年三月に北海道恵庭市で起きた女性会社員殺害事件で逮捕され、一貫して無実・冤罪を訴えているOさんのことだ。

『新潮45』は、二〇〇二年二月号にも、「恵庭美人OL社内恋愛殺人事件」と題した記事を載せた。《職場内のありふれた恋愛が終わる時、殺意は芽生えた。女は、男が新しく選んだ若い同僚を絞め殺し、焼き捨てた》との前文で始まる犯人断定記事だった。

今回の記事は、そうした断定は慎重に避けているが、記述のベースは前回・上條昌史氏の犯人視記事。実際、上條氏らしい人物が登場し、「小さくて細くて、見るからに『か弱い女』なんですよ」「最初は僕も『これはシロだ』と思ったんですよね」などと言っている。

中村氏は、《控訴審の法廷に現れた彼女は、それまで話に聞いていた女とはまったくの別人だった》と自分の印象を述べる。《どちらかといえばふっくらとした体型、冷静沈着な受け答え、ともすればふてぶてしくも感じられるほどの無表情。これがあの恵庭OLなのか》

その「イメージのギャップ」を「彼女には二面性があったんじゃないですか」という「彼女の知人」の話に結びつける。上條記事にも「彼女の二面性」を語る人が登場した。同じ人物だろう。Oさんに対する露骨な悪意と中傷の再録。

さらに記事は、上條氏が根拠も示さずに書いた噂話も再録し、《その話を聞く限り、彼女は「手癖が悪くて放火癖もある女」ということになる》と書く。「そんな疑いを呼び寄せる」ものが、彼女の「二面性」なのだとして、《彼女の中の「底なし沼」》を〝発見〟する。

その先は、「三角関係による嫉妬殺人」という検察ストーリーに沿った憶測と妄想の世界だ。底なし沼から逃げ出す最後の手段＝結婚、その夢を奪われて、という陳腐な物語。《あの女が、私を底なし沼に突き落としたのだ。どくんどくん、と、心臓が暗い動悸を打つ》……。

ホラー小説なら、こんなステレオタイプも害はない。だが、この記事はOさんを「実名・呼び捨て」で書いているのだ（被害者は仮名で「さん」付き）。実在する他者の内面を、本人にまったく取材せず、こんなふうに描くことは、「実録小説」でさえルール違反だと思う。

いつ公判を傍聴し、どんな証言があったのか記事はまったくふれていないが、中村氏が傍聴席にいた一〇月二八日、控訴審第七回公判では、重要な指摘がいくつもあった。

一審判決は「助手席の被害者を油断させ、後部座席に移って不意に絞殺」と推認した。だが、二ドア車ではいったん車外に出、運転席の背もたれを倒してから後部に移るしかなく、「ヘッドレスト越しの絞殺」の不可能性も含めて無理、不自然。判決が「内部の犯行＝被告人の犯行」と認定する根拠にした被害者携帯電話からの発信先電話番号は、実は携帯の着信履歴に残っており、手にしたものはだれでも電話をかけられた――などなど。

これらの証言を聞いて、中村氏は「それまで話に聞いていた」こととギャップを感じなかったのか。

彼女は《結局、その夜にあった出来事など、何ひとつわからないのだ》と書いている。だったら、Oさんについても「わかったようなこと」を書くべきではなかった。

2005

◆敗戦から六〇年のメディア

民衆の側に立ち権力と対峙する〈報道の原点〉へ

05年1月7日

「内部からいつもくさってくる桃、平和」——茨木のり子さんがこう書いたのは、一九五四年秋のことだ。この言葉を五〇年後の二〇〇四年秋、季刊誌『前夜』創刊号に再録された彼女の詩『内部からくさる桃』に見つけたとき、私は、敗戦後一〇年足らずにして〈戦後日本〉の行く末を鋭く予見し、深く案じた詩人の直観に驚嘆した。

平和だけではない。民主主義、人権、自由、平等。それらの大切な普遍的価値は、〈外からの脅威〉以上に、〈内からの腐敗〉によって、より根源的な〈死〉に至る。

詩人の警告は、とりわけメディアにあてはまる。〈日本帝国〉の崩壊によって「もたらされた」言論・報道の自由。しかし、メディアは自らそれを実体化できないまま、この六〇年間、じくじくと内部から腐り続けてきたのではなかったか。そうして今、再び〈体制翼賛〉の死臭を放ちつつある。

私は、戦後六〇年の後半分にあたる三〇年を新聞記者として過ごしてきた。その同時代体験をベースに、前半の三〇年については諸文献の助けを借りながら、〈戦後メディアの過去・現在・未来〉を考えたい。

◉短い「民主化」から「逆コース」へ

第二次世界大戦の終結後、〈枢軸国〉のドイツ、イタリアでは、国旗の廃棄とともに、戦争に協力した新聞はすべて廃刊された。

日本では、ほとんどの新聞が題字もそのまま、〈日の丸〉

とともに生き延びた。そこに、「内部から腐ってくる」要因が残された。

一九四五年八月。『毎日新聞』西部本社版は敗戦直後の五日間、廃刊を主張する編集局長の指示で紙面の半分以上を白紙で発行。『毎日』は八月中に編集幹部が総退陣した。『朝日新聞』では一一月、社員による戦争責任追及で社長以下編集幹部が総退陣。同月七日付宣言《国民と共に立たん》は幹部総辞職について、《真実の報道、厳正なる批判の重責を十分に果たし得ず》《国民をして事態の進展に無知なるまま今日の窮境に陥らしめた罪を天下に謝せんがためである》と述べ、今後は《常に国民と共に立ち、その声を声とするであろう》と宣言した。

『読売新聞』では一〇月に結成された従業員組合が幹部の戦争責任を追及し第一次読売争議に突入。正力松太郎社長が戦犯容疑で逮捕された後の一二月一二日付社説で《今日以後読売新聞は真に民衆の友となり、永久に人民の機関紙たること》を宣言した。

新聞労働者による戦争責任追及、社内民主化の動きは全国の新聞社に波及し、五六社のうち四四社で経営幹部が更迭された。

戦時下のメディア統制法も次々撤廃された。新聞紙法、言論出版集会結社等臨時取締法、国家総動員法……。新憲法二一条は言論・表現の自由を保障し、検閲を禁じた。

だが、占領軍による「言論の自由」は検閲を伴い、原爆被害は報道させなかった。連合軍総司令部（ＧＨＱ）の対日方針が「民主化」から「冷戦」に転じると、新聞民主化運動は勢いを失い、旧経営陣が復活。四六年一〇月の「第二次読売争議」敗北で、流れは大きく変わった。

朝鮮戦争、レッドパージ、警察予備隊・自衛隊創設、単独講和、日米安保へと続く「逆コース」の過程で、敗戦直後の「常に国民と共に」「人民の機関紙」の精神は衰退していく。『朝日』『読売』社説は、ともにレッドパージを是認した。米国主導の単独講和に反対した新聞は、一六％にとどまった。

◉メディアが支える天皇制

挫折した新聞民主化。その原因は新聞の「内」にもあった。侵略戦争の最高指揮者・天皇の責任を不問に付すことで、報道機関、記者個人の戦争責任解明・報道検証も不徹底に終わったことだ。元海軍少年兵・渡辺清は、四六年三月一日の日記にこう記した。

《新聞もラジオも天皇の戦争責任についてはは逃げ腰で、これまで一度だってその事実をまっとうに報道したことがない》《天皇の責任を追及すれば同時に自分たちも泥をかぶらなければならない。ひょっとするとそれをなによりも怖れているのかも知れない》(『砕かれた神──ある復員兵の手記』岩波現代文庫、〇四年)

極東国際軍事裁判(東京裁判)が、アメリカの占領統治政策によって「天皇訴追」を回避し、新憲法第一条が天皇を「象徴」に祀り上げると、新聞は、象徴天皇制の定着に主導的役割を果たすようになる。

「平和憲法」もまた、出発点に「内部から腐る桃」を抱え込んでいた。前文・九条の平和主義・民主主義と真っ向から対立する侵略戦争システム・天皇制の温存＝一条。

メディアはこの矛盾追及をタブーにし、戦犯ヒロヒトを「平和主義者」に仕立て直したうえ、なし崩しの敬語報道で、「親しまれる皇室」の宣伝普及にいそしんだ。

「メディアが支える天皇制」は、テレビを一挙に普及させた五八〜五九年の「ミッチー・ブーム／皇太子ご成婚」報道、「崩御」の語で「象徴天皇」を再び現人神《あらひとがみ》に祀り上げた八九年「昭和天皇死去」報道を経て現在に至り、「神の国」思想を延命させる。

◉「安保で死んだ」新聞

民主化に挫折したとはいえ、五〇年代には、ジャーナリズム精神を発揮した報道がいくつもあった。新聞界挙げての破防法反対キャンペーン(五一〜五二年)、『読売』のビキニ水爆実験被災スクープ(五四年)、菅生《すごう》事件で駐在所爆破への警察関与を暴露した『共同通信』スクープ(五七年)……。

しかし、安保闘争中の六〇年六月一七日、在京七社が発した《共同宣言　暴力を排し、議会主義を守れ》(四八社掲載)で、「新聞は死んだ」。宣言は流血事件の「依ってきたる所以を別として」と、警官導入・強行採決という権力の暴力を問わず、デモ隊の行動を暴力と非難し、野党に「国会に帰れ」と呼びかけた。当時の佐藤栄作蔵相は言った。「これで新聞はこっちのものになった」。

「安保で死んだ新聞」は、六四年以降のベトナム戦争報道で息を吹き返した。『毎日』連載《泥と炎のインドシナ》(六五年)、『朝日』連載《戦争と民衆》(本多勝一、六七年)など戦火に苦しむ民衆の姿を伝えたルポ、北爆下の北ベトナムを取材した『毎日』大森実外信部長、『朝日』秦正流外報部長のレポート(六五年)、TBS《ハノイ─田英夫の証言》(六七年)など、優れた報道がベトナム反戦運動にエネルギーを与えた。

こうした報道に対し、ライシャワー米大使が『朝日』『毎日』を名指しで非難、政府・自民党も攻撃、干渉を繰り返した。メディア側はそれに正面から反撃せず、権力の攻撃にさらされた記者を孤立させた。『毎日』大森記者は退社に追い込まれ、ＴＢＳの田英夫キャスターも降板を余儀なくされた。

同じことが七二年四月に起きた。沖縄返還協定をめぐる外務省の密約電報を入手し、野党議員に渡した『毎日』記者が逮捕された。メディアは当初、「知る権利の侵害」と批判したが、検察が起訴状で情報入手過程をスキャンダラスに描くと、メディア側の腰は砕け、記者は会社からも処分された。

◉警察依存の人権侵害報道

メディアを内部から腐らせる別の大きな要因が、警察情報に依存した犯罪報道だ。

「瓦版」以来の興味本位な事件報道は戦後も続いた。戦後一〇年間に相次いだ四件の死刑・再審無罪事件（免田事件、財田川事件、島田事件、松山事件）では、逮捕時の「凶悪犯」報道が無実の叫びをかき消した。六八年の「三億円事件」では、翌年別件逮捕された青年を実名犯人視報道し、彼の人生を破壊した。七四年の「甲山事件」報道は、無実の女性を無罪が確定する九九年まで〈犯人視の被告人席〉に縛りつけた。

権力を疑うべき記者が、警察にすりよって情報をもらう。警察情報鵜呑みの犯人視報道で人権を侵害する。こうした報道に慣れ、権力を疑う視点を失った記者は、政治、経済その他の報道分野でも、記者クラブを舞台にした権力の情報操作に無感覚になる。

八四年の「ロス疑惑」報道は、週刊誌、テレビのワイドショーを中心に、メディア総ぐるみで無実の一市民を「疑惑人」に仕立て上げた。同じ年、『共同通信』浅野健一記者が出版した『犯罪報道の犯罪』（学陽書房）は、報道被害を生み出すメディアの構造的問題点を明らかにし、報道改革、報道被害をなくす市民運動の原点となった。

八九年、報道批判が高まる中で、メディアは「被疑者呼び捨て」を改めた。しかし、事件報道の構造は変わらず、九四年には「松本サリン事件」の大誤報を引き起こす。さらに翌年以降の「オウム報道」は、「別件・微罪逮捕もやむを得ない」と警察権力を肥大させ、人権侵害黙認・異端排除の〈メディア・ファシズム〉状況を生み出した。

九〇年代後半に入ると、地域ぐるみの取材・報道被害が深刻化した。九七年「神戸・児童殺傷事件」、九八年「和歌山・毒入りカレー事件」、九九年「京都・日野小事件」。大量の取材陣が犯人探し競争に奔走して地域社会に疑心暗鬼をもたらす一方、事件被害者・遺族を無神経な取材で苦しめた。

そうした事件報道のありようは、「報道被害対策」を口実にした権力の報道統制＝メディア法規制に利用された。「テレビ朝日・椿発言問題」（九三年）や「ＴＢＳ・オウムビデオ問題」（九五年）で放送メディアへの政治介入を強めてきた政府・自民党は二〇〇三年、活字メディアにも法規制の網をかぶせる個人情報保護法を成立させた。

◉「体制翼賛化」するメディア

六〇年代に「財界の機関紙」化させられた『産経新聞』に続き、八〇年代半ばから右傾化し始めた『読売』は九四年の「改憲試案」以降、急速に「権力の機関紙」化していった。それに引きずられるように、『朝日』『毎日』『共同通信』も、権力に批判的な報道姿勢を弱め、「中立」化していく。

「九九年国会」報道は、そうしたメディア状況を浮き彫りにする。オウム報道を利用した盗聴法と団体規制法、改定住民基本台帳法、国旗・国歌法、周辺事態法。憲法を空洞化させる悪法が次々成立、日本を大きく右旋回させた。一連の国会報道で、『読売』『産経』と系列テレビは権力側に立った。『朝日』『毎日』系の報道は「賛否両論併記」の枠を超えず、〈憲法が壊されていく〉事態の重大性に注意を喚起できなかった。

そうして、〇一年「九・一一」事件とアフガン戦争、〇二年「九・一七」日朝首脳会談、〇三年・イラク戦争と続く報道の中、大手メディアの〈体制翼賛〉化が進行していく。

「自爆攻撃」や拉致事件が起きた歴史的背景を問わず伝え、「テロの恐怖」「北の脅威」を煽るだけの報道。「テロとの戦い」を僭称《せんしょう》した米英のアフガニスタン・イラク侵略、自衛隊の戦地派兵、「有事法制」という名の「戦争ができる国」作りに、大手メディアのほぼすべてが、賛成・加担した。

イラク・邦人人質事件では、「自己責任論」をばらまいて被害者をバッシングし、小泉政権の「人質見殺し」を黙認・擁護した。

六〇年前に反省・自覚したはずの《真実の報道、厳正なる批判の重責を十分に果たし得ず》《国民をして事態の進展に無知なるまま今日の窮境に陥らしめた罪》が、再び犯されつつある。このまま破局に向かうのか、新生の道へ進路を変えるのか。

◉〈知る権利〉の代行者として

もう一度、戦後の出発点に戻り、メディアの戦争責任を深く記憶に刻みたい。

一九四五年八月一五日、朝日新聞記者・武野武治は「本

当のことを知らせてこなかった戦争報道」の責任を取り、退社した。三年後、「むのたけじ」は郷里の秋田県横手市で週刊新聞『たいまつ』を創刊。以後、「自分の責任を尽くしながら相手の責任を問い迫る」報道を続けた。私は九一年末、『読売』記者としてむの氏を取材し、《衰えぬ硬骨のペンと弁》という長文記事にした。

彼は言った。「徹底的に民衆の側に立つ。ことの結果でなく原因を追う」――記者として、胆に銘ずべき言葉だと思った。

ジャーナリズムの原点は「民衆の側に立つ」こと。その原点から報道してきたのは、少数のフリージャーナリストだけではなかったか。企業に属する記者も、〈会社〉ではなく〈社会〉に責任を負っているのだ。

報道機関・ジャーナリストの仕事は、民主主義社会の基礎である〈知る権利〉を市民が行使するため、その代行者として権力を監視し、その秘密を暴き、責任を問うこと――この自覚がすべての出発点となる。

取り組むべき課題は、いくつもある。

第一に、「権力の広報」から手を引き、「権力を疑う」報道に転じること。まず、事件報道で警察情報に依存した犯人視報道をやめることだ。警察を「捜査情報をもらう相手」から「監視・取材対象」に転換する。

政治・経済、その他の報道でも「権力を疑う」視点を確立する。発表・リーク依存から調査報道に、取材の基本を移す。報道統制機関と化した記者クラブは解体する。

第二に、ニュースの価値判断、報道目標の転換。出来事の現象・結果でなく、原因を追う。「だれが犯人か」でなく、事件の背景に何があったかを伝える。「九・一一」も「九・一七」も、メディアは衝撃的事件に驚き、展開を追うだけで、事件の背景、歴史を冷静に伝える役割を放棄した。現象・結果中心の報道は、容易に「治安」対策や戦意高揚のナショナリズム形成に利用される。

第三に、日本的「中立・客観報道」を見直すこと。報道は、何をニュースと判断し、どう提示するかという記者・編集者の主体的活動で成り立つ。だが、日本の報道機関は「中立・客観」の名目でそれを否認し、記事を無署名化して、事実の本質的意味を考え、伝える記者の論評活動を抑えてきた。

記者は権威に寄りかかってしか記事を書けず、それは概して権力者・多数派の代弁、無難な横並び報道にとどまる。少数者、社会的弱者の声は、「中立」の名で切り捨てられる。天皇の戦争責任のタブー化、「崩御」報道、敬語報道もその産物だ。署名記事の原則化、論評機能の強化、少数者の声を積極的に伝える報道姿勢がぜひとも必要だ。

第四に、報道被害をなくすためのシステムをメディア自身の手で作ること。被害者の訴えに耳を傾け、市民も加わって報道を検証し、加害責任を明確にするメディア横断的な制度。諸外国の「報道評議会」のような市民参加のメディア責任制度が機能すれば、権力はメディア法規制の口実を失う。

第五に、メディア内の「言論の自由」確立。メディア企業は「編集権」を楯に、報道内容への労組の関与、対話を拒んできた。取材・報道をめぐる現場の議論は沈滞し、幹部に抗う記者は人事で報復される。こんな「言論の不自由」を打破し、自由にモノを言える職場にする。それは、メディアを退廃から救い出す大きな力になるはずだ。

◉警察裏金報道を突破口に

これらの課題を実現するには、ジャーナリストの内部からの改革と市民のメディア批判、両者の連携・共闘が必要だ。そのモデルとなるのが、『高知新聞』『北海道新聞』などの警察裏金追及報道だ。

若い記者たちが、「平気でウソをつく警察」と徹底対決し、粘り強い報道で失っていた読者の信頼を取り戻している。警察官が記者を信頼し、内部告発情報を寄せるようになった。警察が「情報をもらう相手」から「監視・報道対象」に変わりつつある。

こうした報道を通じて、彼らはこれまでの警察情報に依存した事件報道に疑問を持ち、その見直しに取り組み始めた。疑いの眼差しは、政治・経済報道、戦争報道にも向けられている。その動きは、新聞労連の新研活動、記者研修会などを通じ、全国各地の地方紙、テレビに広まりつつある。

民衆の側に立ち、権力を疑う。若いジャーナリストたちが、現場からメディアと報道のありようを問い始めた。その実践の向こうに、ジャーナリズムの未来がある。

再度、茨木さんの詩から――ひとびとは／怒りの火薬をしめらせてはならない／まことに自己の名において立つ日のために

◆新年社説に見る憲法

改憲派全国紙に対抗する地方紙

05年1月21日

敗戦六〇年。憲法九条が正念場を迎えた。自民党は一一月に憲法改正草案を発表する。民主党は改憲案の基本となる「憲法提言」を三月にまとめる。自民・公明両党は、通

常国会に改憲手続きを定める国民投票法案を提出する予定だ。

〈戦後〉にとっても憲法にとっても「節目」となる二〇〇五年。新聞各社は元旦から約一〇日間の社説で、自らの立場を明らかにした。

『読売新聞』は一日付で、憲法と教育基本法を脱却すべき「戦後民主主義の残滓《ざんし》」と規定した。三日付以後は、《「戦後」を超えて》のタイトルでその主張を全面展開。四日付は、《憲法改正の核心は九条改正だ》として「自衛軍」「集団的自衛権の行使」の明記を主張した。

『産経新聞』は一日付で、《「戦後の終焉」を告げる象徴的ゴールとしての、あるいは究極の構造的改革としての憲法改正（および教育基本法改正）がある》と宣言。四日付で改憲論を全面展開した。

『日本経済新聞』は《戦後60年を超えて》のシリーズ社説を掲載。九日付の最終回《新憲法制定で真の民主国家に》で、《戦争放棄の原則を維持する一方で、自衛権を明記すべきと主張した。

『朝日新聞』は一日付で、《アジアの実情にあった緩やかな共同体の実現に向けて》夢を追い求めたいと書いた。二日以降は、一九五五年を基点に《変身半世紀》のシリーズ社説を掲載しているが、一三日時点で憲法はテーマにしていない。

『毎日新聞』は元旦から、《戦後60年で考える》シリーズ社説を一〇回掲載。一日付で《平和主義も還暦を迎えた。危うくなった懸念もあるが、とりあえずこの快挙は喜び誇るべきである》と書いたが、憲法は正面から取り上げなかった。

改憲派三紙が旗幟を鮮明にしたのに対し、『朝日』『毎日』はなぜか憲法を論じない。両紙は「有事法制」に賛成してしまったことで、憲法への態度も揺れているのか。

全国紙の「改憲」への賛否は「三対二」でなく「三対〇」だ。だが、インターネットで主な地方紙の社説を読むと、違った状況があった。

沖縄の二紙。『琉球新報』は一日付で《われわれには戦争の悲惨さと、軍隊・基地の存する愚かさを伝える義務がある》と述べ、一〇日付《憲法改正の是非》で改憲スケジュールの進行を《危険な気配》と警告。『沖縄タイムス』も一〇日付で、《戦後の原点に立ち、国民が憲法に求めた国づくりの方向を確認する年としたい》《現在の改憲論議は、主役を国民から国家へと移しかえる方向にある》と書いた。

ヒロシマの『中国新聞』は、一日付《戦後60年　かみしめたい平和の重み》で、《戦後を形作ったのが「平和主義」

を掲げる新憲法であり、理念を具現する「九条」である》とし、小泉首相などの《憲法越える軽い言葉》を批判した。『東京新聞』一日付は《この国にふさわしい道》として、《憲法九条の理念を最大限に生かし、平和と安定の新しい国際的な秩序づくりに大きな役割を》と提唱した。

『北海道新聞』は一日付《平和の構想力を高めよう》で、自衛隊のイラク派兵を批判しつつ、《恒久平和の実現という人類共通の願いを掲げた憲法の精神を具体化する努力を、政府は真剣にしてきただろうか》と疑問を投げかけた。

他にも、『愛媛新聞』一日付《戦後60年を迎えて/国の針路をしっかり見定めよ》、『神戸新聞』三日付《国の基本設計図/「深める」努力を怠っていないか》、『信濃毎日新聞』五日付《憲法論議その視角/戦争放棄 新たな意義を踏まえつつ》、『新潟日報』七日付《未来見据えて憲法を論じよう》など、「歴史の反省と未来への希望」(『信毎』)が刻まれた憲法の意義の再確認を求める社説があった。

社説を読む読者は多くはない。しかし、それは編集方針を示し、記者たちの取材・報道指針となる。

権力の広報と化した改憲派全国紙。だが、沖縄、広島など「戦争の記憶」を手放さない地方紙には、ジャーナリズムがまだ息づいている。

◆『新潮45』恵庭冤罪事件記事

「事件の娯楽商品化」を問う提訴

05年2月4日

《職場内のありふれた恋愛が終わる時、殺意は芽生えた。女は、男が新しく選んだ若い同僚を絞め殺し、焼き捨てた》——月刊誌『新潮45』二〇〇二年二月号に、こんな前文で始まる記事が掲載された。

タイトルは、《恵庭美人OL社内恋愛殺人事件》。二〇〇〇年三月、北海道恵庭市で起きた女性会社員殺害事件と裁判の「レポート」だ。被告人・被害者とも実名。タイトル・前文は警察・検察が描いた「事件像」をなぞったもので、無実を訴えるOさんを犯人と断定した。

新潮社は、この記事を二〇〇二年一一月発行の新潮文庫『殺ったのはおまえだ/修羅となりし者たち、宿命の9事件』に収録した。雑誌掲載時の前文は外したが、「第二部 青白きその微笑みの下で殺意が芽吹く」に組み込み、新たに《炭化した「下半身」が炙り出す黒い影——恵庭「社内恋愛」絞殺事件》のタイトルを付けた。

この新潮文庫の出版差し止め(増刷・販売禁止と回収)、

雑誌・文庫による名誉毀損への損害賠償、全国紙などへの謝罪広告を求める訴訟が一月一八日、東京地裁に起こされた。原告はOさん。被告は新潮社、『新潮45』編集長・中瀬ゆかり氏、執筆者・上條昌史氏ら。

原告訴訟代理人の山下幸夫弁護士は同日夕、記者会見し、提訴の趣旨を以下のように説明した。

『新潮45』掲載記事は、表題で事件が「社内恋愛」に絡んで起きたものとし、前文で原告が同僚を殺害したと断定。さらに本文では、原告が放火事件や窃盗事件に関与していたかのようにも記述した。

新潮文庫は、「殺ったのはおまえだ／修羅となりし者たち」の書名で、原告が殺人事件を犯したと断定、「修羅」すなわち「人間以下の存在」(広辞苑)になったと貶めた。『新潮45』記事及び新潮文庫は、刑事裁判で無罪を争っている原告の社会的評価を著しく低下させ、多大の精神的苦痛をもたらした。

文庫本は雑誌・単行本に比べ、長期にわたり販売されるもので、その出版を差し止めないかぎり、原告の名誉は毀損され続ける——。

提訴に対して、新潮社側は争う構えを示した。三月一日午前一〇時、第一回口頭弁論が開かれる。

私は、小説まがいの前文で「無罪を推定されている被告人」を殺人犯と決めつけたこの記事を「小説と混同した犯人断定記事」と批判した。

雑誌掲載後、Oさんの弁護人がタイトル・前文の犯人断定に強く抗議したのに対し、『新潮45』編集部は、「大筋は検察側の冒頭陳述にある内容で、すでに公開されて広く知られている」とし、「名誉毀損になるとは考えない」と答えた。

だが、法廷で検察側が被告人の有罪を主張することと、その「大筋」を「検察側主張」との断り書きもなく客観的事実のように記述することとは、まったく意味が異なる。

同誌は、「日本で唯一の総合エンターテインメント・ジャーナリズム誌」を標榜する。文芸誌出身の中瀬編集長は月刊誌『創』二〇〇二年三月号で「いまでも文芸編集者だと思っています。文学は悪や業が主なテーマ。事件を読み解く作業も生きることと死ぬことがテーマであり、文学と同じです。事件の羅列ではなく、作品として提供しようと思っている」と語った。

そうした「作品」が月刊誌に掲載された後、さらに「全身怖気立つノンフィクション集」などと銘打って新潮文庫でシリーズ化され、すでに四点、発行されている。

だが、エンターテインメントとジャーナリズム、小説とノンフィクションは違う。その間には、重要な境界線がある。読者が「事実」と受け止め、名指しの記事で傷つく「生身の人間」がいるかどうか。

その境界を無化し、「実話」への読者の興味に依存しつつ、「小説もどき」で人を傷つける「作品」群。

事件をエンターテイメントにし、生身の人間を「娯楽商品」にすることは「出版事業」として許されるのか。提訴は、そう社会に問いかけているように思われる。

◆NHK番組改変問題
「泥仕合」にさせてはならない

05年2月18日

「女性国際戦犯法廷」を素材に「日本軍の戦時性暴力」を問いかけようとしたNHKの特集番組が、与党政治家、右翼団体など「外部の圧力」と、それに迎合したNHK幹部の手で無残に改変された。
ことの本質は、権力・右翼による「言論・報道の自由」への重大な侵害だ。それが、「NHK対朝日の泥仕合」に歪曲・矮小化されつつある。「報道の自由」を何より大切にすべきメディア自身によって。
『産経新聞』一月二一日付・社説《番組「改変」問題　朝日には立証責任がある》
『週刊文春』二月三日号《NHKvs朝日　負けるのはどっち？　ドロ沼対決　識者9人の「軍配」》
『週刊新潮』二月一〇日号《「朝日・NHK」特集　泥仕合の「つらい後始末」》
「泥仕合」と言いながら、『新潮』は最初から《朝日「極左」記者とNHK「偏向プロデューサー」が仕組んだ「魔女狩り」大虚報》（一月二七日号）と決めつけ、『朝日新聞』攻撃を繰り返している。
だが、番組改変への政治家関与を最初に報じたのは『新潮』だ。〇一年二月二二日号記事《NHKが困惑する特番「戦争をどう裁くか」騒動》は、右翼がNHKに押しかけて放送中止を迫ったこと、《番組制作局長が自民の大物議員に呼び出されクギを刺された、という噂》を紹介し、《もしNHKが〝外圧〟に屈して番組内容を差し替えたとしたら、公共放送として大変な汚点だが》と書いた。これも「魔女狩り虚報」だったのか。
その「大物議員」が、安倍晋三、中川昭一の両氏だったことを『朝日』報道は明らかにした。安倍氏らは「圧力」を否定し、記事を「捏造」と非難、テレビや週刊誌で『朝日』記者を名指しで攻撃している。

だが、その「反論」の中に「圧力の自白」に等しい内容がある。

安倍氏は一月一六日のフジテレビ番組などで、〇一年一月二九日のNHK幹部との「面会」について、「問題のある番組ができつつあると永田町で話題になっていた番組について説明があった」「私は『放送法に則り、公平・公正にお願いします』と、当然のことを言ったに過ぎない」などと述べた。

「問題のある番組」「永田町で話題になっていた」とは何を意味するのか。安倍氏は、いつ、だれから、その「話題」を聞いたのか。

また、中川氏も一月二〇日の記者会見で「NHK幹部と面会したのは放送の後」としながらも、「その番組が私の仲間の議員の間でも話題になっていて、おおよその内容を把握していた」と述べた。

安倍、中川両氏が役員を務めた自民党の「日本の前途と歴史教育を考える議員の会」古屋圭司会長は一月一七日、「放送前に議連幹部の多くがNHK幹部に面会を求められ、番組について説明を受けた」と語った（同一八日付『毎日新聞』）。

同議連メンバーはなぜ放送前の番組内容を把握していたのか。そして、NHKはなぜ同議連幹部らに、放送前に「番組について説明」しなければならなかったのか。

この「問い」自体が「政治家による圧力」の存在・実態を物語る。これが、最も重要なポイントだ。その「議連幹部への説明」と平行して番組改変作業が進められ、「女性法廷」に批判的な論者のコメントを追加しても、なお放映時間が四分も不足するほど切り刻まれた。

安倍氏やNHKは、この「問い」に触れることを避け、『朝日』記事の細部をめぐる「言った言わない」論争に持ち込んだ。それに『新潮』などが乗り、『読売新聞』も《ことの本質は、発端となった朝日新聞の一月一二日の報道内容が「事実」かどうかである》（一月二三日付社説）と、「権力の報道介入」という「ことの本質」を隠した。

NHKは一月二一日付公開質問状で、『朝日』に《御社が報道機関としての矜持を保ち、言い訳や論点のすり替えをせず、きちんとした内部調査をしてその結果を記者会見で公表する》よう求めた。それに回答すべきはNHK自身だ。

◆「死刑容認八割」報道

「国家殺人容認」への世論操作

05年3月4日

発表文を鵜呑みにし、リライトするだけなら新聞記者はいらない。データを分析し、発表のまやかしや問題点を指摘するのが記者の仕事だ。内閣府が二月一九日に発表した「基本的法制度に関する世論調査」結果を伝える二〇日付各紙報道を見て、そうした記者の機能がいかに衰退しているかを痛感した。

《死刑容認、8割超す／凶悪犯罪の抑止期待》=『朝日新聞』、《死刑「容認」初の8割超／被害者権利「尊重されていない」7割》=『読売新聞』、《「死刑存続」初の8割／凶悪事件が影響》=『毎日新聞』、《死刑存続8割超が容認／犯罪抑止効果、期待強まる》=『産経新聞』、《死刑容認増え81％／凶悪事件続発反映か》=『東京新聞』

各紙とも「死刑容認八割」とし、それが《相次ぐ凶悪犯罪による社会不安》(『朝日』)によるものとして、「犯罪抑止効果への期待」を強調した。だが、ほんとうに「死刑容認八割」と言えるのだろうか。

まず、設問の誘導性だ。回答選択肢は、「どんな場合でも死刑は廃止すべきである」か「場合によっては死刑もやむを得ない」。死刑廃止論には「どんな場合でも」の絶対条件を付けて心理的に「賛成」と言いにくくし、死刑存置論には「場合によっては」の幅を設けて「ハイ」と答えやすくしている。

これでは「世論調査」ではなく「世論操作」だ。だが、こんな誘導尋問的でアンフェアな設問の問題点を指摘した新聞はなかった。

「場合によっては死刑もやむを得ない」と答えた人への設問では、「状況が変われば、将来的には、死刑を廃止してもよい」との回答選択肢があり、三一％が賛同していた。ところが、この重要な設問に触れたのは『朝日』だけ。各紙は、「将来は廃止も可」も発表通り、「死刑容認」に含めてしまった。

「死刑の犯罪抑止力」に関する質問の仕方もアンフェアだ。設問は「死刑がなくなった場合、凶悪な犯罪が増える」か「増えない」か。回答は「増える」六〇％、「増えない」六％。各紙ともこれをもとに、「犯罪抑止効果」を強調した。もし、「死刑制度は凶悪な犯罪を抑止していると思う」か「思わない」か、と質問したら、どんな結果が出ただろうか。回答者は「凶悪犯罪続発」という認識との間で悩み、答えに苦しむかもしれない。

だが、そもそも「死刑と犯罪抑止効果の間に相関関係はない」というのが、すでに廃止した国の多くで明らかになった経験的真実だ。

韓国では二月一八日、国会に死刑制度廃止特別法案が上程され、審議が始まった。一九七四年に民青学連事件で死刑判決を受けた経験のある柳寅泰《ユインテ》議員は「国家権力が人間の生命を剥奪するのは憲法の精神と矛盾している」と提案説明、魯会燦《ノフェチャン》議員は「死刑制度が維持されてきたが、死刑対象の犯罪は決して減らなかった」と述べた（『東亜日報』ホームページより）。

アムネスティ・インターナショナルによると、死刑廃止国は現在一一八カ国。存置国（七八）を大きく上回り、過去一〇年は年三カ国のペースで廃止国が増えている。

国連規約人権委員会は九八年、日本政府に対して「死刑を廃止するための措置」を取るよう勧告。その中で「人権の保護や人権基準は世論調査によって決まるものではない」と強調し、日本が「規約上の義務を侵している可能性のある姿勢を正当化するために、世論調査の統計を繰り返し用いることに対し、懸念を抱く」と表明した。

それを公然と無視する日本政府。『産経』は《調査結果を受け、法務省は「現段階で、死刑制度を廃止すべきだとはならない」と現状の制度を維持する考え》と書いた。これが「世論調査」の真の狙いだ。

調査が行われた〇四年一二月、メディアは連日「奈良・少女誘拐殺人」の報道合戦を繰り広げていた。センセーショナルな報道で「社会不安」「厳罰化」を煽る一方、発表をリライトするだけの報道。記者は、国家殺人制度維持のための「世論操作の道具」に使われている。

◆「ビラまき逮捕」報道

死語と化した〈権力チェック〉

05年3月18日

皆さん、学校前のバス停では注意しましょう。「建造物侵入」で逮捕されますよ——こんな冗談が「冗談じゃない」時代がやってきた。

三月四日、東京・町田市の都立野津田高校正門前のバスロータリーで、卒業式での日の丸・君が代強制に反対するビラをまいていた男性二人が、警視庁に「建造物侵入の現行犯」で逮捕された。

五日未明、知人のメールで、「事件」を知り、冗談じゃないと思った。バス停前が建造物？　東京都教委が〇五年の卒業式で、各学校に「ビラまきを見たら警察に通報せよ」と〝指導〟しているとは聞いていた。「石原ファシス都政」が敷いた戒厳令下の卒業式。だが、まさか校門の外でも逮捕するとは。戦後六〇年、とうとう日本はここまで来た。

当然、大きなニュースになると思った。どう考えても、むちゃくちゃな逮捕だ。学校と警察が組んで、こんな憲法蹂躙の無法行為を犯したことは、だれもが知らなければならない重大な出来事だ。

だが、五日朝、「事件」を伝える記事を探すのは簡単ではなかった。

かろうじて見つけたのは、『朝日新聞』社会面《都立高敷地内でビラ配布、逮捕／2人、建造物侵入容疑》、『産経新聞』社会面《高校でビラ配り、男2人逮捕》、『東京新聞』多摩版《君が代反対ビラをまこうと高校侵入／町田署、2人逮捕》という記事。いずれも一段見出し、本文二〇行前後。『読売新聞』『毎日新聞』『日本経済新聞』では、ついに記事を見つけられなかった。

記事を載せた各紙にも、逮捕の不当性を伝える記述はなかった。「調べでは……同校の敷地内に侵入した疑い」などと警察発表を書き写しただけの「逮捕記事」だった。

ビラ。市民の最低限の「言論・表現の自由」が、警察権力に公然と踏みにじられた。メディアが放棄したその権力チェックを、かろうじて裁判所が果たした。東京地裁八王子支部は「バスロータリーは建造物には当たらない」と勾留請求を却下、二人は六日、釈放された。

これを『朝日』は七日朝刊に社会面四段で《ビラ配り、勾留認めず》と、今度は解説記事付きで大きく伝えた。『東京』も夕刊社会面三段で《逮捕の2人釈放》と報道。『共同通信』配信の「釈放」記事が、『河北新報』『熊本日日新聞』などの地方紙数紙に掲載された。

しかし、『毎日』『読売』『日経』は、これも無視。逮捕を報じた『産経』も釈放の続報は載せなかった。

〇四年二月、立川の自衛隊官舎に反戦ビラを入れた三人が「住居侵入」容疑で逮捕。三月、『しんぶん赤旗』号外を配布した社会保険庁職員が「国家公務員法違反」容疑で逮捕。一二月、同年春の都立板橋高校卒業式で週刊誌記事コピーを配った元教員が「威力業務妨害罪」で起訴。同月、葛飾区のマンションに共産党の議会報告ビラを入れた男性が「住居侵入」で逮捕。

そうして、今回の町田の都立高校事件だ。さらに四日後の八日には、葛飾区の都立農産高校でも、ビラを配ろうとした男性が《正門から約5メートル入った場所で》(同日『朝日』夕刊）逮捕された。

立川・反戦ビラ弾圧事件で、地裁八王子支部は〇四年一二月、「ビラの投函は憲法二一条一項の保障する政治的表現活動の一態様であり、民主主義社会の根幹を成すもの」として、無罪判決を出した。だが、警察・検察は、そんな司法判断などお構いなしに、ビラ入れ、ビラまきへの強権弾圧を続けている。

まさに「民主主義の根幹」が国家権力の斧でなぎ倒されつつある。

それなのに、メディアの多くは不当逮捕の事実さえ報道しない。記事にした『朝日』でさえ、《公安部は2人について左翼系の活動家だと見ている》（七日朝刊）などと、権力犯罪の犯人＝警察情報に依存した報道から抜け出せないでいる。

『読売』九日付朝刊は一面トップで《人権擁護法案　メディア規制条項／削除含め修正検討／自公、民主と協議へ》と報じた。権力は、「もう大方のメディアは規制するまでもない」と考えたのだろうか。

◆「警察裏金」問題

内部告発を生み出す報道とは

05年4月1日

『警察内部告発者』（原田宏二著、講談社、〇五年）という本が出版された。著者は元北海道警察釧路方面本部長。〇四年二月、警察の裏金システムの「告白」会見を開き、組織的裏金作りを否認する道警幹部のウソを完膚なきまでに暴いた。

道警の裏金作りの実態は、『北海道新聞』（道新）のキャンペーン、『道新』取材班の『追及・北海道警「裏金」疑惑』（講談社文庫、〇四年）で詳細に解明されてきた。この本はそれを、裏金に関与した当事者の生々しい体験記録で裏付けている。警察庁を頂点とする「鉄のピラミッド」を揺るがす強烈な一撃となるだろう。

私は、著者が内部告発に至った経緯、彼に続いて裏金作りを告白した元弟子屈署次長・斎藤邦雄さんの苦悩と決断を知り、胸が震えるような感動を覚えた。著者らは〇四年一〇月、内部告発した警察官支援のため「明るい警察を実現する全国ネットワーク」を設立した。

原田さんたちは、巨大な警察組織を敵に回す覚悟で内部告発に踏み切った。二人が「これ以上、自分の良心をあざむくことができない」(原田さん)と決断した背景には、テレビ朝日「ザ・スクープ」報道、それに続く『道新』記者たちの徹底的な裏金追及報道があった。

メディアがジャーナリズムの権力チェック機能を働かせれば、内部告発者の信頼を得、「告発の受け皿」になる。それは、裏金報道に携わった記者の体験的真実でもある。

三月下旬、都内で開かれた新聞労連ジャーナリスト・トレーニングセンター(JTC)研修会。『道新』と『愛媛新聞』の若い記者二人が、全国の同世代の記者に自身の裏金取材・報道体験を伝えた。

『道新』の青木美希記者は、記者歴八年のうち六年半がサツ回り。道警の裏金問題は最初、テレビ朝日に内部告発された。『道新』記者たちは、「自分たちは信用されていない」とショックを受けた。取材班は全道を回り、裏金に携わった現職・OBのもとを片端から訪ねた。最初はなかなか話してもらえなかったが、紙面で『道新』の報道姿勢が伝わると、「待っていたよ」と裏金の実態を話してくれる警察官が現れ始めた、という。

「原田証言のあと、道新に証言を裏付けるメールが届いたんです。連絡を取り、密かに接触を重ねるうち、『実は持ってるんだ』と、裏金作りの裏帳簿を保存したワープロを預けてくれました。それが元弟子屈署次長の斎藤さんでした」

斎藤さんは「裏金作りが嫌で警察を辞めた」人だ。裏金実務担当者の証言は、シラを切り続ける道警を追い詰める決定打となった。

『愛媛』の清家俊生記者は入社三年目だ。〇四年五月、テレビ愛媛が愛媛県警の裏金疑惑を特報した。清家記者は「自分は県民の方を向いて仕事してきたか」と反省したが、最初は県警の対応や県の動きを追うだけだったという。

一〇月、清家記者はJTC研修会に参加した。『道新』や『高知新聞』の記者から裏金取材の体験を聞き、励まされた。『道新』記者の紹介で原田さんに会い、一二月一日付で《県警捜査費不正　元道警・原田氏に聞く／裏帳簿開示させよ》という長文記事を書いた。

「これをきっかけに、内部告発の電話や投書が僕らに寄せられるようになりました。記者がアクションを起こさない限り、情報提供もないことがよくわかりました」

『愛媛』は告発を次々記事化。〇五年一月二〇日付一面トップで《領収書偽造命じられた／現職警官が証言》と特報した。県警は内部告発した仙波敏郎巡査部長を不当配転。仙波さんは国家賠償請求を提訴し、原田さんら「警察ネット」は直ちに彼の支援を始めた。

内部告発した現職・OB警察官のネットワークに続き、地方紙の記者も新聞労連などを通じて、裏金報道のネットを形成しつつある。

だが、「警察の裏金問題は、いまだに地方の問題にとどまっている」(原田さん)。裏金作りの総本山・警察庁の「内部告発の受け皿」を作るのは、全国紙記者の仕事だ。

◆毒ぶどう酒事件・再審決定

〈自白偏重報道〉の検証も必要だ

05年4月15日

一九六一年に三重県で起きた「名張毒ぶどう酒事件」で死刑が確定した奥西勝さんの第七次再審請求に対し、名古屋高裁は四月五日、再審開始を決定した。逮捕から四四年、死刑確定から三三年。気の遠くなるような長い時間だ。

死刑確定事件の再審決定は、免田、財田川、松山、島田事件に次ぎ五件目。八六年の島田事件再審開始以来閉じられていた「死刑再審」の扉が一九年ぶりに開かれた。

メディアは決定を大きく報じた。テレビは五日午前、速報テロップを流し、新聞各紙も夕刊一面トップで《「農薬」疑う鑑定採用／自白の信用性疑問》(『毎日新聞』)などと詳報。各紙社会面には《「私は無実」届いた》(『読売新聞』)、《無実訴え請求7度》(『朝日新聞』)、《79歳　最後の闘い》(『東京新聞』)などの大見出しが躍った。

一審・津地裁は六四年、「ぶどう酒瓶の王冠の傷は被告人の歯型と断定できず、自白は信憑性が薄い」と無罪を言い渡した。名古屋高裁は六九年、「王冠の歯型は被告人のもの」「自白は信用性がある」と一転、死刑判決。最高裁もそれを支持し、七二年に死刑が確定した。

有罪の決め手とされた「王冠の歯型」には、七七年の第五次再審請求で「請求人のものではない」との鑑定が出されたが、請求は棄却された。今回の決定は、新証拠に基づき「毒物が自白した農薬でなかった疑い」を指摘、「王冠の傷＝歯型」も否定し、「自白の信用性には重大な疑問がある」と述べた。

裁判経過をたどって痛感するのは、日本の裁判が「検察が有罪を立証できなければ無罪」ではなく、「弁護側が無実の証拠を示せなければ有罪」になっている現実。「疑わしきは被告人の利益に」という刑事裁判の鉄則が守られていれば、四〇年前の一審無罪判決後、奥西さんには別の人生が開けたはずだ。

各紙は六日・七日付朝刊に社説・解説を掲載し、《かみしめたい誤判の恐ろしさ》（『毎日』）、《死刑と無罪を漂う危うさ》（『朝日』）を読者に伝えた。『読売』解説は《自白調書は、捜査機関が誘導したり、強引に引き出した可能性は否めない》として《自白偏重捜査に改めて警鐘》と指摘。『毎日』社説も《司法界に根強く残る自白偏重主義》を批判し、《起訴されたら有罪が当たり前とする〝有罪神話〟も見直さなければならない》と書いた。

だが、メディアも「自白偏重報道」や「逮捕されたら犯人は当たり前」の報道を見直す必要がある。

当時、六一年三月末から四月初め、各紙は事件を連日大報道した。逮捕後の『朝日』の見出し——。

▼《奥西元会長が犯行自供／ブドウ酒殺人事件解決》（四月三日朝刊一面）▼《奥西の単独犯行／妻・愛人の毒殺図る／三角関係に悩んで／美男、複雑な女性関係／二重性格の男》（同社会面）▼《完全犯罪狙う／奥西自供》（四日朝刊）▼《他の婦人の死も予期／奥西自供／犯行動機隠すため》（四日夕刊）

五日付「天声人語」は《妻と愛人を毒殺して、自分だけ生き残る気だった（中略）全くの悪人型である》と断罪。他紙も《奥西元会長を逮捕／〝自分がやった〟と自供／農薬は前日から用意／ウソばかりの供述／女にはやさしい美男子》（三日『読売』夕刊）など、「自白偏重・犯人断定」報道を競った。

縮刷版を読みながら、以前お会いした二人の言葉を思い出した。

一人は「島田事件対策協議会」の森源事務局長。八九年の再審無罪判決の後、「私たちがどんなに無実を訴えても、報道で犯人と思い込んだ人たちはなかなか耳を傾けてくれなかった」と言われた。犯人視報道は支援活動の壁になった。

もう一人は八三年に再審無罪を勝ち取った免田事件の免田栄さん。

「郷里では、今でも私を犯人だと思っている人が多いんですよ」

『朝日』社説は再審決定に関連して裁判員制度にふれ、《死刑か無罪か。厳しい判断を迫られることもあるだろう》と書いた。その判断に予断を与える自白偏重・犯人視報道は、まだ改められていない。（名古屋高裁は〇六年一二月、名古屋高検の異議申し立てを認め、再審開始を取り消す決定を出した。弁護団が最高裁に特別抗告）

◆「言論の自由」と憲法

九条改悪と連動した権力の言論攻撃

05年4月29日

「平和憲法と、それに守られている人権は、空気のようなものである。私たちはそれらを当然のものと感じ、ことさら考えてみることがない。現在の改憲論議は、私たちに憲法の意味をふたたび気づかせてくれる」――『映画　日本国憲法』（シグロ作品）の監督・ジャン・ユンカーマンさんの言葉だ。

この映画の試写会で監督のお話を聞き、世界の知の巨人たちが「日本国憲法」について語る言葉に目からウロコを何枚も落としながら、思った。危機に瀕しているのは九条だけではない。空気のようにあると思ってきた人権――思想・良心の自由（一九条）や言論・表現の自由（二一条）も今、九条改悪の「障害物」として権力の攻撃にさらされ、窒息させられようとしている、と。

その最も露骨な例が、改憲手続きを定める与党の「国民投票法案」（骨子）だ。七〇条に「国民投票の結果に影響を及ぼすような報道・評論」を禁止・処罰する条文が盛り込まれている。国会が改憲を発議し、国民投票の実施が決まった日から、国民投票結果の予想や「改憲後の日本」のシミュレーション記事なども、規制されるおそれがある。

規制対象はマスコミ報道にとどまらないだろう。法を運用する警察・検察によって、市民団体のパンフなども「報道」として摘発される可能性が高い。

改憲の手続き法自体が、言論・表現の自由を抑圧する「先取り改憲」となる。

いや、「先取り改憲」事態は、すでに現実化していると考えるべきだろう。

〇四年、自衛隊官舎にイラク派兵に反対するビラを入れた市民、共産党の機関紙号外や議会報告を配布した人たちが相次いで「住居侵入」などで逮捕された。〇五年三月には、卒業式での日の丸・君が代強制に反対するビラを「校門の外」で配っていた人たちも……（本書六〇頁参照）。

「国策」遂行に邪魔な言論・表現は、容赦なく弾圧する、という権力意思。政治警察による憲法二一条の無化。それなのに、「警察情報依存症」で批判精神が衰退した大手メディアの大半は、この事態を「言論の自由の危機」とは気づかず、「対岸の火事」視している。

「ＮＨＫ番組改ざん」問題も「改憲先取り」事態を示す。与党の改憲勢力が「侵略の記憶」抹殺を図って番組制作に介入し、公共放送がそれに屈服した。まさに憲法二一条が禁止する検閲だ。その実態が暴露されると、開き直った政治家・ＮＨＫ幹部が口裏を合わせ、「番組への圧力」を報じた『朝日新聞』を「逆切れ」攻撃。右派メディアがそれに呼応して「朝日・ＮＨＫの泥仕合」化を図り、問題の本質を歪めた（本書五七頁参照）。

だが、ユンカーマン監督が語るように、これら「改憲先取り」事態は、私たちに憲法の意味をふたたび気づかせてくれる。平和も人権も言論の自由も、新鮮な空気のようには存在しない。それらを障害・敵とみなす権力によって、日々汚染され、奪われようとしている。

『映画　日本国憲法』の中で、中国人作家・班忠義《バンチュンイ》さんは「憲法九条はまるで、神が私たちに、人類に贈ってくれた宝物のようです」と語った。日本だけの宝物ではなく、人類の宝物。それを捨てようとする日本に、アジアが、世界が「大日本帝国憲法」復活の悪臭を嗅ぎ取り、警戒心を高めている。

「九条を守ろう」と語り伝える自由。今やそれ自体が、改憲勢力の標的だ。

「この憲法が国民に保障する自由及び権利は、国民の不断の努力によつて、これを保持しなければならない」（一二条）。憲法は憲法を守り、実現していく市民の闘いによってしか現実の力とはならない。憲法は私たちにそう訴えている。

◆ＪＲ脱線事故報道

〈分割・民営化〉問い直す視点を

05年5月20日

ＪＲ福知山線の脱線事故の後、ＪＲ西日本の乗務員に対する嫌がらせが続発している。五月一一日『朝日新聞』朝刊によると、六日朝、大阪駅ホームで女性運転士が背後から足を蹴られて負傷したのをはじめ、乗務員が「人殺し」とののしられるなど、暴行や暴言の被害は一二〇件にも上るという。

メディアは事故後しばらく、被害の状況、原因追及、ＪＲ西日本の「利益優先・安全軽視」体質などに焦点を当てて報道していた。

それが五月に入ると、「職員のモラル」を追及・非難する報道に比重が移った。《脱線電車に運転士２人／救助作業せず出勤》＝四日付『朝日』、《脱線３時間後／ＪＲ西ボウリング大会》＝五日付『読売新聞』、《脱線後にゴルフ、宴会、旅行》＝七日付『読売』、《脱線当夜　車掌ら宴会》＝八日付『朝日』（いずれも朝刊）。各紙が一面・社会面トップの大扱い。ワイドショーも《宴会や運転士〝逃走〟ＪＲ西あきれた体質》＝七日フジテレビ「ワッツ!?ニッポン」など、職員非難の大合唱を繰り広げた。

問題が矮小化され、事故の本質がずらされて、非難・怒りの矛先が個々の職員に向けられていった。

運転士が四〇キロ近くも速度超過したのは、駅でのオーバーランによる遅れを取り戻すためだ。そんな「回復運転」が常態化していた。出すぎたスピードを減速させる新型ＡＴＳ（自動列車停止装置）があれば事故は防げた。それが設置されなかったのは、「安全への投資」を怠ったというだけでなく、新型ＡＴＳがダイヤ厳守の「回復運転」の邪魔になると考えたからではなかったか。

高速化、ダイヤの過密化。すべて並走する私鉄との利用客獲得競争に勝つためだ。二〇〇三年末のダイヤ改正で快速電車が倍増し、停車駅も増えたのに、所要時間は変更されなかった。現場の急カーブも九七年開業の東西線に乗り入れるためのルート変更で人為的に作られた。運転士は停車駅の手前や急カーブの直前までスピードを出し、ぎりぎりでブレーキをかける「綱渡り」を強いられてきた。

それでオーバーランや遅れを出すと、懲罰的「日勤教育」。勤務をはずされ、「反省文」を書かされたり、窓拭きや草むしりを命じられたりすることもあるという。そんな見せしめのうえに、賃金カット。

ＪＲ西日本は、亡くなった運転士のオーバーランなどによる処分歴を公表した。メディアは彼の顔写真を掲載し、《問題運転士をなぜ》（四月二七日付『読売』）などと書き立てた。二三歳の若い運転士。彼もまた、ＪＲ西日本の「営利第一主義」の犠牲者なのに。

「日勤教育」の実態を伝える報道に接して、記録映画『人らしく生きよう――国労冬物語』（ビデオプレス）の映像を思い出した。「国鉄分割・民営化」に反対する国労組員のベテラン運転士たちが「人材活用センター」に隔離され、草むしりなどの「見せしめ仕事」に従事させられた。その非人間的労務管理が、ＪＲに引き継がれた。

《「私鉄王国の関西で、民営化後も生き残るには、高速化とダイヤの密度、利便性を高めるしかなかった」と、ＪＲ西幹部は言う》（五月八日『読売』「検証　電車転覆２」）

そう、今回の事故の原点は、八七年の「国鉄分割・民営化」にある。「公共企業体」の国鉄から「公共」が奪われ、「企業体」だけが残った。「営利」にならない地方路線を切り捨て、輸送の安全も「営利」の後回し、国鉄職員二八万人のうち八万人を「リストラ」した。

メディアは、中曽根「国鉄解体」路線に同調、「赤字・たるみ・人員余剰・国労非難」キャンペーンで民営化に加担した。そして今——。

《効率的な運営をして、収益をあげることは企業として当然のことだ。そうした意識が定着したのは、国鉄が民営化されたプラスの面だろう。しかし、収益を上げようとするあまり、安全を軽んじてしまったのでは元も子もない》（五月一〇日付『朝日』社説）

まだ、こんなことを言っている。

◆恵庭冤罪事件・控訴審結審

地元メディアの姿勢が変わった

05年6月3日

二〇〇〇年三月、北海道恵庭市で女性会社員が殺害され、約二カ月後に同僚女性Oさんが逮捕された、いわゆる「恵庭OL殺人事件」の控訴審が五月二四日、結審した。

一審公判で弁護側は、①被告人車両に被害者の指紋や争った痕跡が一切ない②被害者より体格・体力が著しく劣る被告人に犯行は不可能③一〇リットルの灯油では遺体のような炭化状態は生じない④現場で目撃された二台の車は複数犯を示唆（検察は目撃証言を隠蔽）⑤警察・メディア監視下での被害者遺品の焼却は不可能⑥警察が「発見」した被害者ロッカーキーは証拠捏造——などと指摘した。

しかし、一審・札幌地裁は二〇〇三年三月、何ひとつ「直接証拠」を示せないまま、「被告人が犯人である可能性」は疑えるとして、懲役一六年の有罪判決を出した。

〇四年三月、札幌高裁で始まった控訴審では、検察側が一審で隠していた証拠が次々採用された。Oさんのアリバイを示すガソリンスタンドのビデオテープ（給油時刻を記録）、警察の豚焼損実験結果（遺体は炭化しなかった）などだ。

また、法医学者の上野正彦氏は、一審判決が認定した「2ドア車内後部座席からの絞殺」の実行困難性を指摘、その認定の基になった遺体鑑定書への疑問も証言した。

弁護側は二四日の最終弁論で、これら新証拠も加え、「被告人が科学的に犯人ではあり得ないこと」を詳細に論証。真犯人と警察の「工作」の痕跡も明示し、一審判決の「可能性」論を徹底的に崩した。

これに対し、検察側は数々の「証拠隠し」には口をつぐんだまま、「現場からガソリンスタンドまで二十三分〜二十五分」とした一審判決認定をも「根拠がない」と否定、「高速で車を走らせれば一五分以内も可能」と言い出し、「風の影響」次第では遺体の炭化もあり得るなどと、一審判決をもしのぐ「可能性」論を「根拠なく」主張した。

私は控訴審公判をほぼ毎回傍聴し、この事件・裁判への市民の関心の高さを実感してきた。傍聴席はいつも満席で、二四日も傍聴券を求めて約一二〇人が列を作った。

無実を訴えるOさんを支えてきた「恵庭冤罪事件被害者支援会」と一審判決後に結成された「支援会・東京」は最終弁論を前に、二二日・札幌市、二三日・函館市で無罪判決を求める集会を開催、札幌では街頭でも「冤罪」を訴え、私もそれに参加した。手元がふさがる雨の中でもビラを受け取る市民は多く、「知り合いに配りたい」とビラを求める高齢の男性もいた。

この関心の高さは、支援会の活動によるものだけではないと思う。地元メディアの報道姿勢の変化が、「裏金づくりの道警」への不信とも重なり、「冤罪づくり」を疑う世論を生み出してきたのではないか。

事件発生当時、メディアは警察の見込み捜査と連動してOさんを監視・追跡し、逮捕後は大々的に犯人視報道した。それは一審判決が「実名報道による社会的制裁を受けた」と述べたほどだった。

しかし、一審公判で、アリバイ捜査報告書の捏造や「二台の車」目撃証言の握りつぶしなどが次々と明るみに出て、メディア・記者の中に冤罪を疑う視点が芽生えた。

それが一審「可能性」判決を《立証水準引き下げ》(『北海道新聞』)と批判的に報じる姿勢に表れた。控訴審では『道新』『苫小牧民報』などが弁護側立証を積極的に報道。STV(札幌テレビ)、HTB(北海道テレビ)、HBC(北海道放送)などは支援活動の様子も伝えた。

三月一六日に放送されたSTVの裁判レポート「被告人は犯人か」は、ガソリンスタンドのビデオ、CG(コンピュータ・グラフィックス)による「2ドア車内での絞殺シミュレーション」も映して、一審判決認定に疑問を投げかけた。

それに比べ、全国紙やテレビ全国ネットの姿勢は「裏金報道」同様、今も消極的だ。大手メディアは、「判決が出てから」捜査の問題点を指摘するつもりなのだろうか。

二審判決は九月二九日。「警察べったりメディア」にも審判が下る。

◆群馬県警「内部告発」

裏金隠しに加担するメディア

05年6月17日

「警察とマスコミには、共通点がある気がします。批判を受け入れない、チェックする機関がない」

○四年二月、北海道警の組織的裏金作りを内部告発した元道警最高幹部・原田宏二さんの言葉だ。先日、恵庭冤罪裁判で札幌市を訪れた際、じっくりお話をうかがった。

私は原田さんの指摘にうなずくしかなかった。メディアは本来、警察をチェックする機関なのに、多くが「警察広報機関」化し、裏金報道にも及び腰になっている。

原田さんらは○四年一〇月、内部告発した警察官の支援や告発の受け皿として「明るい警察を実現する全国ネットワーク」を設立した。その支援第一号、元群馬県警警部補・大河原宗平さんのケースでは、警察の「裏金隠し」にメディアが事実上、加担してしまっている。

大河原さんは○四年二月、県警に「公務執行妨害」で逮捕、翌三月、懲戒免職処分された。それに対して国家賠償を求めた訴訟の第一回口頭弁論が、一七日、前橋地裁で開かれる。その訴状や大河原さんの話、新聞報道を基に「裏金とメディア」を考えてみたい。

大河原さんは群馬県警交通指導課に勤務していた九六年一一月、課の会計担当者から「捜査情報提供謝礼支払報告書」を書くよう頼まれ、ひな型を基に約一〇枚のニセ書類を作った。約一〇日後、再び同様の書類を書かされ、「何でこんな書類を作るのか」と抗議した。

四カ月後の翌年三月、藤岡署吉井町交番勤務を命じられた。左遷だ。五年後、伊勢崎署に異動、翌二〇〇三年三月、同署交番勤務に。

そのころから大河原さんは、「警察の行動監視」を意識するようになった。当時、藤岡署にＤＶ被害を届け出て受付を拒まれたという女性の相談に、吉井町交番時代の縁で個人的に乗っていた。そのことが県警本部で問題にされ、九月以降、数回呼び出しを受けた。

一一月二三日、大河原さんはテレビ朝日「ザ・スクープ」の道警裏金報道を見て「群馬県警も同じことをしている」と電話し、内部告発した。その二日後、「職務命令違反」などを理由に減給処分、三日後、太田署に異動を命じられた。

その後、警察の「Ｎシステム」による車の移動監視が気になった大河原さんは、監視を回避するためナンバープレートの一部を加工、時々、車の前部に付けて走行した。

それに気づいた県警は二月一六日、一〇人近い捜査員を動員し、車を差し押さえに来た。手続きが始まる寸前、大河原さんは加工したプレートを取り外したが、「公務執行妨害罪」で現行犯逮捕された。

翌日の新聞は、《警察官に体当たり／偽造ナンバー捜索に抵抗／警部補を現行犯逮捕》（『上毛新聞』社会面四段）などと大報道。『読売新聞』『毎日新聞』も、全国版社会面に発表鵜呑みの記事を掲載した。

三月五日、「公妨」は処分保留、「道路運送車両法違反」容疑で再逮捕。一七日に略式起訴され、罰金五〇万円で釈放されたが、県警は同日、懲戒免職処分を発表した。

再逮捕は『上毛』『読売』が報道、懲戒免職は各紙が報じた。どれも警察の見解をそのまま記事にしただけ。現職警部補がなぜ「偽造ナンバー」を付けていたのか、その背後にある警察の日常監視、さらに裏金告発やDV被害者の問題を伝えた記事はまったくなかった。

大河原さんはその後、懲戒免職処分不服申し立て（四月）、全国市民オンブズマン大会での裏金告発（八月）、警察裏金の住民監査請求での証言（一〇月）、「公務執行妨害」の捏造を訴えた国家賠償請求（〇五年三月）と、「汚名」を晴らす行動を立て続けに起こしてきた。

しかし、初期の逮捕・免職報道で県警にコントロールされたメディアは軌道修正ができず、『東京新聞』以外は、大河原さんの主張や裏金問題をほとんど伝えていない。

裏金などの内部告発を封じるには、容疑を捏造してでも、逮捕するに限る。逮捕すれば、実名で犯人視報道してくれる――メディアは、警察幹部にそう思われている。

◆「知的障害」者の冤罪

〈司法の犯罪〉を暴いた調査報道

05年7月1日

〇五年二月、宇都宮地裁で審理中の強盗事件で真犯人が見つかり、検察が無罪論告する「事件」があった。別の事件で逮捕された男性が、審理中の強盗二件を自供、送検されていたことを『下野新聞』が二月一八日朝刊一面トップでスクープし、冤罪が明るみに出た。

『下野』は続報で、この冤罪被害者が重度の「知的障害」者であり、「自白調書」は警察の誘導で作られ、検察が物証もなく起訴したこと、弁護士・裁判官も「自白」を疑わなかったことも報じた。もし、真犯人が現れなかったら……。

「人権と報道・連絡会」六月定例会で、『下野』板橋洋佳記者から、この冤罪事件の実態を聞き、〈司法の犯罪〉の底深さ、報道の役割の重さを考えさせられた。

――〇四年四~五月、宇都宮市の洋菓子店とスーパーで店員を包丁で脅し、現金を奪う事件が発生。八月に別の容疑で逮捕されたAさん（五三歳）が強盗二件を「自白」、起訴された。一〇月の初公判で弁護人は起訴事実を争わず、一二月七日・第二回公判で検察が懲役七年を求刑、裁判は二回で結審した。

ところが、判決が予定されていた同月二四日の第三回公判でAさんが「おれじゃないんだよね」と否認したため判決は延期。そんな中で〇五年一月一七日、別の強盗事件で逮捕された男性がAさんの犯行とされていた二件の強盗を自供、物証も見つかり、送検された。

『下野』がそれを報じた二月一八日、宇都宮地検は記者会見して誤認逮捕・誤認起訴を認め、二五日の公判で無罪論告。三月一〇日、Aさんに無罪判決が言い渡された。

全国紙の報道で知ることができるのはこの程度だが、『下野』はその後も、「なぜこんなことが起きたのか」を追及し続けている。

板橋記者がとりわけ重く見たのは、Aさんが重度「知的障害」者であり、警察がそれを承知で「自白」させたこと。Aさんは読み書き計算がほとんどできず、会話は単語を並べる程度。以前、別の事件で逮捕されたときは、「重度の知的障害」との鑑定で不起訴になった。

そんなAさんが、調書では「私はレンズがピンク色のメガネをケーキ屋でお金を奪うときにかけていましたが、それは宇都宮駅に向かう途中で、コンビニで安く買ったのです」などと流暢に「犯行を自白」。「えき」「はし」など平仮名の説明入りで地図も描いていた。

県警は会見などで「誘導や強要は一切なかった」などと弁明した。しかし、『下野』取材班は事件記録を入手し、自白調書が被害者の調書に合わせて作られたこと、地図が「下書き」をなぞって書かされたことなどを、次々と報道した。

『下野』は「冤罪の作られ方」を暴く一方、論告、判決、検察の検証結果公表など節目ごとに板橋記者の署名記事を掲載。「自白にだまされた」などと開き直る県警・地検に対して《捜査ミスの原因　説明不足》（二月二六日付）、《新たな刑事手続き構築を》（三月一一日付）などと厳しい批判を重ねた。

調査・追及報道は現在も続いている。六月には《無実宇都宮誤認逮捕・起訴》のタイトルで連載を開始。まず《第一部　なぜミスは起きたか》で、七回にわたり「知的障害」

者の取調べ・自白調書の実態、弁護活動や訴訟指揮の問題点などを掘り下げて指摘した。

一方、全国紙の動きは鈍い。「知的障害」者の刑事裁判に長年取り組み、この事件でも三月末、主任弁護人になった副島洋明弁護士は、「大手紙の報道では事件の本質は全然わからない。冤罪で刑務所に入れられている知的障害者がどれほどいるか。今回の事件を通じ徹底的に明らかにすべきだ」と言う。

板橋記者は、逮捕当時Aさんを実名・犯人視した報道責任、その検証についても同僚と話し合っている。「誤った報道を繰り返さないよう、事件報道のあり方を変えていきたい」――板橋記者の思いは、裏金報道で警察と対決する『北海道新聞』などの記者たちの「事件報道の反省」ともつながっている。

◆フジテレビ株主総会

果たされなかった説明責任

05年7月15日

「こんなんでいいのかよォ」――フジテレビ製作映画『交渉人　真下正義』で主役を演じる俳優が、こう叫ぶCMがある。六月二九日に開かれたフジテレビ株主総会の会場で、私もそう叫びたくなった。

フジテレビはライブドアとの抗争に事実上敗北、ホリエモンこと堀江貴文氏に約一四七〇億円もの巨費を支払った。新株予約権発行問題では、東京地裁に「経営陣の支配維持を目的とする著しく不公正な方法」と断罪され、企業イメージを大きく損ねた。その責任を、日枝久会長ら経営陣はどう説明し、どのように責任を取るのか。株主総会には前年の二倍の約一五〇〇人が出席した。

午前一〇時、日枝会長が議長席に着き、開会を告げた。監査報告、営業報告、貸借対照表などの説明に続き、「反リストラ産経労」(松沢弘委員長)が事前に提出した質問状への回答を役員が読み上げる。

質問状は、ライブドアとの抗争による企業価値の毀損、日枝会長のスキャンダル、松沢委員長の解雇問題、役員人事など全四〇項目。それに対して日枝会長は「総会の目的に関しないものなどは割愛する」と宣告し、回答は質問の大半を無視した。ライブドア問題では、村上光一社長が「当初の目的に沿った満足すべき内容で、株主の利益にかなうもの」と開き直った。

それに続く株主の質問は、予想どおりライブドア問題に集中した。

「ニッポン放送株の公開買い付けで、敵対アクションを想定しなかったのか」「二カ月間の騒動で企業イメージが大きくダウンしたのではないか」「我々はライブドアに投資したのではない。そんな金があるのなら株主に配当すべきだ」「株価は購入時より大幅に下がった。多額の資金が投入されたが、提携がうまくいかない懸念があるから、株価が上がらないのではないか」

相次ぐ厳しい批判に村上社長がようやく「株主の皆様にご心配をおかけしたことをお詫びします」と述べたが、日枝会長は我関せずの風情。松沢委員長が「日枝会長らは、株主の金を自分たちの支配権を守るために使った。全役員は責任をとって退陣すべきだ」と会長自身の回答を求めたときも、「村上が答えます」と答弁を拒否した。

その顔が一瞬強張ったのは、フジテレビの情報番組で報道被害を受けたYさんが謝罪を求めた時だ。

福島県で石材会社を経営していたYさんは九八年一一月、隣人間トラブルを取り上げた「スーパーナイト」で一方的に「悪者」扱いされ、会社が倒産、家庭も崩壊したという。まさに「きっかけはフジテレビ」。その報道被害申立てを受けた「放送と人権等権利に関する委員会機構」（BRO、現BPO）は九九年一二月、「人権への配慮が不十分であり、放送倫理上問題があった」との見解を発表した。その謝罪を求めるYさんの発言を、日枝会長は「あと三〇秒」などと途中で強引に打ち切った。

抗議するYさんや松沢委員長を警備員が取り囲む。それを撮影しようとした支援者のカメラに警備員が手をかざし、妨害する。だが、会場正面のテレビカメラ二台は参加者に断りもなく会場内を撮影。前列に陣取った社員株主たちが総会屋もどきに「議事進行」を叫ぶ。

松沢委員長が「議長不信任」動議を出し、議長を交代したうえでの採決を求めた。日枝会長は「私は動議に反対です。皆さんいかがですか」「拍手多数、否決」と小学校の学級会でも通用しない問答無用の対応。直後、社員株主らしい男性が質疑打ち切り動議を出すと、日枝会長は直ちに決議事項採決に移行。次々と議案を読み上げ、拍手の多寡を確認することさえせず、「議案は採択された」として午後〇時三〇分すぎ、閉会を宣言した。

質疑はわずか一時間一〇分。まだ十数人が発言を求めて挙手していたが、経営陣はさっさと会場を引き揚げた。これが「高い公共性」「社会的使命と責任」（営業報告書）を自認するメディアの株主総会か。これで「株主への説明責任を果たした」つもりなのだろうか。

◆自民党「改憲要綱案」

危険な本質見逃す「朝毎」の報道

05年7月29日

権力の本音を知るには、より権力に近いメディアのほうが役立つことがある。七月七日に発表された「自民党新憲法起草委員会・要綱第一次素案」報道は、その恰好の例だ。「要綱案」は、四月に公表した「小委員会試案」の一部を修正し、「起草委素案」に昇格させたもの。主な修正点は、「小委試案」で併記した「天皇の元首化」を退け、「象徴天皇制の維持」で統一したこと、「国防の責務」「家庭等を保護する責務」など「国民の権利及び義務」事項を先送りしたこと、などだ。

各紙の八日朝刊報道は、ロンドン爆破事件と重なったこともあり、『日本経済新聞』が一面で報じた以外、『朝日新聞』『毎日新聞』『読売新聞』が二面、『産経新聞』が五面と目立たない扱い。それ以上に問題なのは、『朝日』『毎日』の要綱案に対する評価・認識の甘さだ。

『朝日』は社説では取り上げず、四面に解説記事を載せた。見出しは《自民改憲案「国防軍」「天皇の元首化」見送り／保守色薄め現実路線／他党との接点探る》、前文では《郵政民営化法案をめぐる対立もあって改憲に向けた熱意が冷めつつあるなか、「自民党らしさ」と「他党との接点」という路線対立をどう決着させるのか》と書いた。

『毎日』は九日付社説で、《両翼に保守派とリベラルを抱える自民党が、憲法改正でとりあえず最大公約数を取りまとめてみたというのが、要綱を読んだ偽らざる印象だ。そのせいなのか、この要綱から改憲へのエネルギーが沸き、賛同の輪が広がるとはとても思えない。（中略）自民党の改憲作業は熱意のうせた消化試合の様相を帯びてきたように見える》と述べた。

両紙の能天気な認識に比べ、改憲派三紙の八日付社説は、しっかり本質をとらえて論評している。

『読売』社説は《新憲法へ、着実に歩を進めているということだろう》として「要綱案」各項目を評価し、《民主党の憲法論議が停滞していること》を強く批判した。

『産経』主張は、「天皇元首の明記」見送りを「残念」としつつも、《「戦力不保持」の見直しが核心であり、自衛軍の表記は当然だ》と讃え、要綱案が「公共の福祉」概念を「公益及び公共の秩序」としたことも《評価したい》と述べた。

『日経』社説は、《要綱案は憲法改正の実現性を重視し、民主党や公明党とも擦り合わせが可能なように手堅い内容としたのが特徴である》としたうえで、改憲手続きを定める国会法改正・国民投票法制定に《各党はもっと真剣に取り組むべきである》と注文した。

自民党の「改憲への熱意」は冷めてもいないし、「戦争ができる・戦争をする国」作りの意図は薄まってもいない。要綱案は「前文に盛り込む要素」に、「和の精神をもって国の繁栄をはかり、国民統合の象徴たる天皇と共に歴史を刻んできた」と明記した。侵略の歴史を肯定する「皇国史観」の復元。

また、「地球上いずこにおいても圧政や人権侵害を排除するためのふだんの努力を怠らない」との前文の麗句は、「自衛軍は、国際の平和と安定に寄与することができる」と連動して、「ブッシュの戦争」と同じ「先制攻撃」宣言となる。

この要綱案の危険な本質を実に端的に示したのが、八日付『読売』一六面掲載の《舛添要一・起草委事務局長に聞く》という記事。その中で、舛添氏はこう述べている。

「改正が急がれる最優先項目は9条2項だ。自衛隊の海外での活動を憲法解釈で拡大することは、限界に来ている。要綱は、96条の国会の改正発議要件を緩和することも打ち出した。まず、9条2項と96条の改正を実現すれば、風穴をあけることができる」

改憲の発議要件緩和とは、「各議院の総議員の三分の二以上の賛成」から「過半数の賛成」に緩めること。とりあえず九条をつぶし、改憲要件を緩和しておけば、後でいつでも「自民党らしい憲法」に作り替えることができる！「戦争をする神の国」復活への危険な一歩。見誤ってはならない。

◆敗戦六〇年目の夏

〈原点〉からの戦争・報道検証を

05年8月12日

八月一日、『読売新聞』『産経新聞』朝刊に全面広告が掲載された。

《八月十五日、終戦六十年。靖国神社に集まろう／靖国神社に行けば、幕末・明治維新から先の大戦まで、国に尽くした先人達に出会えます／私たちは小泉首相の参拝を強く支持します》――広告主は、「みんなで靖国神社に参拝する国民の会」。同会発起人・石原慎太郎・都知事がメッセージで煽る。

《国家存亡を前に、その家族を守るため、祖国『日本』の存続と繁栄のためにこそ敢えて死んでいった者たちの、時代や立場を越えて垂直に貫かれた信条の唯一の証として『靖国』はあるのです。それをいかなる他人も外国も否定できるものではありません》

「靖国の英霊」たちに殺された数千万のアジアの人々、その子孫は、これを否定できる。否定する。

同じく一日、自民党は初めて条文化した「改憲草案原案」を発表。

原案は第二章「戦争の放棄」を「安全保障」に改称し、「戦争放棄」を放棄した。「戦力不保持・交戦権否認」の九条二項を削除し、「自衛軍を保持する」と明記。その活動として「国際社会の平和及び安全の確保」「我が国の基本的な公共の秩序の維持」を掲げた。意訳すると「海外派兵」「治安出動」だ。

翌二日、「〇五年度版防衛白書」発表。『朝日新聞』夕刊は《防衛白書／中国軍近代化を警戒／テロ対応　政策転換強調》と報じた。『読売』社説（三日）は《白書が「軍近代化の目標が、中国の防衛に必要な範囲を超えるものではないのか」と懸念を示したのは当然》と述べた。一日から朝刊一面で《膨張中国　第1部》連載を始めた『読売』。九条つぶしには「北の脅威」だけでなく「中国の脅威」も必要？

同じく二日、衆院本会議で「戦後60年決議」が採択された。《わが国の過去の一時期の行為がアジアをはじめとする他国民に与えた多大な苦難を深く反省……》

「戦後50年決議」にあった「植民地支配」「侵略的行為」の言葉が消えた。『朝日』社説（三日）は《国会決議に「侵略」などの表現が入らなかったからといって、反省の気持ちが後退したとは思いたくない》と述べた。思いたくなくても、国会の現実は、そうなっている。

敗戦六〇年目の八月、最初の二日間で、「戦争をする神の国」復活の明白な証拠を次々見せつけられた。日本は〈ここまで来た〉のか、〈ここまで戻った〉のか。いや〈ずっと、そうだった〉のではないか。

一九四五年八月一五日。『朝日』朝刊一面《戦争終結の大詔渙発さる／新爆弾の惨害に大御心／帝国、四国宣言を受諾／畏し、万世の為太平を開く》は、「国体護持」のために「新爆弾の惨害」を招いた事実を隠蔽し、「聖断神話」をばらまいた。二面「一記者謹記」は、《大君に不忠をお詫び申し上げる民草の姿》を描き、《ああ、聖上を暗き世の御光と仰ぎ、進むことこそ我ら一億の唯一の道ぞ》と大元帥への変わらぬ忠誠を誓い、強要した。

こんな「八月一五日」の延長に、天皇を免責した米占領政策と東京裁判、「無責任天皇」を象徴とした憲法一条がある。「天皇制侵略国家」の本質は、戦後も温存された。

そして今、深まるメディアの翼賛化。だが、一方でかつて果たされなかった「再出発」を志す試みもある。新聞労連と加盟労組の新研部が創刊した『しんけん平和新聞』(八月一五日発行・一二頁)だ。ポツダム宣言受諾を受け、一九八五年八月一五日に行われた天皇の「玉音放送」、その翌日一六日に出されるべきだった新聞。

一面(一九四五年八月一六日付)見出し、《日本が無条件降伏/ポツダム宣言受諾/15年戦争2000万人犠牲/アジア各地　独立機運》。

二・三面は沖縄戦、四・五面はヒロシマ、六・七面はナガサキの特集。沖縄、広島、長崎の記事は、地元紙労組が作った。見開き紙面の右側に《沖縄戦/住民9万人以上死亡/「本土決戦」への捨て石》など「当時あるべきだった紙面」を、左側に「戦後六〇年と現在の課題」を、熱く書き綴っている。「真剣に平和を」と、新聞を作った若い記者たち。彼らとともに「原点からの再出発」を始めよう。

◆〈八・一五〉の落差

「日韓言論人シンポ」に参加して

05年9月2日

「日韓和解のための両国言論人の役割」と題した戦後六〇年記念シンポジウムが八月一六日、ソウルで開かれた。日本マスコミ文化情報労組会議(MIC)と韓国全国言論労組(NUM)が共催したもので、私もMICの一員として一四日から四日間、ソウルに滞在した。

日本「降伏」・アジア「光復」の日〈八・一五〉。「解放六〇周年」のソウルは市民の熱気で街中が沸騰するようだった。太極旗に覆われた市庁舎、南大門前やソウル駅前……。市内各所の広場で「光復節」の式典・集会が開かれ、どこも数万人の参加者で埋まったという。

MICの約四〇人は、午前一〇時半から「大学路」で開かれた全国民主労働組合総連盟の「8・15反戦平和・自主統一」集会に合流した。歴代独裁政権を震撼させた学生デモの震源・大学路。幅十数メートルの道路を約一キロにわたって埋めた労働者・学生が闘争歌を合唱する。その数およそ二万人。

朝鮮半島図を染めた統一旗が目立った。参加者の胸には、二〇〇〇年「6・15南北共同宣言」を象徴する「6・15」のゼッケンも。NUMのメンバーが「八・一五は今、南北統一を目指す闘いの日になっています」と教えてくれた。

一六日のシンポは、計七時間に及んだ。NUMの中鶴林《シンハクリム》委員長が「言論が改革されれば、すべての分野の改革が導かれる。私たちは社会に対して無限の責任を負う」とあいさつ。発言者は日本側四人、韓国側六人。韓国側の発言から強く印象に残った言葉を紹介する。

《朝鮮半島が分断に苦しんでいる限り、日本は真の平和にたどりつけない。日本社会の行方は、朝鮮半島全体の運命に深い影響を及ぼす》（崔元植《チェウオンシク》・仁荷大学校教授）

《日本のマスコミも、ナショナリズムの前では意見は一つという印象を強く受ける。韓国国民は日本が自国の問題だけに関心を注ぎ、朝鮮半島の平和進展には何の寄与もしようとしないと残念に思っている》（李《イ》秉瑢《ビョンソン》・『文化日報』国際部長）

《両国の言論は、日本の平和憲法に込められた真のメッセージを積極的に紹介する役割を果たさねばならない。平和憲法はすべての国が目指すべき理想を盛り込んでいる》（趙埈祥《チョジュンサン》・『ハンギョレ新聞』記者）

《言論が両国の友好と関係改善の役に立とうとするのなら、まず国民の情緒に基づいた感情的報道態度を排除すべきだ。何より正確な報道をしなければならない》（鄭雲《チョンウン》鉉《ヒョン》・『オーマイニュース』前編集局長）

一七日昼前、〈日本軍「慰安婦」問題を解決するための定期水曜デモ〉の会場・日本大使館前に行った。炎天下、七人のハルモニを囲んで百数十人が集まり、「日本政府は謝罪と補償を」と次々にアピールする。「ピースボート」で長崎から来た女子高校生が「私たちは原爆のことは教えられても、ハルモニたちのことは何も教えられてきませんでした。帰ったら周りの人たちに皆さんのことを伝えます」と発言し、大きな拍手を浴びた。

同夜、東京に帰り、日本の〈八・一五〉を伝える新聞報道に目を通した。靖国神社を約二〇万人が参拝し、「20〜30代の青年たちが目を引いた」という。（『読売新聞』一六日朝刊）同じ面に《我が国の戦後の歴史は、まさに戦争への反省を行動で示した平和の60年である》という「小泉首相談話」と、それに触れて、《軍国主義への回帰はあり得ない》と題した社説。「平気でうそをつく人たち」が支配する国。

同日付『朝日新聞』社説《首相談話を生かしたい》は、靖国やソウルの〈八・一五〉に触れて述べた。

《なぜ中国や韓国からそれほどまでに批判されなければな

らないのか。（中略）日本がまた軍事大国化し、他国を侵略することなどあるはずがない。過去の非を追及するのもいい加減にしてほしい。そんな憤りが、中国や韓国に対する批判的な見方や、うっとうしいと思う感情を醸し出していく》

これが『朝日』？　市民の意識にもメディアの姿勢にも、日韓の間にはすさまじい「落差」がある。

◆『朝日』虚偽報道問題

「虚報体質」を培養する事件報道

05年9月16日

『朝日新聞』記者が新党結成に関する虚偽の取材メモを作成、それを政治部記者が記事化した虚偽報道問題で、各紙社説が「『朝日』の体質に主な原因がある」と言わんばかりの批判を展開している。

『毎日新聞』八月三一日付社説は、《非を認めたがらない。官僚的、エリート意識が強い……。（中略）「会社の体質ではないか」との声が出始めている》と述べた。

『読売新聞』九月一日付社説は、「伊藤律・架空会見」「サンゴ事件」の捏造報道のほか、「ＮＨＫ番組改変問題」なども例に挙げ、《短期間に不祥事が相次いでいることに、体質的、構造的な問題はないだろうか》と指摘。

『産経新聞』も同日付社説で、「サンゴ事件」「ＮＨＫ番組改変問題」などにふれ、《なぜ、朝日に問題事例が続発するのか。朝日が持つ構造的な体質に問題はないのか》と厳しく批判した。

社説は《毎日新聞がいつも正しいというつもりも毛頭ない》＝『毎日』、《朝日新聞だけの不祥事として済ませることはできない》＝『読売』などと「自戒」もした。だが、各紙とも『朝日』の不祥事は詳しく例示しながら、自社の誤報・虚報歴には言及していない。

『毎日』は「いつも正しい」どころではない。「三億円事件」の別件逮捕＝犯人視誤報（一九六九年）、「グリコ森永事件」の「犯人取り調べ」虚報（八九年）、「松本サリン事件」で、第一通報者が「薬の調合を間違えた」と救急隊員に語った、との虚報（九四年）……。

『読売』も八九年の「連続幼女誘拐殺人」事件で《犯人のアジト山小屋発見、警察が物証を押収》と虚報。二〇〇五年総選挙の報道でも《亀井静香氏の対抗馬は東ちづる氏》との虚報（八月一七日）を流した。

『産経』は〇五年五月、《旧日本兵2人、比で生存》と一面トップで誤報、メディア各社が追随する大騒ぎを起こした。二〇〇〇年四月には東京・国立二小の卒業式をめぐり、裏付け取材もせず、校長の一方的報告書だけで、《児童30人、国旗降ろさせる／校長に土下座要求》と報道、教員の処分を煽った。

虚報・誤報は、事例・体質いずれも『朝日』だけの問題ではない。

だが、『朝日』自身も八月三一日付社説で、《問われているのは（中略）朝日新聞の組織や体質だと思う》と書いた。そうだろうか。先に例示した各社の虚報・誤報を検証すると、『朝日』に限らないメディア共通の「体質」が見えてくる。

虚偽メモを作った記者は「功名心だったかもしれない」と話したそうだ。それは、『読売』アジト報道や『毎日』グリコ報道にも当てはまるだろう。背景に激しい特ダネ競争や「社内出世」競争がある。

記者の過酷な労働環境、お粗末なジャーナリズム教育の問題も大きい。

それらに加えて私は、日本の新聞社が新人・若手記者の「記者修行の場」と位置づけている事件取材・報道のあり方を問題にしたい。

各紙社説は、《田中知事以外の関係者に裏付け取材も行なっていれば》＝『読売』、《裏付け取材をしたのか》＝『毎日』、《チェック体制も甘い》＝『産経』などと、裏付け取材の重要性を強調した。『朝日』も《取材をチェックする仕組みをどうつくるか》と書いた。

では、日常の事件報道で警察情報の裏付け取材は行なわれているのか。捜査員の断片的リーク情報を「特ダネ」扱いし、「複数の捜査幹部」に当てて「裏を取った」ことにしているのが現実ではないか。

それでも「よし」とされ、むしろ奨励されてきたのが事件取材だ。だから、誤報が繰り返される。そんな事件報道で「修行」した若い記者の感覚がマヒしても、不思議ではない。裏金問題が示すように平気でうそをつく警察の「捏造情報」をそのまま書くのと、記者の「情報捏造」の間は、紙一重だ。

事件報道を検証すると、捏造に等しい記事はいくらでも見つかる。朝日新聞社「信頼される報道のために」委員会は、ここから取材現場・報道の点検を始めてほしい。

◆「市民メディア」の可能性

韓国『オーマイニュース』に学ぶ

05年9月30日

現象に振り回され、それを追うだけで背景にある問題を提示しない。権力者の大きな声ばかり増幅し、少数者の小さな声は無視する。

二〇〇一年と〇五年、二つの〈九・一一〉は、マスメディアの「現象追随・体制翼賛」報道がもたらす害毒の怖さをまざまざと示した。「テロとの戦い」「郵政民営化」……権力が誘導するまやかしに乗せられ、世論が一つの方向にどっと雪崩を打つ現代の〈メディア・ファシズム〉。

もはやこの凶暴な濁流に抗う術はない。そんな絶望感に襲われる。

しかし、絶望するのは早い。やれること・やるべきことはある。九月一七日、「人権と報道・連絡会」の第二一回シンポジウムで、韓国『オーマイニュース』代表・呉連鎬《オヨンホ》さんの講演を聞き、そう思った。

シンポジウムのテーマは「市民による市民のためのメディアを」。創設五年で韓国第六位の影響力を持つまでに急成長した市民参加のインターネット新聞。呉さんは「オーマイニュースの挑戦」の様子をいきいき、楽しく語った。

講演で私が勇気づけられた印象深い言葉をいくつか紹介したい。

〈市民みんなが記者〉。『オーマイニュース』は、既存メディアのプロ記者が独占してきた情報発信を市民の手に取り戻した。「伝えたいニュースがあり、伝えたいという思いがあれば、その人は記者」。記者という概念を覆すメッセージは、韓国市民の心をとらえ、瞬く間に四万人の市民記者を誕生させた。

どんな大手メディアも及ばない「市民記者」の巨大なネットワーク。日々・刻々発信されるニュースは、社会のすみずみからリアルタイムで市民の声・思いを伝える。

〈読者とともに世界を変える〉。インターネット新聞は、紙新聞・テレビの「一方向の情報の流れ」を、「双方向」に変えた。『オーマイニュース』の各記事には、末尾に読者の意見欄が設けられ、読者は記事に対する自分の意見をそこに書き込む。気に入った記事には読者が原稿料を振り込む。一本の記事に約三〇〇万円も集まった例もあったという。「私たちは、読者と一緒に考え、意見を述べあい、ともに世の中を変えようと訴えます」。

〈選択と集中〉。市民記者が身近なテーマを取材する一方、約五〇人の常勤記者は、力を注ぐべきテーマを「選択」し、それを「集中」取材する。米軍射爆場の環境破壊、財閥の巨額脱税、総選挙の「落選運動」、盧武鉉大統領「弾劾政局」。『オーマイニュース』には毎週のように特ダネが飛び交うと言われた。「常勤記者の特ダネは、世の中の争点を浮き彫りにしてきました」。

〈記者クラブ解体〉。二〇〇一年、仁川空港の記者会見で市民記者が締め出された。『オーマイニュース』はそれを報じる一方、「記者クラブ開放・解体」を求めて提訴した。〇三年、すべての記者室が市民に開放され、記者クラブは解体した。「すべての市民は、知る権利・情報へのアクセス権を持っています」。

〈八対二を五対五に〉。韓国のメディア状況は、保守八割・進歩二割だった。『オーマイニュース』はそれを「五対五」に変えるため、進歩的立場での報道を宣言した。それを支えたのが、「二〇歳代・八〇年代に民主化闘争に参加・六〇年代生まれ」の「三八六世代」。呉さんもその一人だ。社会に問題があれば、個人の出世など考えず、力を合わせて立ち上がる。「この世代が、インターネットと結びつき、世の中を変えようと動いてきました」。

講演後に続く討論で、パネリストの李其珍《リギジン》さん（同志社大留学中、市民記者）は、「日本にも『日刊ベリタ』などのネット新聞が誕生したが、まだ幅広い読者を獲得していない。既存メディアが伝えないことを集中的に取材し、報道する努力が必要だと思う。市民がメディアに求めることをつかみ、早く日本社会にあったモデルを」と提言した。

呉さんは最後に「日本でどうすればよいか。それを考え、新しいメディア創りの主体になるのは、皆さんです」と参加者を激励した。それに応えたい、と痛切に思った。

◆恵庭冤罪事件・控訴審判決報道

「証拠なき有罪」を報じない全国紙

05年10月14日

「本件控訴を棄却する」。九月二九日午後一時半、札幌高裁八階五号法廷。長島孝太郎裁判長が判決主文を読み上げた瞬間、法廷内に微妙な「間」が生じた。控訴棄却？ 裁判長はそう言ったのか？ 数秒の間をおき、記者たちは夕刊に一報を入れようと次々立ち上がった。

二〇〇〇年三月に北海道恵庭市で起きた女性会社員殺害事件の控訴審判決公判。札幌高裁は一審有罪判決（懲役一六年）を支持し、被告人Oさんの控訴を棄却した。

傍聴席で私が感じた「微妙な間」。それは、記者たちが判決を「意外」と受けとめた結果ではなかったか。

道内の新聞・テレビは判決前に、「控訴審の争点」を特集した。『北海道新聞』二八日朝刊は、《状況証拠めぐり攻防／一審認定覆す新事実も／アリバイ、動機など焦点》の見出しで、「新事実」を強調した。

この事件にはもともと、被告人と犯行を結びつける直接証拠がまったくない。物証も目撃証言も自白も。

一審審理では、アリバイに関する捜査報告書捏造、警察の証拠隠し（事件当夜、現場付近に十数分間停まっていた不審な二台の車の目撃供述など）が次々暴露された。

刑事裁判で有罪を宣告するには、犯罪事実について「合理的な疑いを差し挟む余地のない」立証が求められる。弁護側は一審でいくつもの「合理的な疑い」を提示した。
①殺害現場とされる被告人車両から、被害者の指紋、毛髪、体液、血痕が発見されないのはなぜか
②被害者より体格・体力とも著しく劣る被告人が一人で被害者を殺害し、雪上に遺体を引きずった跡も靴跡もタイヤ痕も残さず、遺体を焼損することは可能か
③灯油一〇リットルをかけて着火し、すぐに現場を離れる方法で、遺体が炭化するほど焼損するか
④事件当夜、現場で目撃された二台の車こそ真犯人ではないのか
⑤警察の常時監視下で、被害者の遺品や灯油を持って山林に行き、それを焼却することは可能か
「合理的な疑い」は山ほどあった。だが、札幌地裁（遠藤和正裁判長）は〇三年三月、検察が並べた「状況証拠」を丸呑みし、「被告人が犯人である可能性を疑わざるを得ない」と有罪を宣告した。判決は数々の「合理的な疑い」を「可能性はある」の一点張りで退けた。

〇四年三月に始まった控訴審では、「一審認定覆す新事実」（『道新』）が証拠として採用された。

一審判決は、遺体焼損開始時刻を「午後一一時五分」、現場を離れた時刻を「同一〇分」、ガソリンスタンド（GS）で給油した時刻を「同三六分」、現場からGSまでに要する時間を「二三～二五分」とし、「GSに着くことは可能」と認定した。

しかし、GSに到着した時刻は「一一時三〇分」だった。GSの監視カメラが記録していた。検察はこのビデオを隠していた。一審判決直前、地元テレビがビデオを入手して放映、控訴審で弁護側が証拠請求し、採用された。裁判所が実地検証し認定した「二三～二五分」で「一一時三〇分」に「GSに着くことは不可能」になった。

弁護側はさらに証拠・証言を積み重ね、「合理的な疑い」を強めた。

①「2ドア車」で不審を招かずに後部座席に移り、ヘッドレスト越しに被害者を絞殺することは可能か（殺害方法に疑問を提示した法医学者・上野正彦氏の証言など）

②被害者の車はなぜ、駅前路上に放置されていたのか（被告人の車に乗り移るのなら、自分の車はふだん使う駅駐車場に置くはず）

③被告人が真犯人なら、なぜ自分に疑いを向けさせる不必要な行動をとったのか（「犯行」後、被害者の携帯電話で会社と交際相手の男性に電話をかけ、その携帯を被害者ロッカーに戻したとされた）

弁護側は、一審判決が「内部犯行」の根拠とした被害者携帯の架電先番号が、携帯の着信履歴などに記録されており、外部の者でも発信できたことも解明・指摘した。

警察が行った「豚を使った燃焼実験」結果報告書も初めて開示された。弁護側の実験と同様、「一〇リットルの灯油では遺体は炭化しない」ことを警察は知っていた。

記者たちが「逆転無罪」を予想しても不思議ではない審理だった。

だが、二審判決は「被告人の犯行であることを直接証明する証拠はなく、被害者の殺害方法、殺害場所も不明であるが」としながら、「被告人が犯人であることを示す幾多の間接事実が存在し、犯人性を一応疑える者の中で動機があり、かつ犯行とかかわりを持つ可能性がある者は被告人以外に存在せず……」と、再び有罪を宣告した。

判決はまず、被害者携帯の発見状況などから「犯人は事業所従業員」と断定した。だが、携帯が見つかった休憩室には従業員以外の事業所関係者も出入りしていたことが一審で明らかにされている。内部の状況を知り、携帯を戻しうる「関係者」は数多くいた。従業員が「犯人」に頼まれて携帯を戻した可能性も考えうる。判決はそうした事実・想定を論拠なく除外、「内部犯行」と絞ったうえで、「従業員の中で動機・犯行可能性のあるのは被告人だけ」と断定した。

そのうえで判決は「被告人の犯人性を示す間接事実」として、①被告人車両内からの被害者ロッカーキー発見②被害者携帯と被告人の動きの一致③事件前日の灯油購入④被告人車両のタイヤ損傷⑤自宅近くでの遺品発見⑥被害者への無言電話が示す動機の存在――などの「状況証拠」を列記した。

どれも弁護側の詳細な立証・反論を無視した一方的認定、一審判決と同じ「可能性はある」式推認。

その典型が、GSビデオ記録で成立したアリバイの否定。

一審裁判所が検証・認定した「二三〜二五分」を「二〇分もあれば十分」と勝手に縮めた。驚くべき大胆さ。

タイヤの傷が「被害者焼損の際生じた」という認定も、証拠なし。雪上にこぼれた？　灯油で「二五〇〜二九〇度の高熱を帯びた物体に数分以上触れて出来た」（一審鑑定）傷が生じるか。「着火後五分で現場を離れ」ても、それは可能か。

「被告人車両内からのロッカーキー発見」を、弁護側は「警察の証拠捏造」と主張した。判決は差し押さえを違法としながら「捜査官が犯罪行為を犯してまで被告人を犯人に仕立てようとしたというのは通常考えられない」と退けた。

冤罪は「通常考えられない」ことを警察がやるから起きる。証拠捏造例は無数にある。警察の行動・主張を無条件に信ずる裁判官。その一方、被告人に有利な証言はすべて「信用しがたい」と退けた。

この判決を三〇日朝刊各紙（道内発行）は、《状況証拠で有罪認定》（『朝日新聞』北海道総合面）などと報じた。

だが、判決の「状況証拠」の扱いに疑問を呈したのは、『道新』が掲載した「判決は、無罪方向の多数の証拠を非常に断定的に否定している」という白取祐司・北海道大学教授の談話だけだった。

状況証拠のみによる事実認定は、「反対事実の存在の可能性を許さないほどの確実性を志向したうえでの『犯罪事実の証明は十分』であるという確信的な判断に基づくものでなければならない」とされてきた（最高裁判例・一九七三年）。

控訴審判決は、最高裁判例を否定し、証拠がなく、反対事実が多数存在しても「疑いがあれば罰す」という「確信的な判断」を示した。

「証拠・証明なき有罪判決」が平然と言い渡される。刑事裁判が冤罪追認の法廷ショーと化す時代。

だが、メディアはこの怖さ・危険を伝えない。『朝日』『読売新聞』『毎日新聞』の全国版には、控訴審判決を報じる記事すらなかった。

判決直後、Oさんは証言台で崩折れた。その姿を私は忘れない。

◆小泉首相・靖国参拝

本質逸らす「外交問題化」報道

05年10月28日

「二度と戦争をしないという決意を表明した。今日の平和は生きている人だけで成り立っているのではない。戦没者に敬意と感謝の気持ちを伝えるのは意義のあることだ」――小泉純一郎首相は一〇月一七日、就任以来五度目となる靖国神社参拝の後、記者団にこう語ったという（一八日『読売新聞』朝刊）。

この人は無知を装っているのか、それともほんとうに無知なのか。

靖国神社は単なる戦没者慰霊の場でも、まして「不戦の決意」を表明するような場でもない。日本が繰り返した侵略戦争に動員されて戦死した皇軍兵士を「英霊」とし、顕彰する「戦争肯定」神社だ。同神社「遊就館」は、述べている。

「我が国の自存自衛のため、更に世界史的に視れば、皮膚の色とは関係のない自由で平等な世界を達成するため、避け得なかった多くの戦いがあり」「それらの戦いに尊い命を捧げられたのが英霊であり、その英霊の武勲、御遺徳を顕彰し、英霊が歩まれた近代史の真実を明らかにするのが遊就館のもつ使命」だと（同神社ホームページ）。

大日本帝国の侵略戦争をすべて肯定・美化し、アジア各地で数千万人の命を奪った皇軍兵士の「武勲」「遺徳」を称える神社。合祀された約二四六万人には、日本の植民地支配に抗して立ち上がった台湾人・朝鮮人を「暴徒」として「討伐・鎮圧」した兵士も含まれる（高橋哲哉著『靖国問題』ちくま新書、〇五年）。小泉首相はそういう戦死者にも「敬意と感謝」を伝えたのだ。

首相の靖国参拝には、憲法二〇条の政教分離原則違反やA級戦犯合祀などの問題が指摘されてきた。私はそれだけでなく、「戦争肯定」神社参拝が「政府の行為によつて再び戦争の惨禍が起ることのないやうにすることを決意し」た憲法を足蹴にする行為だと考えている。

小泉首相は「無知」などではない。靖国参拝が何を意味するか、十分に自覚している。首相就任会見以来「九条改憲」を明言する彼にとって、「靖国復権」はイラク派兵や有事法制と連動する「戦争する国」作りの一環であり、「中・韓の反発」も計算に入れた、ナショナリズム煽動のパフォーマンスだ。

だがマスメディアの大半は、靖国参拝の主要な問題点を

「外交問題」と報じることで本質を逸らした。各紙一八日朝刊一面の見出し。

《靖国参拝／首相、職務外と強調／中・韓両大使が抗議／アジア外交に悪影響も》＝『朝日新聞』

《韓国　首脳会談先送りも／中国は外相が抗議》＝『読売』

《日中外相会談　困難に／韓国、首脳会談中止を示唆》＝『毎日新聞』

『毎日』社説は《首相の靖国参拝のたびに隣国から大きな反発を浴び、外交当局が右往左往する。首相は停滞したアジア外交を立て直す責任をどう果たすのか》と述べた。『朝日』編集委員は一面で《かつての戦争を美化する、いわゆる靖国史観からの参拝でないことは確かだ》が、《首相の靖国神社参拝は、東アジアを不信と緊張の「負の螺旋」に陥れかねない》と書いた。

もちろん、靖国参拝はアジア外交の重大な支障となる。だが、改憲を目指す小泉首相には当面の外交問題など「小事」だ。逆に、「心の問題に他人が干渉すべきでない。ましてや外国政府が、戦没者に哀悼の誠をささげるのを『いけない』とか言う問題じゃない」と開き直り、ナショナリズムを刺激した。

『朝日』一九日朝刊に掲載された「緊急世論調査」結果によると、参拝への賛否はほぼ二分。六月調査では賛成三六％・反対五二％だったのが、ほぼ同数になった。賛成の理由は、「戦死者への慰霊になる」三七％、「外国に言われてやめるのはおかしい」二四％。反対した人の理由では、六九％が「周辺国への配慮が必要」を挙げた。

問題の本質は「外交」ではない。日本社会のありよう・根幹に関わることだ。「戦争する神の国」に向けて国粋主義を煽り、「新たな英霊」を作る地慣らし参拝。自民党の改憲条文案は、九条と並び、二〇条を主要な攻撃目標にしている。

◆自民党・新憲法草案

「改憲」で問われる新聞の立場

05年11月11日

自民党は一〇月二八日、「新憲法草案」を発表した。草案は現行憲法の前文から次の文言を削除した。

「政府の行為によつて再び戦争の惨禍が起ることのないやうにすることを決意し」「平和を愛する諸国民の公正と信義に信頼して、われらの安全と生存を保持しようと決意し」

「全世界の国民が、ひとしく恐怖と欠乏から免かれ、平和のうちに生存する権利を有する」

侵略戦争の反省、武力を排した信頼による安全、世界中の人々の平和的生存権。草案はこれらを捨て、次の文言を入れようという。

「日本国民は、帰属する国や社会を愛情と責任感と気概をもって自ら支え守る責務を共有し」「正義と秩序を基調とする国際平和を誠実に願い、他国とともにその実現のため、協力し合う」

愛国心・国防の責務の強要、「国際平和」の名による海外派兵。そのため「第二章　戦争の放棄」を「安全保障」に変えて九条二項を削除、「自衛軍保持」を明記した。

二九日付『朝日新聞』二面《改憲狙い現実路線》という記事は、《先の衆院選で圧勝した自民党がつくった新憲法草案は、意外なほど「自民党らしくない」（同党ベテラン議員）内容だった》と書いた。

そうだろうか。同日付『産経新聞』「主張」は《不十分さは残るが、「国を自ら守る責務」を前文に盛り込み、「自衛軍保持」を明記した。現憲法に希薄な「共同体としての国家」を明確に打ち出したことを支持したい》と評価している。

草案は第一二条で「公共の福祉」を「公益及び公の秩序」に換え、第二〇条では、「宗教的活動」に「社会的儀礼又は習俗的行為の範囲を超える」との但し書きを加えて首相靖国参拝の「合憲」化を図った。

『毎日新聞』社説は、《草案を見ただけでは、集団的自衛権をどこでどう行使するのかが分からない》と述べた。だが、舛添要一・自民党新憲法起草委員会事務局次長は八月の「条文案」発表の際、「自衛には個別も集団も含まれる。その議論は終わった」と明言している。

改憲派三紙の社説は、『読売新聞』《国民的論議へ重要なたたき台だ》、『産経』《国を守る責務は評価する》、『日本経済新聞』《民主・公明も自民に続け》と明快だ。一方、『朝日』社説《なぜ「軍」にしたいのか》は、《結党から50年でたどり着いた改憲の姿としては中身に乏しい》、『毎日』社説《これで国民を動かせますか》は、《焦点の問題で自民党の意図が読み取れない》など、批判の的が見えにくい。

各社説が論じない重要な問題がある。九六条の改憲発議要件を両院議員の「三分の二以上」から「過半数」に緩めたこと。舛添氏は「素案」をまとめた七月、『読売』の取材に「まず、九条二項と九六条の改正を実現すれば、風穴をあけることができる」と語った。当面この二つを変えれば、あとはいつでも「自民党らしい憲法」にできる。

「九・一一総選挙」で、「九条改憲」賛成議員は七二％に達し（『共同通信』調査）、前原誠司・民主党新代表は就任会見で「九条改憲」を言明した。平和憲法に「風穴をあける」条件は着々と整いつつある。

だが、まだ大きな壁がある。『毎日』が九月に行った世論調査では、九条を「変えるべきでない」は六二％で、「変えるべきだ」の三〇％の二倍に達した。そうした世論を支える力の一つが、有力ブロック紙・地方紙の報道姿勢だと思う。

二九日付各紙社説を見ると、『東京新聞』《自民憲法草案みんなで突こう問題点》、『北海道新聞』《九条改廃の本音あらわ》、『西日本新聞』《平和主義が変質しないか》など正面から草案を批判。沖縄の二紙は、『沖縄タイムス』《戦争できる国にするのか》、『琉球新報』《政治こそ憲法に従うべき》と、草案の狙い・問題点を明快に指摘した。

《国際貢献などといった美名や掛け声の下で、いま日本の「国のかたち」は岐路に立たされようとしている》（『琉球新報』社説）。「新聞のかたち」も、改憲への姿勢をめぐり、重大な岐路に立っている。

◆『文春』「浅野告発」記事

匿名・伝聞による闇討ち報道

05年11月25日

『週刊文春』一一月二四日号（一七日発売）が、《「人権擁護派」浅野健一同志社大教授「学内セクハラ」を被害者が告発！》という四頁の記事を掲載した。浅野氏は、本誌「人権とメディア」の執筆者。読者の中には、『文春』記事を読んで驚かれた方もいるかもしれない。

浅野氏は「文春記事は事実無根の捏造」として近く、名誉毀損で提訴する。記事が並べた「セクハラ疑惑」について、『文春』は法廷で「真実性」の立証を迫られる。

ただ、裁判を待たずとも記事自体から指摘できる問題がある。記事が「匿名の告発者」の一方的主張と伝聞情報で構成され、「告発対象」のみ実名、というアンフェアな手法で作られていること。こんな「闇討ち報道」がまかり通れば、だれでも「疑惑の主」にされる。

記事が取り上げた「疑惑」は五つ。要約すると、①元同志社大大学院生A子さん〝性的な噂をばらまかれた〟②同C子さん〝海外出張先で性的な誘いを受けた〟③同Dさん

〝脅迫まがいのメール、留守電などを受けた〟④立命館大学生E子さん〝卑猥な誘いの電話をかけられた〟⑤元院生・留学生Hさん〝RA（リサーチアシスタント）の報酬をピンはねされた〟（アルファベットの仮名は『文春』の表記）。

このうち、『文春』の取材で自ら「被害」を語ったのは、A子さん、Dさんの二人。他の三例は「当事者」の話ではなく、すべて伝聞情報だ。

記事の中で最も強い印象を与えるのは、C子さんに関する記述。ホテルで「性的な誘いを受け」「バスルームに逃げ込んだ」という話や、「当時の恐怖を知人に打ち明けたときのやりとり」を詳細に描いているが、これが全部「同志社関係者」など出所不明の怪情報なのだ。

情報源を明示しないC子さんら三人に関する伝聞を排除すると、残るのは『文春』に「告発」したA子さん、Dさんの主張だけになる。

それを補強するのが、「A子さんの指導を担当した、当時の大学院新聞学専攻教務主任・B教授」の話。B教授は「浅野先生からのセクハラとアカハラ被害について、新聞学専攻の教員宛てに、文書の訴えが複数上がってきたんです。事実ならば由々しきことですし、他の教員とも相談しながら、大学のセクハラ防止委員会に相談すべきではないかと判断しました」などと語っている。浅野氏は名指し・自分は匿名、という記事を、「新聞学専攻」の研究者として「公正」と考えているのだろうか。

記事は「浅野教授の学内セクハラを、大学当局が認定した」と書いた。その根拠として大学の「セクハラ委」がA子さんらに出したという「報告書」を引用した。だが、「報告書」がどのような「セクハラ」を認定したのか記述はない。

一方で記事は、浅野氏が調査に応じる前提として訴えの内容・セクハラ委の委員名の開示などを求めていたとの「報告書」内容、八田英二学長がセクハラ委に〝浅野氏が調査に応じた上で再度報告するよう再調査を指示した〟ことも書いている。「報告書」は決定でなく再調査が必要な文書だったのだ。

浅野氏によると、今月中にも「聴取」があり、そこで全面的に「訴え」に反論する予定だったという。

『文春』記事は、聴取を経て正式決定（学長の措置）が出る前に、メディア上で「訴え」が認定されたことにしてしまおうとしたのだ。

『文春』はかつて「ロス疑惑」報道で一市民を「疑惑人」に仕立てた。それを最も早く批判したのが浅野氏だ。〇一年の「大分聖嶽《ひじりだき》遺跡捏造疑惑」報道では、私怨を持つ人の話による「疑惑」記事で別府大学名誉教授を自殺に追い込み、遺族が起こした訴訟で昨年、賠償と謝罪広告を命じられた敗訴判決が確定した。今回もまた、それらと同じ手法の「疑惑」記事で浅野氏を社会的に葬ろうとしている。

B教授らは、それに利用されたのか、利用したのか。「メディア研究者」なら、『文春』の「疑惑報道」手法、数々の「人権侵害の前歴」を知らなかったはずはないのだが。

◆布川事件・再審開始決定

報道検証で冤罪加担の責任を

05年12月9日

「再審開始決定から二カ月。取材を受けたり、職場の人に声をかけられたりして、人生が変わってきました。勝つことはすばらしい。検察の抗告で、闘いは東京高裁に移りました。ここで負けたら一〇〇%負け、勝ったら一〇〇%勝ちです。これからも皆さんのお力を借りて頑張ります」(杉山卓男さん)

「こんな喜びは人生に二度とない。絶対勝つと思っていたし、高裁も一〇〇%勝つと確信しています。再審開始決定が出ても検察は自分たちがやったことを一つも反省していません。今もたくさんの冤罪事件が起きています。こんな冤罪を繰り返させないためにも、頑張っていきたい」(桜井昌司さん)

一一月二七日、茨城県取手市で地元の支援会「ゆらゆら春の会」が開いた「布川《ふかわ》事件再審決定報告会」。三八年間、無実を叫び続けてきた杉山さんと桜井さんは、九月二一日の水戸地裁土浦支部「再審開始決定」に万感の思いを語った。

支援会の名「ゆらゆら春」の由来は、桜井さんが獄中で書いた詩に自ら作曲した歌から。その二番。

♪ 喜びと悲しみに季節は流れゆく／空の下の人の上のどこか　どこかどこか／春待つ人のもとに　花咲く時はいつ／きっといつか　そうさいつか夢の朝が／ゆらゆら春は来るね　ゆらゆら春は来るね

この日の集会の最後に、参加者全員が心を込めて合唱した。逮捕時、二一歳だった杉山さんは五九歳に、二〇歳だった桜井さんは五八歳になった。「強盗殺人犯」の濡れ衣を着せられ、仮出獄まで二九年の獄中生活を強いられた二人に三八年ぶり、ゆらゆら春が訪れた。

――一九六七年八月三〇日朝。茨城県利根町布川で、男性(六二歳)が自宅で殺されているのが見つかった。取手署は現場状況、目撃情報などから二人組による強盗殺人と断定、「素行不良者」をリストアップし、次々と聴取した。地元紙や全国紙県版は、《有力参考人浮かぶ》＝九月七日付『読売新聞』、《二人連れをしぼる》＝同八日付『いはらき』（現『茨城新聞』）などと捜査経過を詳報し、一〇日過ぎには各紙が「重要参考人を調べる」と報じた。しかしその後は、《有力な決め手つかめず》＝三〇日付『朝日新聞』、《捜査は長期化か》＝一〇月二日付『毎日新聞』と捜査の行き詰まりが伝えられた。

それから約二週間後、一〇月一八日付『いはらき』に、《青年二人を逮捕／利根町の殺し一ヵ月半ぶりに解決／犯行の一部を自供》という「特ダネ」が掲載された。それが、杉山さんと桜井さんだった。

桜井さんは一〇日、杉山さんは一六日、いずれも微罪・別件逮捕、長時間の取り調べで自白を迫られた。二人とも無実を訴えた。だが、桜井さんは「目撃者がいる」「アリバイがない」「否認していたら死刑になる」などと刑事に脅され、五日後に「嘘の自白」をしてしまう。杉山さんも「桜井がお前とやったと言っている」などと責められ、〈裁判になったら判ってもらえるはず〉と、容疑を認めてしまった。

二人が強盗殺人容疑で再逮捕されたのは二三日。しかし、一九日各紙朝刊にはすでに、連行写真・顔写真付きで二人を強盗殺人犯と断定した記事が大きく掲載された。

『朝日』《利根町の強盗殺人48日ぶりに解決／競輪帰りに犯行／逮捕の二人　アリバイ追及に観念》

『毎日』《競輪に取りつかれて／利根町の大工殺し／借金を断られ／杉山と桜井「カッとなりやった」》

『読売』《利根の大工殺し51日ぶりに解決／桜井　杉山二人をマーク／捜査陣のネバリ実を結ぶ》

だが六八年二月、初公判で二人は起訴事実を全面的に否認した。自白以外に証拠はなく、「被害者宅前で二人を見た」という「目撃証人」も初公判後に現れた不自然なものだった。しかし、一審・水戸地裁土浦支部は七〇年一〇月、「自白は信用できる」として、二人に無期懲役の有罪判決を言い渡した。

七三年一二月、東京高裁が控訴棄却。七八年七月、最高裁も上告を棄却し、二人の有罪が確定した。〈裁判になれば判ってもらえる〉という杉山さんの思いは、三度とも通じなかった。上告が棄却された日、杉山さんは拘置所で「何でやってない者が……」と泣いた。

桜井さんは下獄の日、「いつかきっと真実が判る。一日一日、前を向いて生きよう」と心に決めた。

八三年一二月、二人は再審請求を申し立てたが、これも棄却。結局、九六年一一月の仮出獄まで二九年間、獄中に閉じ込められた。

桜井さんの『獄中詩集　壁のうた』（高文研、〇一年）は、無実を信じて面会を続けてくれた両親への熱い思いに溢れている。「七六年にお袋を、九一年に親父を亡くしました。生きて、表で会いたかった。二人の死に目に会えなかった。それがいちばん悔しい」と桜井さんは言う。

二〇〇一年一二月、二人は第二次再審請求を申し立てた。弁護団は次のような新証拠を提出した。
①現場から二人の指紋は一つも検出されなかったのに、自白通り桜井さんが素手で物色した再現実験では、指紋が多数採取された。
②自白調書通りにガラス戸を蹴ってもガラスは割れないことが、再現実験で科学的に裏付けられた。
③初公判後に現れた目撃証言の通りに行った目撃実験では、夜間、バイクを運転しながら人を識別することは、ほとんど不可能だった。
④自白・確定判決は、殺害方法を首に両手を押し当てた「扼頸」としたが、解剖鑑定書の所見からは首に何かを巻いた「絞頸」の可能性が高いとする新たな鑑定書。
再審請求審の事実調べでは、検察が隠し続けてきた「死体検案書」「毛髪鑑定書」、桜井さんのアリバイを裏付ける供述調書が、弁護側の請求で初めて証拠開示された。


〇五年九月二一日、水戸地裁土浦支部（彦坂孝孔《たかのり》裁判長）が出した決定は、①唯一の直接証拠である自白は殺害という枢要部分で客観的事実と矛盾する②目撃証言の信用性に疑問を生じ、状況証拠としての価値を失った③自白の信用性に疑問が生じ、二人を犯人とする証明力はない――として、「無罪を言い渡すべき明らかな証拠を発見したときに該当する」と述べた。

桜井さんは、「検察が今回開示した証拠を三八年前に出していたら、その時に無罪になっていたはず」と証拠隠しを憤る。しかし、水戸地検は決定を不服とし、東京高裁に即時抗告した。弁護団の谷萩《やはぎ》陽一弁護士は、「再審開始が確定するまで、まだ時間がかかるかもしれない。二人の人権より検察のメンツ、なのでしょう」と批判する。

メディアは決定を大きく報じた。当日夕刊で『毎日』『読売』『東京新聞』が一面・社会面トップ、『朝日』は社会面トップ。翌日朝刊で『茨城新聞』が一面・社会面トップ、『産経新聞』は社会面準トップ。《38年　無実への扉開く》＝『読売』、《無実訴え38年「夢のよう」》＝『朝日』などの見出しが躍った。

『毎日』は二二日付社説で《またしても自白偏重の過ち》と、捜査や裁判のずさんさを指摘。『朝日』二三日付社説も《危うい裁判は調べ直そう》と、《粗雑な捜査とそれを追認した裁判》を批判した。
だが、事件当時、「嘘の自白」を警察情報のまま大きく報じ、粗雑な捜査を追認して二人を殺人犯と断定したメディアの責任はどうなのか。それを自問し、検証する報道はどの新聞にも見られなかった。
「拘置所で当時の新聞コピーを見たけど、完全な犯人でした。それが今度は手のひらを返したような報道。でも、それでみんなが良かったねと言ってくれた。マスコミの力は大きいです」（杉山さん）
「もし当時、鋭い記者がいて、きちんと取材していたら、無実とわかったかもしれません。マスコミが本来やるべきことをやってくれたら、捜査や裁判を変える力があると思います」（桜井さん）
メディアは布川事件で何をし、何をしなかったのか。その報道検証は、冤罪の構造と怖さを伝え、一日も早い再審開始への「力」にもなるだろう。「自白偏重報道」の過ちを見直し、「危うい報道」を調べ直す。それが二人の冤罪・報道被害者に応えるメディアの責任だ。

◆若手記者の「事件」

彼らを追いつめたのはだれか

05年12月23日

「ほんとうに痛ましい」——新聞労連の美浦克教《みうらかつのり》委員長（共同通信記者）は、メディア企業で働く若い記者の相次ぐ「事件」をテーマにした「人権と報道・連絡会」一二月定例会で何度もこう言った。

八月二九日、『朝日新聞』は、長野総局記者（二八歳）が総選挙報道に絡んで「虚偽メモ」を作成、虚報が掲載された、と公表した。同社はこの記者を懲戒解雇した。

一〇月三一日、『産経新聞』大阪本社は、同月二五日夕刊の「月とコウノトリ」の写真が「合成写真」だったと発表。写真記者（三一歳）を休職二カ月の懲戒処分にした。

一一月三日、『埼玉新聞』は、雨で中止になった体育祭を、前年の写真を付けて「開催された」と報じる記事を掲載したと公表。執筆した記者（二〇代）は退職した。

一一月五日、NHK大津放送局記者（二四歳）が放火未遂の疑いで逮捕された。NHKは一二月九日、記者を懲戒免職処分した……。

どうしてこんなことになったのか。各社は会見や検証記事で「チェックの甘さ」は反省したが、主な原因は記者の個人的問題とした。

『朝日』九月一五日付検証記事は、《N記者は事実を伝えるという新聞記者の責務を軽く考えていたのではないか》と書いた。橋本元一NHK会長は「今回の事件は、起こした記者に起因する問題」と述べた。そういう理解でいいのか。

美浦さんは、「メディア業界で進む人件費抑制の『合理化』が、メディア本来の役割・ジャーナリズム機能を衰退させる一方、長時間・過密労働に拍車をかけ、記者を追いつめている」と指摘した。

『朝日』記者は当日、朝から塩尻—長野間を往復した後で泊り勤務につき、校閲作業に携わった。『朝日』は九六年から本社校閲部門を縮小、総局が出稿した記事は総局記者が校閲している。「虚偽メモ」は、その作業中に総局長の指示で書いたという。一日の取材活動を終えた後での校閲作業が、どれほどの負担と緊張を与えるか。

『埼玉新聞』記者の虚報も、過重労働が生んだものだろう。他紙との競争で全国紙・地方紙とも地域版が増え、記者は紙面を埋めるために小さな催しも記事にする。人員は増えず、毎日二〇〇行もの記事を書く記者もいる。『埼玉』記者は、忙しさの中で予定稿を確認せずに出してしまったと思われる。

「結果を出す」ことや上司の評価というプレッシャーもある。

『産経』写真記者は、「五日間も出張に出かけたが、良い写真が撮れなかった」と説明した(一一月九日朝刊)。『朝日』記者は、「総局長に対して取り繕う気持ちがあった」と話した(「検証」記事)。

NHK記者は、〇四年四月に入局、県警を担当した。各紙報道によると、先輩記者から注意を受ける場面を他社の記者がたびたび目撃。秋ごろから周囲に職場での悩みを打ち明け、〇五年春には不眠を訴えて薬を常用していたという。NHK幹部はそれを、「多くの新人記者が抱くような悩み」と説明した。

「多くの新人記者が抱く悩み」とは何か。それこそが問題なのだ。

新人記者は「警察回り」の激烈な取材競争に放り込まれる。犯人探し、夜回り、顔写真集め。結果を出せなければ上司に叱責される。

仕事にやりがいがあれば、まだ忙しさにも耐えられる。警察の裏金追及のように権力をチェックし、社会の矛盾を追及する報道だ。

だが、「犯人探し」中心の事件報道は「意味がない」だけでなく、報道被害を生む。それが、若い記者たちの心を蝕んでいく。〇五年一一〜一二月、広島、栃木（いずれも小一女児殺害）、京都（小六女児殺害）と続く「少女殺害事件」報道競争に、記者たちは「やりがい」を感じているだろうか。

美浦さんは、「経営者が考えているのは、ジャーナリズムではなく『会社』の生き残り。『合理化』・労務管理強化で精神疾患による休業や過労死が相次ぎ、若い記者の中途退職が増えている」と話した。

若い記者たちを「事件」に追いやったのは、権力に癒着し、情報産業化した「メディアの病」だ。

2006

◆犯罪被害者の報道

匿名発表を招いたのはだれか

06年1月20日

もう二〇年近く前、読売新聞社の地方部報道デスクをしていた時、学校内で盗難に遭った千葉県の教諭から「なぜ私の名前を勝手に新聞に載せたのか」と抗議され、説明に窮した経験がある。地方版の小さな記事だが、「あんな大金を置いていたのかと職場でからかわれた。なぜ私の名前が必要なのか」と言われた。記者は「名前を出した方がリアリティがある」くらいにしか考えず、警察が発表した被害者名を載せたのだが、それは納得してもらえる理由ではなかった。

〇五年一二月二七日、政府は「犯罪被害者等基本計画」を閣議決定し、「被害者の実名・匿名発表については、警察が個別・適切に判断する」という項目が盛り込まれた。

日本新聞協会・日本民間放送連盟は同日、これに反対する共同声明を発表。《正確で客観的な取材、検証、報道で、国民の知る権利に応えるという使命を果たすため、被害者の発表は実名でなければならないと考える。／実名発表はただちに実名報道を意味しない。私たちは、被害者への配慮を優先に実名報道か匿名報道かを自律的に判断し、その結果生じる責任は正面から引き受ける》と主張した。

翌二八日付各紙も、社説や特集記事で、「実名・匿名を警察判断に委ねる方針」に一斉に反対した。

『朝日新聞』社説《犯罪被害者／安易な匿名化は避けよ》は、《実名発表を受けて取材し、被害者の意向も踏まえた上で、報道の際に実名にするか匿名とするかをメディアに判断させてほしい。それがメディアの主張だ》と述べた。

『読売新聞』の特集記事は、《安易な匿名発表に懸念》の見出しで、《被害者の話が聞けないため真実を報道できない恐れもある》と批判。『毎日新聞』の特集「クローズアップ2005」も、《警察による匿名発表は増加傾向にあり、基本計画がさらに拍車をかける可能性がある》と同様の批判を展開した。

私も、被疑者名も含め警察に名前発表の判断権限を渡すことには反対だ。公人や権力に絡む事件で、権力に都合の悪い情報が隠される恐れが今以上に高くなるからだ。

だが、新聞協会や各社の「反対論」にはとうてい肯けない。「被疑者への配慮を優先」「自律的に判断し」などと言っても、報道の実態はそうした主張を裏切っている。

冒頭に紹介した窃盗事件のような小さな記事から大事故・殺人事件の集中豪雨的報道まで、メディアは「報道は被疑者・被害者とも実名が原則」として、警察が実名を発表すれば、ほぼ自動的に実名報道し、顔写真も掲載している。

そうした報道の結果、プライバシー侵害や名誉毀損で訴えられると、メディアは「警察の発表」を理由にして免責を求めてきた。

二〇〇一年の新宿ビル火災では、「被害者への配慮」もなく、風俗店で働いていた被害者の実名を報じ、遺族を苦しめた。〇五年のJR尼崎事故では、「亡くなった家族の写真を載せない約束で取材に応じた」のに裏切られた遺族もいる。

「知る権利」に応えると言うが、実際は「遺族の悲しみ」を情緒的・一時的に大報道しているだけ。被害者・遺族が求める原因の究明、社会全体で共有すべき事件・事故の背景追及に、メディアはどれだけ力を注いでいるだろうか。「知る権利」はお題目。実態は「被害者の名前・写真、プライバシーを商品化し、売る権利」でしかない。

「自律的に判断」というのは空文だ。JR尼崎事故では、遺族が警察に匿名発表を求めた例以外は、実名報道された。現状では、被害者・遺族は警察に頼むしかない。

匿名発表の増加、警察に判断を委ねる「基本計画」を招いた原因・責任は、メディア自身にある。

公人を除き、本人・遺族の要請なしに被害者の名前・写真を報道しない——それを「報道倫理綱領」として確立し、それが守られているかどうかチェックするシステムを作る。それが、被害者を苦しめず、警察に匿名発表の口実を与えない最も現実的かつ唯一の方法だ。

◆「愛知・幼児殺害」無罪判決

「警察頼りの自白報道」の責任は？

06年2月3日

日本中のマスメディアが前夜の「ホリエモン逮捕」（東京地検が証券取引法違反容疑でライブドア社長・堀江貴文氏を逮捕）で大騒ぎしていた一月二四日午前、名古屋地裁で「捜査と報道のあり方」に厳しい反省を促す判決があった。二〇〇二年、愛知県豊川市で起きた幼児殺害事件で、殺人などの罪に問われた男性に無罪が言い渡された。

二〇〇二年七月二八日未明、豊川市のゲームセンター駐車場に止めた車から一歳一〇カ月男児が不明になり、同日早朝、約四キロ離れた海岸で、水死体で発見された。

約九カ月後、愛知県警は、事件当時この駐車場に止めた車内で仮眠することがあったトラック運転手Kさんを逮捕。名古屋地検は「男児の泣き声に腹を立てて車から連れ出し、海に落として殺害した」として起訴した。Kさんは容疑を認める供述調書を取られたが、起訴後は一貫して無実を訴えてきた。

弁護側は公判で、「自白調書は警察の圧力・誘導で作成された」と主張した。その最大のポイントは、当初の供述「背中を突いて海へ落とした」が、後に「バスケットボールのパスのように投げた」に変わったこと。弁護側はこの変遷を、遺体には外傷がなかったのに、「犯行」時間帯、現場の海は干潮で岩場がむき出しなっていたことがわかり、その矛盾を解消するため、「捜査員が都合のいいように供述を変更させたもの」と指摘した。

「泣き声に腹を立て」との動機についても、再現実験では睡眠を妨げるほどの音量にならず、殺人の動機として不自然、と批判した。

二四日の名古屋地裁判決は、弁護側の主張をほぼ全面的に認め、自白調書の信用性を否定。物証・目撃証言もなく、「被害者は被告人の車に乗っていなかったと推認できる」として、無罪を言い渡した。

メディアは判決を大きく取り上げた。二四日夕刊各紙の扱いは、『朝日新聞』『毎日新聞』『東京新聞』が一面四段と社会面関連記事、『読売新聞』と『産経新聞』（二五日朝刊）が社会面四段。各紙とも《自白誘導の可能性》（『毎日』）、《「供述疑問　物証もない」》（『読売』）など、「自白」に焦点を当てて判決を報じた。テレビも、NHK・民放各社が全国ニュースで同様に「幼児殺害無罪」を伝えた。

だが、メディア各社が、一社を除き、決してふれなかつた問題がある。逮捕当時の自社の報道、それによるKさんの報道被害だ。

判決翌日の二五日朝、フジテレビ『とくダネ！』は、Kさんが番組宛に送っていた無実を訴える手紙を紹介した。Kさんは、逮捕後の大々的な報道で家族が受けた被害の深刻さも手紙に綴っていた。

どんな報道か。二〇〇三年四月一五日付・各紙夕刊の「逮捕記事」。

《「泣き声うるさく」海へ／逮捕の運転手、供述》（『朝日』）、《駐車場で仮眠中「泣き声うるさい」／連れ去り海に落とす》（『読売』）、《殺人容疑で運転手逮捕／泣き声うるさくて》（『毎日』）――各社とも全国版社会面四段で、「自白」内容を克明に伝えた。地域版やテレビのローカル番組は、さらに詳細な自白＝犯人視報道を繰り広げた。

こうした報道は、被害者の遺族にKさんを犯人と信じ込ませた。二〇〇三年七月一七日の初公判を報じた『中日新聞』は、起訴事実を全面否認したKさんについて、被害者の父親が「何を言っているのか、極刑でなくては気がすまない」と語った、と書いている。

その父親も「公判を傍聴するうち、犯人じゃないかもしれないと悩むようになった」と、前記『とくダネ！』の取材に答えていた。

『朝日』は二六日朝刊社説で、《自白頼り捜査の危うさ》を指摘した。だが、それは今に始まったことではない。冤罪事件で無罪判決が出るたび、メディアは「自白偏重捜査に警鐘」と批判してきた。だが、その「自白頼り捜査」に頼り、警察がリークした「自白」を大々的に報じる自らの「報道の危うさ」には、目も口も閉ざしてきた。

冤罪被害者を苦しめ、犯罪被害者・遺族を悩ませる「警察頼りの自白報道」を、なぜ改めないのか。

◆安田弁護士事件・控訴審

〈検察の犯罪〉伝える裁判報道を

06年2月17日

法廷のこんな光景を目にしたのは初めてだ。二月一日午前一〇時、東京高裁一〇二号。安田好弘弁護士・強制執行妨害事件控訴審の初公判。弁護人席に二九人、傍聴席の左半分四八席を弁護人が埋めた。一般傍聴席も満員。わずかな空席は記者席の一部だけだった。

警視庁が安田さんを逮捕したのは、約六年前の九八年一二月六日。

〈安田弁護士は顧問会社スーンズ社の社長らと共謀し、債権者による賃料差し押さえを免れるため、スーンズ社が所有するビル二棟のテナント賃料を実体のない会社に振り込ませ、計二億円を隠匿、強制執行を妨害した〉——それが容疑内容だった。

メディアは、逮捕直後から《安田弁護士／報酬、ダミー会社から／犯行を終始指示》（『朝日新聞』）、《資産隠し指南／報酬総額6000万円》（『毎日新聞』）などと、「悪徳弁護士」報道を展開した。

安田さんは、数多くの死刑求刑事件・冤罪事件で検察と対峙してきた死刑廃止運動のリーダーだ。当時はオウム裁判・麻原彰晃被告人の主任弁護人として、サリン事件捜査の暗部を追及していた。

私は安田さんほど誠実・有能な弁護士を知らない。十数年のつきあいで彼を信頼・尊敬していた私は直観した。これは、安田さんを麻原裁判から排除したい警察・検察の政治的逮捕、権力犯罪だ——。

一審裁判では、一二〇〇人を超す大弁護団が結成された。四年半に及んだ公判は、私の直観を具体的な事実として明らかにした。

実体のない会社の口座に賃料を振り込ませ、二億円余を隠匿・横領していたのは従業員Sら四人だった。警察・検察はそれを知り、横領事件を握りつぶすのと引き換えに、Sに「安田弁護士と社長が二億円を隠匿した」とウソの供述をさせ、安田さんを逮捕した。

〇三年一二月二四日、東京地裁は無罪判決を言い渡した。川口政明裁判長は、Sの検察官調書の重大な変遷を「検察官の誘導」「司法取引」と指摘し、「検察官の態度はアンフェア」と厳しく批判した。

まさに「警察・検察の権力犯罪」への有罪判決。検察が控訴したのは、権力のメンツのためだけだったろう。

一日の初公判。新河隆志検事が控訴趣意書を早口で読み上げた。一審判決で否定された主張の反復と、都合の悪い部分の主張変更。約三〇分の朗読の中に、思わず吹き出してしまう一節があった。

「原判決は検察官の捜査公判活動に予断と偏見を抱き、被告人の弁解のみに耳を傾け、被告人は無罪との誤った心証を形成し……」

そんな「予断と偏見」を持つ裁判官がいたら、ぜひ会ってみたい。現実は、その正反対だ。多くの裁判官が「被告人への予断と偏見」を抱き、有罪心証を形成している。

二審弁護団は、約二一〇〇人に膨れ上がった。「即日結審・控訴棄却」を求める弁護側の「答弁」に続き、三人の弁護士が意見陳述した。

金子武嗣弁護士は、〇五年に出版された安田さんの著書『「生きる」という権利』（講談社）にふれ、多くの弁護士が加わった理由を述べた。

「彼の、弱い人を見る目の温かさと、誠実で献身的生き方が、人権の擁護を使命とする弁護士の理想として共感を得るのでしょう」

二審は予断を許さない。検察は一審で二一回も証言したスーンズ社元幹部I証人の尋問を請求、白木勇裁判長は弁護側の異議を却下し、採用を決めた。

六日夜、「安田さんを支援する会」の報告集会が開かれた。安田さんは、ライブドア事件で検察が拍手喝采され、検察が死刑を求める少年事件で最高裁が無期懲役判決を見直す状況を「検察ファッショの時代」と指摘、こう訴えた。

「一審の九九・五％が有罪、検察が控訴した事件の八〇％が逆転有罪。検察の言いなりになった裁判の現状を打破するにはどうすればよいか、一緒に考えてください」

検察ファッショの典型が安田さんの「事件」だ。逮捕時、権力犯罪に加担したメディアには、この訴えに応え、〈検察の犯罪〉を問う控訴審を、克明に伝える義務がある。

（東京高裁は〇八年四月二三日、一審判決を破棄し、罰金五〇万円の有罪判決。安田さんは即日上告）

◆沖縄密約・吉野証言

〈政府のウソ〉許さない追及報道を

06年3月3日

一九七一年の沖縄返還協定締結の際、軍用地の復元費用を日本が肩代わりした「沖縄密約問題」で、交渉の実務責任者だった当時の外務省アメリカ局長・吉野文六氏が、初めて「密約の存在」を認めた。

『北海道新聞』が二月八日付朝刊一面・社会面で報じたもの。往住《とこすみよしふみ》嘉文記者の大スクープだ。返還協定七条により日本が支払った核兵器撤去費用など三億二〇〇〇万ドルの中に、協定四条で米国が払うとした軍用地復元費四〇〇万ドルを含めた密約。政府は三五年間、その存在を否定し続けている。記事は吉野氏の証言を詳細に伝えた。

「国際法上、米国が払うのが当然なのに、払わないと言われ驚いた／沖縄が返るなら四百万ドルも日本側が払いましょう、となった。当時の佐藤栄作首相の判断／三億二千万ドルだって、核の撤去費用などはもともと積算根拠がない／あんなに金がかかるわけがない」

吉野氏は現在八七歳（二〇〇六年）。往住記者の質問に、こんな言葉ももらした。

「国会で『記憶にありません』と答弁したら、本当に記憶に無くなる／覚えていることを覚えていないというんだから」

政府のウソを当事者が認めた。このニュースは『共同通信』が直ちにフォロー、『沖縄タイムス』『琉球新報』が八日夕刊以降一面トップで報じるなど、地方紙各紙が掲載。全国紙も一〇日付朝刊から後追いしたが、沖縄の二紙に比べると扱いは小さく、続報も少ない。

安倍晋三官房長官は九日、「そうした密約はなかったと報告を受けている」とウソを重ねた。だが、「だれからそんな報告を受けたのか」と追及する姿勢は、全国紙やテレビ報道にはうかがえない。

密約問題は「沖縄の問題」ではない。政府が国会をだまし、巨額の税金を投入した憲法七三条違反（国会の条約審議権侵害）、虚偽公文書作成・同行使、背任の国家犯罪だ。吉野証言はそれを「自白」したに等しいのに、大手メディアの関心は「堀江メール」（民主党・永田寿康議員が国会で公表し、その真偽が問題になった）に遠く及ばない。

密約問題は「過去の問題」でもない。琉球大の我部政明教授が二〇〇〇年に入手した米公文書によると密約は他にもあり、年間約二五〇〇億円に上る在日米軍への「思いやり予算」のもとにもなった。

そして今、在日米軍再編問題だ。日米両政府は、地元の頭越しに普天間飛行場の名護市キャンプ・シュワブ沿岸部移転＝沖縄の永久基地化を決めた。一兆円近い海兵隊グアム移転費用も日本側が賄う、「密約」以来の米国言いなり路線。

密約問題は「報道の問題」でもある。七一年六月、『毎日新聞』西山太吉記者は外務省秘密電文から密約をスクープした。翌年四月、警視庁が西山記者と外務省職員を国家公務員法違反容疑で逮捕すると、メディアは西山バッシングに回り、西山記者を退職に追い込んだ。

西山氏は、米公文書で密約の存在が裏付けられたことから〇五年四月、国に組織犯罪を認めさせようと国家賠償訴訟を起こした。

二月九日付『沖縄タイムス』社説は、吉野証言と訴訟にふれ、《政府の意図に乗る形で「記者と外務省職員のスキャンダル」に終わらせてしまったメディアの責任も問われなければなるまい》と書いた。

一方、かつて西山記者を「休職処分」した『毎日』は、一一日付社説で《政府はそろそろ事実を認めたらどうか》と述べたが、新聞社としての責任に言及しなかった。『朝日新聞』も一四日付社説で密約問題を取り上げたが、西山氏の報道、訴訟にはふれもしなかった。

二月二二日夜、西山氏をゲストにシンポジウム『沖縄』をいかに本土に伝えるか」（日刊ベリタ主催）が東京都内で開かれた。

西山氏は、「海兵隊の移転費負担問題は七一年と同じだが、メディアは関心を示さない。政府は今、辺野古で苦境に立っている。これが日本の外交・安保を見直す世論のきっかけになるかもしれない。『朝日』がそれをリードしなければ」と話した。

米軍再編問題がヤマ場となる三月、メディアも正念場を迎える。

◆『読売』の「戦争責任」報道

「ドンはブレーキを踏んだ」のか

06年3月17日

《「言論」忘れ　宣伝機関に／戦況伝えず　国民鼓舞／満州事変　分岐点に／戦線拡大、統制も強化／開戦　報道の自由〝抹殺〟／差し止め連発「何も書けない」／戦争は〝商機〟積極的推進も／発表のウソ分かっていた》

さて、問題。これは三月三日、ある新聞が二ページ見開きで掲載した《検証・戦争責任》と題する記事の見出しです。その新聞とは——。『朝日新聞』？『東京新聞』？じゃ『赤旗』？どれも「ブーッ」。正解は『読売新聞』でした……。

と、こんなクイズを出したくなる紙面だった。『読売』が〇五年八月以来、随時掲載している《検証・戦争責任》一一回目「メディア」。

見開き右面では、「満州事変」後の報道を検証。《次々と戦線を拡大していく関東軍の動きを新聞は華々しく伝え、不拡大方針をとる若槻内閣の「弱腰」を突き上げた》《事変拡大を機に、主要紙は戦場に大勢の特派員を派遣し、戦況を刻々と伝えることで、部数を飛躍的に伸ばしていった》。一九三一年に二七万部だった『読売』の部数は、三八年に一〇〇万部を超えた。

左面では、「日米開戦」後、《言論機関としての使命を忘れ、国の宣伝機関と化していく》新聞の姿を検証。戦争報道が商品としての新聞にとって最大の見せ場・商機だったと指摘して、《新聞は必ずしも「統制に嫌々協力させられた」わけではなく、積極的に戦争推進に回った一面》も明らかにした。

メディア研究者のインタビューも興味深い。佐藤卓己・京都大学大学院助教授は、「言論弾圧」という言葉自体「戦後、メディア側の責任逃れのために創作された」と指摘。山本武利・早稲田大学教授は、独・仏メディアとの比較から、「日本のメディアの幹部は、戦犯容疑者として収監されたり、公職追放されたりしたが、復帰は早かった」と述べた。検証の対象が台湾・朝鮮侵略、日清・日露戦争など「満州事変」前には及ばず、天皇翼賛報道にも触れなかったのは大きな問題だ。

しかし、この検証記事は、戦争報道を「売れる商品」とし、主体的に侵略戦争に加担した新聞の責任を自ら明確にした点では、「言論弾圧」に責任転嫁する従来の「新聞の戦争責任」論を乗り越えた。

あの『読売』が、なぜこんなまともな記事を？　カギは最近の渡邉恒雄主筆の言動にある。渡邉氏は朝日新聞社発行の月刊誌『論座』二月号で若宮啓文『朝日』論説主幹と対談し、小泉首相の靖国参拝を強く批判。首相の参拝がA級戦犯の復権を目指す勢力を喜ばせているという若宮氏の指摘に、こう答えた。

《僕はそういう危険を感じ始めたので、この辺でマイナスの連鎖をどこかで断ち切って、国際関係も正常化させるために、日本がちゃんとした侵略の歴史というものを検証し、「事実、あれは侵略戦争であった」という認識を確定して、国民の大多数がそれを共有するための作業を始めたわけだ》

『読売』は、〇一年七月二七日付社説《靖国参拝「公人」「私人」で騒ぎたてるな》以来、首相の靖国参拝を是認し続けてきた。それが〇五年六月四日付《国立追悼施設の建立を急げ》で突然論調を変えた。社論を独裁的に決めてきた渡邉氏の中で、何かが起きたのか。

若宮氏は、『朝日』一月三〇日付コラムで《ブレーキ踏んだ保守のドン》と題し、《対談は「どっちが朝日新聞かわかりません」と私が冗談を言うほどの展開で盛り上がった》と書いた。確かに近年の『朝日』は、『読売』と区別しにくい。

だが、「ドン」はブレーキを踏んだのか。過去の戦争報道の責任見直しを始めたとしても、「現在の戦争報道」責任は？　イラク侵略戦争、自民党・新憲法草案の「自衛軍」創設を支持し、日米軍事同盟を推進する路線は、紙面上変化がない。

戦争責任の検証は、現在の報道の検証につながってこそ意味を持つ。《「言論」忘れ　宣伝機関に》という反省の視点に立って、イラク戦争報道、改憲論を見直し、ぜひ「急ブレーキ」を踏んでほしい。

◆北陵クリニック事件・控訴審判決

報じられない「迅速裁判」の暴力

06年3月31日

この裁判長はいったい、だれに聞かせようとして判決文を読んでいるのか。いや、これは「判決」と言えるようなものなのか。

三月二二日午前、仙台高裁一〇一号法廷で開かれた「北陵クリニック事件」控訴審判決公判。被告人席に姿はなく、弁護人も七人中、四人が退廷させられた。強権的訴訟指揮に抗議した支援者も次々退廷させられ、空席が目立つ法廷。早口で聞き取りにくい田中亮一裁判長の「朗読」が延々と続いた。

二〇〇一年一月、仙台市の北陵クリニック元准看護師・守大助さんが「患者の点滴に筋弛緩剤を混入した」として逮捕され、五件の殺人・殺人未遂の罪で起訴された「事件」。仙台高裁は一審無期懲役判決を支持し、守さんの控訴を棄却。弁護側は即日、上告した。

逮捕当時、メディアは「病院内の無差別殺人事件」と大報道した。

《女児に筋弛緩剤点滴／元准看護士を逮捕／過去に複数の急死者》(〇一年一月七日付『毎日新聞』)

《背筋凍る〝恐怖の点滴〟／守容疑者／「容体急変」平然と報告》(同八日付『読売新聞』)

《「女児」後も急変・死亡／計20人近く容体急変　うち10人死亡》(同一〇日付『朝日新聞』)

新聞、テレビは連日トップ扱いで警察情報を流し、読者・視聴者は「恐怖の点滴男」に戦慄した。

だが、同年七月の一審初公判で、守さんは起訴事実をすべて否認、無実を訴えた。弁護団は「患者の容体急変は、病変や薬の副作用が原因。事件そのものが存在しない」として、検察側主張に反論した。

①筋弛緩剤は通常、静脈注射し、一～二分間で血中濃度が半減する。点滴に混入し死に至らせる「凶器性」は医学的に立証されていない。

②起訴五件中、二件について主治医が「心筋梗塞」「薬の副作用」と証言、他の三件も専門医が、てんかん性発作、医療過誤などを指摘。

③「患者の血液・尿などから筋弛緩剤を検出した」とする大阪府警科学捜査研究所の鑑定は、資料の採取、鑑定方法などに不備があるうえ、再鑑定に残すべき資料が全量消費され、証拠能力はない。

④北陵クリニックは経営難から高齢者・重症患者を多数受け入れる一方、救急対応できる医師が退職した後、「容体急変による他病院への転送・死亡」が頻発していた。

とりわけ重大な問題は、鑑定資料の「全量消費」。弁護側が再鑑定を求めても、「もう資料はない」。科捜研の鑑定人は、一審で「他の薬毒物も分析したため」などと弁明したが、弁護側は「鑑定は捏造された疑いがある」と指摘した。

だが〇四年三月三〇日、仙台地裁（畑中英明裁判長）は、「疑惑の鑑定」をほぼ唯一の証拠として、守さんに無期懲役を言い渡した。

〇五年六月一五日に始まった控訴審。弁護側は「科捜研鑑定で検出したという化合物は、出現した分子イオンの測定値から見て、筋弛緩剤マスキュラックスの主成分ベクロニウムではない」と指摘する影浦光義・福岡大学教授の鑑定意見書を提出。それを裏付ける内外の学術論文の証拠調べを請求した。

さらに、検察が矢島直・東京大学助教授に依頼しながら公判に提出しなかった筋弛緩剤点滴投与に関するシミュレーションの開示、矢島氏の証人調べ、裁判所による筋弛緩剤の質量分析などを求めた。

控訴審は、初公判、第二回（手続きのみ）を経て第三回（七月二〇日）、ようやく実質審理に入った。

ところが、田中裁判長は、橋本保彦・元東北大学教授（一審で検察側主張を補強）の証人尋問が終わると、被告人質問もなしに「事実調べ終了」を宣言、弁護側に次回公判で最終弁論するよう求めた。

弁護側は当然拒否、一〇月五日の第四回公判で、事実調べの継続を求めた。しかし、田中裁判長は証人・証拠調べ、鑑定請求をすべて却下。弁護側が申し立てた異議・裁判官忌避も直ちに却下した。

このため、弁護団は「このような訴訟指揮では被告人の権利を守れない」として全員退廷した。

ところが翌六日、「控訴審結審、三月二二日判決」という記事が各紙に掲載された。「いや、驚きました」と阿部泰雄・弁護団長は言う。

「弁護人も支援者も、法廷で裁判長の判決期日指定を聞いていない。記者たちも裁判所事務局で聞いて記事にしたという。それが、公判調書では『弁護人の退廷前に告知した』ことになっていました」

弁護団は、「弁護人不在の期日指定は刑事訴訟法違反」と異議を申し立てたが、これも却下。こうして被告人本人質問も最終弁論もなしに、「判決」の二二日を迎えた。

午前八時過ぎ、冷たい風が吹きつける裁判所前で「支援する会」の約二〇人が、「公正な判決を求める」ビラを配り始めた。守さんの母・祐子さんがマイクを握る。

「たった四回の公判で何がわかるのでしょう。なぜそんなに判決を急ぐのですか。息子は、わずか数時間の審理で一生を奪われようとしています。裁判長はなぜ鑑定もせず、息子の言葉にも耳を傾けようとしないのでしょうか」

午前一〇時、開廷。直後、佐藤正明弁護人が、「弁護人は期日指定を受けていない。憲法で保障された最終弁論をさせない法的根拠は何か」と裁判長の見解を求めた。

「私は期日を告知した。弁護人の退廷は、弁論の意思がないことを明らかにしたもの」と裁判長。

「私たちは弁論したいと申し立てた。退廷を弁論の意思放棄とみなす法的根拠は何か」と弁護団。

「先ほど述べた通り」「何も答えていない」「答える必要を認めません。これ以上発言を続けると退廷を命じます」――約三〇分、応酬が続いた。田中裁判長は弁護人四人に次々と退廷を命令、抗議した支援者にも「退廷！」を連発した。

一〇時半過ぎ、ようやく判決言い渡し開始。裁判長は主文を述べず、判決理由から読み始めた。

「（科捜研の）鑑定に疑問はなく、合理的で妥当」「資料の全量消費には合理的理由が認められる」……。

ほとんど一審判決のコピー。審理していないのだから無理もない。

一〇分後、守さんが声を上げた。「裁判長、なぜ鑑定の証拠調べをしないんですか。どこで無実を訴えればいいんですか」。回答は「退廷！」。守さんは残る弁護人に頭を下げた後、「裁判長、絶対やってませんから」と叫び、法廷を出た。

正午過ぎ、休廷。記者たちに囲まれた花島伸行・主任弁護人は、「高裁は何も審理しなかった。なぜこんな訴訟指揮をするのか。皆さん、守君の叫びをぜひ記録にとどめていただきたい」と訴えた。

主文が読み上げられたのは、午後三時二〇分過ぎ。各紙の判決報道は、二三日朝刊が中心になった。

《筋弛緩剤事件／守被告２審も無期／仙台高裁判決「証拠能力誤りなし」／被害者の母「罪償って」／被告は「判決でたらめ」》（『朝日』）

《筋弛緩剤事件／守被告２審も無期／仙台高裁控訴棄却「1審、事実誤認ない」／「罪認め償って」被害者の母／被告の母「無実伝えたい」》（『読売』）

《「罪認めてほしい」／筋弛緩剤２審無期／退廷の被告を非難／被害者の母　目頭押さえ切々／弁護側は「事実誤認」》（『毎日』）

《筋弛緩剤事件控訴審／「やってませんから」／守被告退廷、波乱の法廷／「無期判決は当然」被害者の母親会見》（『産経新聞』)

《筋弛緩剤判決／守被告「絶対やってない」／被害者の母「娘に当然と伝える」》(『東京新聞』)

各紙社会面の見出しだ(『毎日』『東京』は一面に本記)。各紙とも、「事件性」を信じた「被害者」家族の言葉を大きく取り上げた。

一方、二審の訴訟指揮を批判したのは、『東京』の解説記事が《控訴審が誰の目にも納得のできる内容だったのか、疑問が残る》と指摘したぐらい。他紙はほとんど問題にもせず、逆に『産経』解説記事は「裁判の迅速化」の視点から、《今回の訴訟指揮は、時代が求める「適正な刑事裁判」への一つの答えになるだろう》と評価した。

事実調べの最後の場、二審。そこで、証拠調べも被告人質問も弁護側弁論も許さないのは、「三審制」を壊す暴挙だ。だが、こんな強権的「迅速裁判」に、メディアの大半が批判の視点を持たない。

恐ろしい「時代」がやってきた。

◆愛媛県警の裏金資料流出

後追いされない『朝日』スクープ

06年4月14日

各地で噴出する「警察の裏金」報道に消極的だった『朝日新聞』が、久々にスクープを放った。《愛媛県警が架空報告書／聴取せぬ住民に「謝礼」／ウィニーで流出》――四月四日付朝刊第二社会面、四段見出しの記事だ。

愛媛県警は三月七日、捜査一課の警部のパソコンから、ファイル交換ソフト「ウィニー」を通じて大量の捜査資料がインターネット上に流出した事実を公表した。資料には殺人事件の捜査情報なども含まれ、犯罪被害者や被疑者、捜査協力者など約四四〇〇人分の個人情報が流出したと見られている。

『朝日』はこれを独自取材し、《流出した捜査報告書の中で02年に未解決殺人事件の情報を提供して謝礼を受け取ったと記載された住民2人が、県警から事情を聞かれていなかったことが3日、関係者の証言で分かった》と報じた。

記事によると、同事件の捜査報告書は他に一五人分あり、いずれも情報提供に謝礼したことになっているが、取材に応じた一二人中、食事など《何らかの謝礼を受けたと認めたのは2人のみ》という。

高知県や北海道などで明るみに出た「裏金作り」と同じ。情報提供者に謝礼を払ったことにして「捜査報償費」をプールし、幹部の飲食や餞別に流用する手口だ。

『朝日』記事は言及していないが、愛媛県では〇四年五月、「テレビ愛媛」が内部告発をもとに大洲署の裏金作りをスクープ。さらに〇五年一月、県警地域課・仙波敏郎巡査部長が現職警察官として全国で初めて裏金問題を実名告発した。

テレビ愛媛や『愛媛新聞』の追及もあり、同県監査委員は〇五年二月、大洲署の捜査報償費不正を認定。県警も〇六年二月、九八～〇四年度の「不適正支出」が約一八〇〇件あったとの調査結果報告書を発表、三月に一二三人を処分した。

ただし、県警が調査結果報告書で公表した事例は、捜査員の手続きミスや誤記のみ。《執行者が捜査費を正規に執行したように装い私的に費消した事実や、いわゆる「プール金」の運用により組織ぐるみで捜査費を不適正に使用した事実は認められない》としていた。

だが、『朝日』報道が検証した捜査報告書は、まさに「執行者が捜査費を正規に執行したように装」った実例。県警の内部調査のでたらめさを暴露するものとなった。

問題は「裏金」だけではない。『朝日』記事は、捜査報告書に「殺人事件で事情聴取を受けて容疑者について証言した」旨記載されている男性二人が、取材記者に「警察の事情聴取を受けたことはない」旨語ったことも書いている。

県警捜査一課の警部が、殺人事件捜査でやりもしない事情聴取をしたことにし、「犯人」に関する捜査報告書を捏造していた。事件は「未解決」というが、もしこの架空報告書通り「解決」していれば、どうなっていたか。空恐ろしい。

愛媛県警には九九年、窃盗などの容疑で誤認逮捕した男性を真犯人が現れるまで一年以上も勾留した重大な「前歴」がある。それにも懲りず、〇五年一月と八月にも、窃盗事件で女性や少年を誤認逮捕した。いわば「冤罪の常習犯」だ。この捜査報告書は、冤罪多発の原因・構造も照らし出している。

裏金とリンクした恐るべき捜査実態。それを告発した『朝日』記事は本来、もっと大きく一面で報じるべき大スクープだと思う。

記事掲載当日に発売された『週刊朝日』四月一四日号は、《ウィニーでバレた愛媛県警の裏ガネ疑惑》の見出しで四ページの詳細な記事を載せた。筆者はフリーの今西憲之氏と同誌記者。それで、本紙記事の扱いが小さくなったのか。不可解なのは他メディアの姿勢だ。深刻かつ面白い「事件」なのに、すぐ後追いした新聞は、『愛媛』五日朝刊だけ。他紙や全国ネットテレビは一〇日現在、沈黙している。『朝日』報道が他メディアに広がるかどうか。愛媛県警や警察庁幹部は、ハラハラしながら報道を注視しているに違いないのだが。

◆北陸クリニック事件

原点から事件・報道の再検証を

06年4月28日

「心強くなる温かい電報、お便りありがとうございました。／不当判決には怒りでいっぱいです。高裁には真実を究明しようとする姿は、どこにもありませんでした。迅速ばかりで中立・公平とされている機能はなかったです。悔しいです。／未来を信じて負けずに無実を勝ち取ります！どうぞこれからもお力を貸して下さい。頑張ります。／3月26日／守大助」

三月二二日・仙台高裁「北陸クリニック事件」控訴棄却判決。翌日以降、守さんの元には全国から激励電報・手紙が続々と届いた。これは、発信を一日二通に制限されている守さんが、支援会ホームページに託した返事の一部だ。二審は、弁護側が請求した鑑定、証人・証拠調べをすべて却下し、被告人質問も弁護側最終弁論もさせず、一審判決をコピーした（その問題点と公判の模様は、本書一〇八頁を参照）。

報道被害の視点からこの事件を考えてきた「人権と報道・連絡会」の四月定例会で、守さんの母・祐子さんと阿部泰雄弁護団長に二審判決への思いを話していただいた。

「息子は学生の頃、部活でケガをして入院し、病院で働く人たちの姿に感動して看護師の道を選びました。人のためになる仕事がしたい、と。その息子が、こんな事件を起こすはずがありません」

こう語る祐子さんは、一審一五六回、二審五回の公判を一度も欠かさず傍聴、街頭にも立って息子の無実を訴え続けてきた。守さんが逮捕されたのは二〇〇一年一月六日。恋人と一緒に里帰りし、楽しい時間を過ごした翌日だった。

「とても信じられませんでした。私も事情聴取を受け、『証拠がある。一〇〇％間違いない』と言われました。『証拠を見せてほしい』と頼むと、『新聞を見れば分かるだろう』と」

その新聞は《恐怖の点滴男》《20人近く急変》と、連日の大報道。

「息子は逮捕四日目から『やってない』と言っていたのに否認の報道は流れず、これでもかこれでもかと耳をふさぎたくなる報道ばかり。『急変の守』という記事も出ましたが、そんな話は一切ありません。自分の足で歩かず、警察のリークだけで書いていたのです」

「警察は、『証拠は公判で見せる』とも言っていましたが、結局一審公判で、息子に結びつく証拠は何一つ出されませんでした」

祐子さんが期待していた控訴審は、わずか四回で結審した。

「息子の本人質問も却下されました。『いつ、どこで無実を訴えればいいのですか』と聞いた息子は、すぐ退廷させられました。高裁は何のためにあるのですか。こんな裁判で息子の一生を奪われるのでしょうか。憤りでいっぱいです」

なぜ、こんな捜査・裁判——。北陵クリニックは当時、赤字経営に苦しみ、高齢・重症患者を次々受け入れる一方、救急処置のできる医師が退職し、急変・死亡が頻発していた。阿部弁護士は言う。

「病院の内部事情に疎い警察が、患者の死亡多発を事件と思い込み、科学的な検証・裏付け捜査なしに守君を逮捕してしまった。マスコミがそれを『大事件』にして報道し、警察・検察は後戻りできなくなった。司法の機能を喪失した裁判所がそれを追認し、支えた」

筋弛緩剤は約一一分で効果が半減するため、点滴でゆっくり体内に入れても効果はない。大阪府警科学捜査研究所の鑑定は、一週間後の尿から三時間後の血清と同じ濃度の成分を検出した、とする。

「そんなことは科学的にあり得ない、科捜研鑑定が検出したのは筋弛緩剤の成分ではない」との専門家の意見書を付け、弁護団は裁判所による筋弛緩剤の分析鑑定を求めた。

だが、仙台高裁は拒んだ。

「こんな鑑定や訴訟指揮を通してもいいのか。最高裁も悩むはず。楽観はしないが希望はある。それを動かすのが世論です。メディアは、この事件と裁判、報道を原点から検証し直すべきではないか」

守祐子さんや阿部弁護士の言葉に、メディアはどう応えるか。

◆記者の闘い

〈企業の論理〉と対峙する〈志〉を

06年5月19日

憲法を「権力を縛るもの」から「人民を縛るもの」に――自民党の「新憲法草案」があらわにした〈改憲＝壊憲〉の思想だ。

〈壊憲〉を先取りする権力の抑圧装置は、すでに九〇年代末から着々と整備されてきた。メディアが不安を煽り、被害予防・制裁を求める「世論」が形成され、権力がそれを回収・法制化する。

「オウム」対策を口実にした「九九年国会」の盗聴法・団体規制法。「神戸児童殺傷事件」以来の「少年犯罪の凶悪化・低年齢化」報道は、二〇〇〇年・少年法「改正」をもたらした。「池田小事件」報道は〇三年、「心神喪失者等医療観察法」という名の保安処分法を成立させた。

〇一年「九・一一」事件報道で煽られた「テロの恐怖」は、アフガン・イラク侵略戦争への自衛隊参戦に道を開いた。〇二年・日朝首脳会談後の「拉致一色」「北の脅威」報道は、「有事法制」に回収された。

そして今、「共謀罪」創設と教育基本法「改正」の危機。四月二九日付『読売新聞』社説は、《犯罪の低年齢化や自己中心的な子どもの増大、「ニート」に象徴される若者の職業観の乱れも深刻だ》と、「わからない子ども・若者」への不安を誇張した。小泉政治がもたらした格差社会・若者の就職難の責任まで教育基本法に押しつける。

事件・事象の背景・原因を探るのではなく、現象・結果をセンセーショナルに「情報商品」化する。手間ひまのかかる調査報道を避け、安上がりの発表・権力情報に依存する。「会社生き残り」を至上とする「企業の論理」がメディアを覆い、ジャーナリズムは窒息寸前だ。

メディア幹部の企業第一主義は、内部も腐蝕させる。報道・制作の下請け化、人員削減、超過密・長時間労働、やりがいのない仕事。〇五年相次いだ若い記者たちの「事件」は、「企業の論理」に蝕まれたメディアの自壊現象ではないのか。

そんな危機感を背景に四月下旬、新聞労連ジャーナリスト・トレーニングセンター（ＪＴＣ）の第二一回記者研修会が都内で開かれた。テーマは「記者の働き方を考える」。私が司会を務めた討論で、参加した二二社の記者に、働き方、職場の実態、悩みを話してもらった。

◆支局再編で通信網が減り、記者のカバー範囲が広がって取材できないものも増えた（『河北新報』）
◆販売の要請で地域版が増やされ、事件がなくても休みが取れないほど忙しくなった（『上毛新聞』）
◆記者に成果主義が導入され、記事の中身より出稿量で仕事が評価される。問題提起的な取材がやりにくくなった（『下野新聞』）
◆人減らしで仕事がきつく、日付が変わるまで帰れない。新人がどんどん辞めていく（『中国新聞』）
◆印刷外注化で降版が早まり、内容を理解しないまま見出しをつけている。機械みたいになってきている自分を感じる（『奈良新聞』）

記事捏造問題が起きた『埼玉新聞』労組の吉田俊一委員長は「行政に提供された資料だけで記事を書くことを何とも思わない状況、何が必要なニュースか、職場で議論しにくい状況がある」と話した。

「虚偽メモ」で揺れた『朝日』労組の久村俊介委員長は、「組合でアンケートしたが、記者は初心を忘れず、やりたい仕事をもっている。それを許さない会社が、記者の志を弱めている」と批判した。

『下野』はこの四月、印刷の別会社化で輪転機が止まった。「合理化」と闘った下野労組の三浦一久・副委員長は社会部記者だ。

「記者が自分のやりたい仕事をできず、モノを言うのに勇気が要る新聞社の空気はおかしい。息苦しい会社で作られた新聞は、紙面も息苦しい。記者は何より一人のジャーナリストとして、目の前で起きている問題、矛盾、不正義に声を上げていかなければ、と思う」

〈壊憲〉が進む今こそ、闘うジャーナリズムが求められる。そこに記者の生きがいもある。闘いの原点は記者の初心。体制翼賛化するメディアの「企業の論理」と対峙する、記者一人一人の強い志だ。

◆「鹿砦社」裁判

〈明日は我が身〉の言論弾圧

06年6月2日

「本件は憲法二一条に違反した不当な言論弾圧。万一、裁判所が有罪の判決を下すのであれば、憲法の番人であることを自ら放棄するもの。判決内容に表現の自由の未来がかかっている。私が無罪にならなければ、言論は死滅します」

五月一九日午前、神戸地裁一〇一号法廷。兵庫県西宮市

の出版社「鹿砦社」代表・松岡利康氏が名誉毀損罪に問われた裁判の第七回公判。松岡氏は約五〇分に及ぶ意見陳述を、こう締めくくった。

出版社代表が出版活動に関して逮捕され、長期勾留された前代未聞の「事件」。だが、その弁護側弁論・意見陳述が行われた法廷の記者席には、だれもいなかった。

松岡氏は〇五年七月一二日、神戸地検に名誉毀損容疑で逮捕され、翌月起訴された。公訴事実は概略、①阪神球団スカウトの変死事件で、「球団職員が殺害に関与した可能性」を指摘する遺族執筆の記事を、『スキャンダル大戦争②』ほか二冊に掲載②『アルゼ王国の闇』などの書籍とホームページで、大手パチスロ機メーカー「アルゼ」オーナーの私生活、脱税などに関する記事を掲載した——というもの。

公判は、弁護側が「情報源保護」のため反証証人を出さず、わずか七回で結審した。検察側は第六回公判で「表現の自由を濫用した」として懲役一年六月を求刑。弁護側は最終弁論で「憲法二一条と刑法二三〇条二項に照らして無罪」と主張し、次のように述べた。

(1)阪神事件は犯罪に関する事実、アルゼ事件は大企業オーナーの社会的不正に関する報道で、いずれも公共性、目的の公益性がある。

(2)阪神事件では、検察審査会が「不起訴不当」と議決するなど、真実と信じる相当の理由がある。

(3)アルゼ事件で脱税の犯歴を報じたのは、米国でのカジノライセンス取得疑惑を告発するため。

私は公判を傍聴し、「判決に表現の自由の未来がかかっている」との松岡氏の言葉を重く受けとめた。それは、この裁判が数多い民事訴訟の一つ、ではないからだ。

報道関係者が名誉毀損で刑事責任を問われるのは、きわめて異例。その二例、「月刊ペン事件」（七六年）では編集長が逮捕、二五日間勾留されたが、罰金刑。「噂の真相事件」（九五年）では編集長に懲役八月（執行猶予二年）などの判決が確定したが、在宅起訴だった。

松岡氏は「証拠隠滅の恐れ」を理由に一九二日間も勾留された。名誉毀損の主な証拠は出版物だ。いったいどうやれば「証拠隠滅」できるのか。長期勾留＝人質司法で、鹿砦社は経営危機に陥った。

こんな報道で逮捕・勾留されるのなら、他のメディアも、いつやられても不思議ではない。

「この弾圧の背景には、警察・検察が直接絡んでいる」と松岡氏は言う。アルゼは元警視総監が顧問、逮捕時の社長は元警察官僚。阪神球団にも兵庫県警幹部が天下りしている。そして、告訴から二年も経た事件を立件した神戸地検特別刑事部長は、かつて三井環・元大阪高検部長（検察の裏金を告発）を逮捕した大坪弘道検事。松岡氏は三井氏の友人でもあった。

民事で争うべき問題に権力が直接介入し、出版社をつぶそうとした。それが鹿砦社事件の真相だ。

松岡氏の逮捕は、『朝日新聞』が当日の大阪本社版朝刊一面トップで「出版社社長に逮捕状」と予告（東京では社会面三段）、各紙夕刊が逮捕を報じた。しかし、扱いは小さく、「犯人視報道」のパターン。

『週刊金曜日』や月刊誌『創』などが逮捕の異常さを指摘したが、日頃「表現の自由」を叫ぶ大手メディアや学者は「暴露本出版社の事件」との認識からか、無反応だ。権力に刃向かう報道は逮捕・人質司法でつぶす――こんな捜査が既成事実化すれば、どうなるのか。弾圧に脅えて記者は萎縮し、言論は死ぬ。

鹿砦社事件は、反戦ビラ弾圧と同じ「表現の自由」への権力攻撃だ。メディアは「明日は我が身」と受けとめ、その危険を伝えてほしい。判決は七月四日午前一〇時。

◆天皇制と戦争報道

新聞のタブーに挑む読者の〈声〉

06年6月16日

日本中のメディアが「秋田・男児殺害事件」で大騒ぎしていた五月、『朝日新聞』の投書欄「声」で、画期的な議論が交わされていた。

発端は五月三日付、岩手県・六五歳女性が寄せた《天皇の第1章／削除提案する》という投書。

《近頃、憲法改正の論議がかまびすしい。私も改正にくみしたい方だ。ただし私の場合は、論議の沸騰している第2章9条ではなく、第1章「天皇」を削除する改正を提案したい》――彼女は、象徴天皇制をGHQとの駆け引きやさまざまな思惑が絡み合った着地点とし、《旧憲法を知る世代も少なくなった今日、天皇制の是非を国民的課題として見直すべき時期にきている気がしてならない》と書いた。

日の丸・君が代の強制、愛国心をめぐる動きに不穏なものを感じるという彼女は、《平和をうたう9条には手を付けず、むしろ第1章の削除を願う》と投書を結んだ。

これを「我が意を得たり」と言うのが一八日付、東京都・

八〇歳男性の投書《天皇の第1章／差別の権化だ》。彼は、象徴天皇制を《皇国史観に洗脳された迷夢からまだ完全に覚めぬ日本人を統治するため、「天皇を認めた方がよし」とする便宜的発想》《平等で民主的な思想に全く反する》と批判。《差別の権化ともいえる天皇条項を憲法から削り、天皇一家や皇族は自ら働き納税し、人間らしい生活をすることを強く望む》と書いた。

それに対して二四日付、千葉県・二一歳男性は《皇室制は文化／今後も守ろう》と反論した。彼は英国や北欧を例に、天皇制は《何ら民主主義に反するものではない》とし、《戦前の負の歴史を認めたとしても、価値ある文化遺産として、我が国は今後も皇室制度を守っていくべきだ》と述べた。

こうした「声」欄のやりとりを《戦前は到底できなかった議論で、戦時中に義務教育を受けた者とし感慨無量だ》と受けとめたのが、三〇日付、新潟県・七三歳男性。

彼は《天皇制は今や時代遅れでは》と「皇室＝文化遺産」論に批判。《戦争は、天皇の命によって行われ、反対する者は弾圧された。学問や芸術、文化の研究の自由さえ奪われ、神格化された天皇や国家体制に対しての異議申し立ては許されなかった》《現憲法の改正論に第1章を取り上げるのは、意義あることと思う》と主張した。

「声」欄ではもう一つ、メディアが避けてきた議論が展開された。

八日付、東京都・六九歳男性の投書《戦争の責任は報道機関にも》は、《戦後のマスコミが、国民を戦争へと誘導した報道内容とその責任を息長く伝えず、結果として隠蔽してしまった》と指摘した。

これをめぐって、《戦争の体験を伝えて下さい》（一四日付、千葉県・三〇歳男性）、《政府や軍部の責任こそ重大》（二二日付、大阪府・五二歳男性）、《父の新聞社は軍に潰された》（二七日付、広島県・七九歳女性）など「メディアの戦争責任」論議が交わされた。

憲法・戦争・天皇制・メディアをめぐる読者の討論を、私は熱い共感とともに読んだ。今まさに、メディアが大きなエネルギーを注いで取材・報道すべきテーマだ。

新聞は天皇の戦争責任を不問に付し、象徴天皇制を支えることで、自らの戦争責任も回避した。そうして、「天皇制と報道機関の戦争責任」報道をタブーにしてきた。

私は、前文と九条を分断する「一～八条」を、平和憲法を食い荒らす「寄生虫」だと思っている。侵略戦争の支柱＝天皇制を廃止してこそ前文と九条は直結し、生きる。

自民党の新憲法草案は、前文から「政府の行為によつて再び戦争の惨禍が起ることのないやうにすることを決意し」の文言を削除し、「象徴天皇制維持」を明記した。

私には、読者の〈声〉が「九条を守るには第一章を問い直す必要がある」と呼びかけているように思える。ここに、憲法論議の重要な争点の一つがある。その〈声〉に耳を傾け、紙面で応えていくことが、新聞の「読者への責任」だ。

◆光市事件判決報道

重罰化を煽るだけでよいのか

06年6月30日

「元少年は死刑になる可能性が強まりました」——六月二〇日、午後七時のＮＨＫニュースは、こんなナレーションで始まった。

一九九九年四月、山口県光市で母子を殺害したとして殺人罪などに問われた元少年（当時一八歳）に対し、最高裁第三小法廷は、無期懲役とした二審判決を破棄、審理を差し戻す判決を言い渡した。

夜のＮＨＫニュース、午後五時前の民放各局のニュース番組は、いずれも判決をトップで報じた。

「犯行は、冷酷、残虐にして非人間的な所業」「遺族の被害感情は峻烈を極め」「罪責は誠に重大で、特に酌量すべき事情がない限り、死刑の選択をするほかない」「少年であったことは、死刑を回避する決定的な事情とまではいえない」

各局ニュースは判決内容に続き、被害者遺族の会見を詳細に伝えた。用意された「遺族の闘いの記録」が流れ、検察が二審に出した「反省のない元少年の手紙」が映された。ＮＨＫニュースは「判決は今後、同じような事件で、刑を重くする方向で大きな影響を与えそう」という言葉で締めくくられた。

翌二一日の各紙朝刊も、ほぼ同じ構成で判決を報じた。ニュースの扱いは、『毎日新聞』『東京新聞』が一面トップ、『朝日新聞』『読売新聞』『産経新聞』が一面準トップ。社会面では、各紙そろって遺族の言葉を大見出しにし、詳報した。

《「死刑判決欲しかった」／夫、差し戻しに不満》＝『朝日』

《「また歳月費やすのか」「死刑判決ほしかった」》＝『読売』

《「人の心　取り戻して」／会見で語気強め》＝『毎日』

弁護人のコメントは『東京』以外、一〇行程度の扱い。「一・二審が認定した犯罪事実が、遺体の状況や鑑定書などの客観的証拠と矛盾しており、殺人と強姦致死は成立せず、事実誤認が存在する」とした判決批判の根幹部分を紹介したのは『東京』だけだった。

各紙は、記者の解説も載せた。

『朝日』は、《少年であっても、凶悪な犯行なら厳罰で臨む姿勢を示したことは、今後の下級審の量刑判断にも大きな影響を与えそうだ》と指摘。

『読売』は、《治安の悪化や国民の処罰感情、被害者に対する関心の高まりなど、社会全体の流れ》の中、《犯罪被害者の声が、検察を動かし、さらには最高裁の判断にさえ影響を与えた》と述べた。

『毎日』は、《故意に複数の人命を奪ったような重大事件では、積極的に死刑を検討すべきだとの姿勢を鮮明にした》と書いた。

社説（主張）で取り上げた『産経』は《殺害の悪質性、残虐性で社会に大きな影響を与えた事件については、積極的に極刑で臨むのは当然》と判決を強く支持した。

報道はすべて、「犯行は、冷酷、残虐」との判決認定を前提にしている。だが、元少年の犯行は実際に、検察が主張し、一・二審判決が認定した通りだったのか。

実は一・二審では弁護人も「犯罪事実」を争っていなかった。だが、元少年の供述には重大な変遷があった。上告審の弁護人はそれに疑問を持ち、上野正彦・元東京都監察医務院長に鑑定を依頼した。

その結果、「馬乗りになって両手で絞めつけた」（母親）、「頭上から床に叩きつけた」（子ども）などの検察主張・供述が「死体の所見に合致しない」との鑑定意見を得た。「片手での口封じ」「泣きやませようとした」結果の死ではないかと。

二人の遺体に「強い殺意」の痕跡がないとすれば、「死亡」結果は同じでも、「犯行像」は違ってくる。

それをきちんと審理すべきだ、と弁護人は主張したが、最高裁はまったく問題にしなかった。

「量刑不当」は本来、上告理由に当たらない。それを最高裁が職権で取り上げた背景には、「少年事件厳罰化」世論がある。処罰感情を形成したのは、少年法「改正」という政治目的から事件を「残虐な物語」に仕立てる警察・検察と、その情報を垂れ流すメディアだ。

「悪い奴は殺せ」の大合唱の中、司法が集団リンチと化しつつある。

◆「鹿砦社」判決報道

言論弾圧は他人事になったのか

06年7月14日

権力にとって不都合な言論は、逮捕・長期勾留で制裁してもよい――そんな「お墨付き」を警察・検察に与える恐ろしい判決が出た。

兵庫県西宮市の出版社「鹿砦社」代表・松岡利康氏が出版活動をめぐり名誉毀損罪に問われた裁判で、神戸地裁（佐野哲生裁判長）は七月四日、懲役一年二月（執行猶予四年）の有罪判決を言い渡した。

公訴事実は、①阪神球団スカウト変死事件で「球団職員が関与した可能性」を指摘する遺族執筆記事を季刊誌に掲載②大手パチスロメーカー「アルゼ」オーナーの私生活・脱税などに関する記事を書籍とホームページに掲載――の二件。判決は二件とも名誉毀損と認定し、刑法二三〇条二項の「免責事由」にも該当しないと判断した。

①阪神案件は、「事実の公共性」「目的の公益性」はあるが、報道内容の真実性、「真実と信じた相当の理由」は認められない②アルゼ案件は、オーナーの女性関係や脱税に関する記述には「公共性」があるが、出版目的は「経営建て直し」のための「営利」であり、「公益目的」とは認められない――。「出版・報道は営利が目的。公益目的とは認めない」と判断されれば、新聞・テレビ・雑誌報道もすべて「有罪」にされる。『週刊新潮』『週刊文春』やワイドショーの人権侵害報道に、この判決の「真実と信じた相当の理由」の判断基準を適用すると文句なしに有罪だ。

もちろん私は、新聞・テレビ・雑誌にも名誉毀損罪を適用すべきだと主張しているのではない。なぜ「鹿砦社」だけが刑事責任を問われたのか、を問題にしている。

七六年の「月刊ペン事件」、九五年の「噂の真相事件」を例外として、出版・報道をめぐる名誉毀損事件は民事で争われ、警察・検察が直接介入することはなかった。

ところが今回、神戸地検はいきなり松岡氏を逮捕、一九二日間も勾留した。背景には、阪神球団・アルゼと、警察・検察の特別な関係がある（本書二六頁参照）。

判決朗読を聴いていて驚いたのは、一九二日間もの身体拘束を「一定の制裁」と容認したことだ。

判決前の身体拘束を「制裁」と評価・是認するのは裁判放棄だろう。出版物の証拠隠滅など不可能であり、拘束自体、不要・不当だ。逮捕・勾留を「制裁」として認める判決は、警察・検察に「裁判抜きの制裁権」を与えたに等しい。こんな判例が定着すれば、警察・検察は、権力に都合の悪い言論・報道を、いつでも逮捕・勾留で「制裁」できる。憲法二一条（表現の自由）を窒息死させる判決だ。

この判決は「言論・報道の重大な危機」として大きく報じられるだろう。そう思って夕刊各紙（大阪本社版）を買い、愕然とした。判決の問題点・危険性を指摘する記事がほとんどなかったのだ。

扱いは、各紙社会面で『朝日新聞』三段、『読売新聞』二段、『毎日新聞』四段、『産経新聞』二段。『毎日』は談話で判決の問題点に触れたが、他紙は二十数行の短い記事。「表現の自由に名を借りた言葉の暴力」と松岡氏を断罪する判決を「客観報道」しただけだった。

代わって紙面を埋めたのは、〇五年一一月に起きた「広島女児殺害事件」で被告人に無期懲役が言い渡された広島地裁の一審判決報道。各紙が一面・社会面で「無期懲役」判決を「批判的に」報じた。《「極刑を」遺族の声届かず》（『毎日』）、《両親の思い届かず》（『読売』）、《怒る遺族、遺影覆い隠す》（『朝日』）――死刑を求める「被害者感情」見出しが社会面に躍った。

こうした紙面作りは、東京本社版も同じ。しかも、「鹿砦社」判決の記事はさらに小さく、『朝日』『毎日』『東京新聞』が一段。『読売』『産経』には記事もなかった。

私が目にした報道で、判決の危険性を伝えたのは、地元「サンテレビ」のニュース番組だけだった。

警察情報をもらって被疑者を断罪するのに慣れ、警察・検察の「逆鱗」に触れるような報道はしない。大手メディアにとって、「鹿砦社」への言論弾圧は、もはや無縁の世界、他人事になったのだろうか。

◆「ミサイル」発射報道

「米・日の挑発」を隠す二重基準

06年7月28日

報道が「国民感情」を戦争の方向に誘導する〈メディア・ファシズム〉が新たな段階に入った。

朝鮮民主主義人民共和国がミサイル発射実験を行った直後の七月六〜七日、読売新聞社が実施した緊急世論調査。政府の「北朝鮮制裁措置」を「支持する」は九二％、政府が国連安全保障理事会で「制裁決議案」採択を目指していることを「支持する」も九〇％に達した。

この「制裁決議案」は、朝鮮に対する国連軍（米軍）の武力攻撃にお墨付きを与える「先制攻撃容認案」だ。それを九〇％が支持する「日本の世論」に戦慄を覚える。

そんな「制裁感情」を煽ったのは、新聞・テレビなど大手メディアだ。『朝日新聞』『読売新聞』『毎日新聞』『産経新聞』『日本経済新聞』の全国紙五紙が六〜七日の社説で、そろって制裁決議案を支持。『朝日』以外の四社は「ミサイル防衛システム整備」にも触れた。それに便乗し、防衛庁長官や外相が「先制攻撃」論を唱え始めた。

だが、制裁決議案を支持した人たちのうち、どれぐらいの人が以下の事実を知っているだろうか。

六月下旬、米軍がグアム近海で横須賀を拠点港とする空母や戦略爆撃機、約二万人の兵士を動員した大規模軍事演習を行ったこと。

六月末からハワイ近海で米海軍を中心とした八カ国による環太平洋合同演習（リムパック）が行われ、日本の海上自衛隊も参加。七月七日には、海自の護衛艦三艦がミサイル発射訓練を行ったこと。

これらがいずれも「朝鮮半島有事」を想定した演習であること。

さらに、横須賀の米艦船がトマホーク巡航ミサイルを装備し、平壌に対するピンポイント攻撃が常時可能な態勢を敷いていること。沖縄、横須賀などの米軍のミサイル配備が着々と進んでいること。

メディアはこうした「朝鮮軍事包囲網」の実態を報じない。市民が知らないのも当然だ。だが、メディア幹部は知らないはずがない。

朝鮮の《ミサイルの発射は、日本の安全と北東アジア地域の平和を脅かす重大な軍事挑発》（七日付『読売』社説）であるなら、リムパックや海自のミサイル発射訓練、核・ミサイルを装備した米軍艦の存在は、朝鮮にとってより重大な「脅威・挑発」となるはずだ。

それを承知で、《核保有宣言といい、ミサイルといい、一連の行動は「ならずもの国家」と呼ばれても仕方あるまい》（六日付『朝日』社説）と敵対感情を煽る。自分たちが持つ大量破壊兵器を相手が持つことは許さない。恐るべき二重基準だ。米国こそ世界最凶の「ならずもの国家」、日本はその「一の子分」と呼ばれても仕方あるまい。

二重基準といえば、核保有国インドが九日、核弾頭搭載可能な弾道ミサイルの発射実験を行ったが、それに対する「制裁」の動きはない。イスラエル軍は六月以来、パレスチナ・ガザ地区にミサイル攻撃を繰り返し、多数の市民が犠牲になっているが、「国際社会」も日本のメディアも沈黙している。

国連安保理は一五日、「軍事制裁」条項を削除した「北朝鮮非難決議」を採択した。これを論評した一七日付各紙社説は、「軍事制裁」に反対した「中露」への不満を吐露しつつ、非難決議を全面拒否した朝鮮をバッシングした。『産経』『読売』も『毎日』『朝日』も、もうほとんど区別がつかない。

もし軍事制裁決議がそのまま通っていたら、と思うとぞっとする。イラク侵攻の際、米国は過去の同様の決議を強引に「利用」した。

一九三一年九月、日本軍は「満州鉄道」を爆破、「満州事変」を起こした。新聞は《暴戻なる支那兵が満鉄を爆破し我が守備兵を襲撃したので我が守備隊は時を移さずこれに応戦》(九月一九日付『東京朝日』)などと「報復」を煽った。もし今、米日政府が「北朝鮮がミサイルを発射したので米軍は発射基地を攻撃した」と発表したら、メディアは「満州事変」と同じ過ちを繰り返すだろう。そう思わざるを得ない、危険な地点まで来た。

◆昭和天皇「靖国メモ」

神話を再生産する「大御心」報道

06年8月11日

(原爆について)「広島市民に対しては気の毒であるが、やむをえないことと私は思っています」

(戦争責任について)「そういう言葉のアヤについては、私はそういう文学方面はあまり研究もしていないので、よくわかりません」

一九七五年一〇月三一日、天皇ヒロヒトが、初の公式記者会見で語った言葉だ。なんという厚顔無恥、無責任な人物か。この発言に触れたとき、私は、まさに「無責任日本の象徴」だと思った。「国体護持」のために「終戦」を引き延ばして原爆の惨禍を招き、忠実な臣下が戦犯として処刑されても、退位さえしなかった「超A級戦犯」。

その亡霊が、敗戦から六一年たっても日本社会を支配している。

《A級戦犯　靖国合祀／昭和天皇が不快感／参拝中止「それが私の心だ」／元宮内庁長官／88年、発言をメモ》――七月二〇日、『日本経済新聞』が朝刊一面トップで「昭和天皇発言メモ」を報じた。

各紙が夕刊一面トップで後追いし（『産経新聞』は二一日付朝刊）、テレビもトップで伝えた。報道のトーンはほぼ同じ。このメモに《靖国神社に参拝しない昭和天皇の明確な意志が記され》（『日経』二〇日朝刊）、《A級戦犯の分祀論が今後、勢いづくことは確実だ》（『読売新聞』二〇日夕刊）という論調。

各紙は二一日朝刊でも「発言メモ」を一面、政治面、社会面で大きく取り上げ、社説でこう論じた。

『朝日新聞』《昭和天皇の重い言葉》は、《昭和天皇が靖国神社への参拝をやめたのは、A級戦犯の合祀が原因だったことがはっきりした》とし、《新憲法に基づく「国民統合の象徴」として、賢明な判断だったと思う》と高く評価。『毎日新聞』は、《A級戦犯合祀は不適切だった》のタイトルで、《いまの状態で首相が靖国に参拝するのは、やはり適切ではない》と結論した。

『日経』社説も、《昭和天皇の思いを大事にしたい》として、首相らに《適切に行動することを切に望みたい》と主張。最近、靖国問題の論調を変えた『読売』も、《靖国参拝をやめた昭和天皇の「心」》と題してA級戦犯合祀に批判的な見解を述べ、国立追悼施設の建立、千鳥ヶ淵戦没者墓苑の拡充などによる「靖国問題」の解決を訴えた。

『産経』《首相参拝は影響されない》だけはそんな論調に抵抗、発言メモを《A級戦犯分祀の是非論に利用すべきではない》としたうえで、首相は《堂々と靖国神社に参拝してほしい》と述べた。

A級戦犯合祀・首相参拝の是非に違いはあっても、各紙に共通して欠落する認識。それは、①靖国神社が戦争一般の犠牲者の追悼施設ではなく、明治維新以来、「天皇の戦争」に動員され、戦死した兵士を「英霊＝神」として祀り、顕彰する「戦争推進神社」であること②昭和天皇は大元帥、すなわち侵略戦争遂行の最高責任者であり、東京裁判で米国の政治的意図から免責され、生き延びただけの「超A級戦犯」であること――だ。

その超A級戦犯が、自分に代わって処刑された臣下の合祀に「不快感」を示した？ それは単に靖国の侵略的本質が露わになり、自身の責任論議が再燃するのを恐れた保身感情だろう。それを「重い言葉」「天皇の心」と奉るのは、天皇の責任を隠蔽・美化する行為だ。

「昭和天皇は本当に偉い方だったんだなあ。大御心だなあ」――民主党の小沢一郎代表は二〇日、こう語ったそうだ(二一日『朝日』朝刊)。メディアの報道姿勢は、こんな「臣民」の意識と大差ない。

『朝日』二五日朝刊によると、メモ報道直後に実施した世論調査で、「次期首相の靖国参拝」に反対が六〇％と、〇六年一月の調査（反対四六％）から大幅に増えた。また、六三％が天皇の「合祀不快感」発言を「重視する」と答えたという。

首相の靖国参拝は「天皇の大御心」に反するからいけない――そんな本末転倒の「世論」を誘導する報道は、ヒロヒトを「平和主義者」に仕立てた「終戦のご聖断」神話に、また新たな虚構を加えた。

◆「八・一五靖国」報道

〝主役〟盛り立てた「小泉劇場」中継

06年9月1日

「内閣総理大臣　小泉純一郎」が靖国神社を参拝した八月一五日、メディアはまたしても「小泉劇場」と化した。テレビ各局のヘリが公用車を上空から追い、神社に到着した〝主役〟の表情をアップ・ロングで中継する。速報で首相参拝を知った約一万人の「観客」が、カメラ付き携帯電話を競って掲げる。

約二時間後、官邸から再び生中継。舞台を終えた「迷優」が差し出されたマイクに「所感」を語る。

「いつ行っても批判される。ならば、今日は適切な日ではないか」

首相は「私の靖国参拝への批判」を、①中国・韓国の反発②A級戦犯合祀③憲法違反――の三点に要約、「心の問題だ」と開き直った。

突っ込んだ質問はしない約束なのか。記者たちは「参拝が問題なのは、靖国が天皇の侵略戦争に動員され、戦死した兵士を英霊＝神として顕彰する戦争推進神社だからですよ。参拝は侵略戦争を肯定することであり、平和憲法違反ではないですか」などとは聞かない。

「外国の干渉」に屈せず、『読売新聞』も加わった批判をはねのけ、「昭和天皇の心」報道にも動じず、断固「公約」を貫く。最後の小泉劇場に「感動した」のか、靖国には前年を五万人上回る二五万人が訪れ、私が参加した参拝抗議デモには右翼が何度も襲いかかった。

翌一六日、各紙社説は、《国の姿勢示した小泉首相》と称えた『産経新聞』以外、こぞって首相参拝を批判した。《耳をふさぎ、目を閉ざし》（『朝日新聞』）、《「心の問題」だけではすまない》（『読売』）、《こんな騒ぎはもうたくさん》（『毎日新聞』）、《ひとりよがりの小泉首相靖国参拝》（『日本経済新聞』）……。

だが、論点はあいかわらず「Ａ級戦犯合祀」「外交問題」だけ。「英霊顕彰」を批判する視点はない。

大手紙とは違って、『東京新聞』『北海道新聞』『沖縄タイムス』などは、靖国神社の「侵略戦争美化史観」を問題にし、首相参拝はその歴史観を認知・肯定するものだと批判した。だが、マスメディアでは、こうした指摘はごく少数だ。

だから、「いつも批判される」と受難者を装う首相が、信条を曲げない骨太の政治家に見えてしまう。

『読売』が一五～一六日に行った緊急世論調査によると、首相参拝を「支持する」は五三％、「支持しない」は三九％。八月五～六日の調査で参拝「反対」が四九％と「賛成」四三％を上回っていた状況が一変した。同じ期間に『毎日』が行った世論調査でも、首相参拝を「評価する」五〇％、「評価しない」四六％で、前回七月調査の「参拝賛成三六％、反対五四％」が逆転した。

『毎日』の調査結果で「怖い」と思ったのは、「評価する」と答えた割合の高い年代が、①七〇歳代以上六一％②六〇歳代五五％③二〇歳代五四％と、若者の参拝支持が目立ったこと。『朝日』一六日朝刊社会面も《靖国　若者も見つめた／Ｔシャツ　気軽に参拝》と報じた。

『朝日』はその背景を、連載《愛国を歩く／上》（二二日朝刊）で、《よりどころ求める若年層／日本の現状に不満と焦燥》と分析した。

だが、「不満と焦燥」がなぜ「愛国」に直結するのか。その理由は、若い世代が日本の侵略戦争の歴史を知らされていないからではないのか。メディア自身が、それに大きな責任があるのではないか。

一九日夜、ＮＨＫ番組『＠ヒューマン』は、靖国神社で奉仕活動する「あさなぎ」の若者、映画『蟻の兵隊』（池谷薫監督）の上映運動に取り組む若者、二つの対照的な若者グループの活動をリポートした。私は、「英霊の御心を受け継ぐ」と語る「あさなぎ」の若者たちに、ぜひ『蟻の兵隊』を観てほしいと思った。

捕縛された中国人を初年兵教育として虐殺させられ、殺人マシンに仕立てられて敗戦後も共産党軍と戦わされた元日本兵の青春。マスメディアが伝えない「日本の戦争の真実」を一〇一分の映像に凝縮した傑作だ。それに触れた若者たちが「友だちにも観てほしい」と活動している。真実を知れば若者は動き出す。そこに希望がある。

◆「紀子出産」報道

メディアが強要した「列島祝福」

06年9月15日

お世継ぎ、血筋、血統、直系、男系——「紀子出産」の九月六日、大日本帝国憲法の時代に逆流したような気持ちの悪い言葉が一日中、メディアを飛び交った。「新宮さまはオギャーとおっしゃっていた」(金沢一郎・皇室医務主管)には、思わず笑ったが。極めつけは、『朝日新聞』夕刊コラム「素粒子」。

《親王さま。はじめまして。／まもなく重陽の節句。菊の花が凜とした美しさを見せるころ。／あなたをお迎えするのに、もっともふさわしい季節です。(中略)／親王様とお会いできて、いま、改めて、ありふれた自然や平和の大切さ尊さを抱きしめています》

テレビ電波は、朝から晩まで「待望の男児誕生」奉祝報道にジャックされた。病院、宮内庁、札幌訪問中の天皇夫妻、首相らの表情・談話。JR目白駅前では「祝　親王ご誕生」の看板が掲げられ、幼稚園児が鯉のぼりを揚げ(させられ)る映像が無批判に流された。「ご学友」「ゆかりの人々」の「喜びの声」も「街の声」も祝福一色。

各紙夕刊は、その活字版だ。一面見出しは、《紀子さま男児(子)ご出産／皇室41年ぶり》で見事に横並び。社会面も各紙二ページ見開きで、《この日この命に感謝／待ちわびたこの産声》(『朝日』)、《喜び分かつご一家／「よかった」列島祝福》(『読売新聞』)、《待ちわびた／列島も祝福》(『毎日新聞』)など特大「祝福」見出しが躍った。

報道の焦点は、皇室典範改正問題。各紙が夕刊で《典範改正見送りへ》(『朝日』)と政府の方針を伝え、「女性・女系天皇」容認派・反対派の「識者」談話を列記した。

「現在の一夫一婦制では男系維持は困難と思われ、根本的な解決のためには、いずれ皇室典範を改正するしかないだろう」(高橋紘・静岡福祉大教授／『読売』)

「男系で125代続いてきたという血統の正統性が、天皇の天皇たる最大のゆえんであり、今後も男系維持を優先的に考えるべきだ」(八木秀次・高崎経済大教授／『毎日』)

天皇制をめぐっては、「女性・女系」問題以外に、天皇制そのものの賛否を問い、憲法の「国民主権」原則と象徴天皇制が矛盾するとの議論がある。しかし、報道はそんな論点を取り上げない。奥平康弘氏は『「萬世一系」の研究』(岩波書店、〇五年)で、「公には、天皇制の合理的な根拠を真正面から問題にする機会をわれわれは持ったことがない。いまこそが本当は、その好機だと思う。しかし、今度もウヤムヤに終わるだろう」と述べていた。

私は小学生のころ、「天皇はなぜ偉いの」と両親に訊いたことがある。「代々続いているから」の答えに、「でも、ウチも代々続いてきたから僕が生まれたんでしょ」と小学生の私。八木氏らが誇る「万世一系の男系血統」は、「一夫多妻」の性差別的「伝統文化」の所産だ。

七日の各紙は社説で「男児誕生」を論じた。その大半は、《国民もまた、象徴天皇制を盤石なものとするため、じっくりと皇位継承問題を論議して、最善策を見いださねばならない》(『毎日』)など「天皇制護持」を大前提としたものだった。

憲法一～八条は、他の条文と明白に矛盾する。天皇・皇族の特別な地位は、一四条「法の下の平等」に反する差別的特権だ。六日生まれた男の子には、信教の自由、表現の自由、居住・職業選択の自由がない。生まれつき人権のない赤ちゃん。「祝福」なんかできない。

敗戦後、天皇が戦争責任を問われ、戦犯として裁かれていたら、「天皇制」は終わっていただろう。沖縄・広島・長崎を犠牲にし、米国の占領・冷戦政策で「護持された国体」。次期政権は、改憲で「戦争ができる神の国」再現を企む。『産経新聞』主張に、「新宮さま誕生」は《若い人たちに子供を産み、育てる勇気を与え、少子化からの脱却にも寄与してもらいたいものだ》とあった。冗談じゃない。私が「若い人」なら怒る。零歳児に年間三〇五万円の生計費?　私の年収を軽く超えてるじゃない――なんて呟いたら、もう「非国民」?!

◆「徳山高専事件」

問い直すべきは、報道の役割だ

06年9月29日

「あの記事がわたしを変えた未来を決めた」――日本新聞協会が九月七日に発表した今年の「新聞週間標語」だ。優れた報道は、読者に自分と社会の未来を考える契機をもたらす。メディアの役割を端的に表現した標語だと思う。

同じ日、山口県・徳山高専事件で指名手配されていた一九歳少年が遺体で発見された。七日夕から八日朝にかけ、テレビ・新聞はそれをトップニュースで報じた。とはいえ、報道内容は遺体発見の模様、被害者の遺族や学校関係者の表情・談話、捜査のおさらい程度。八月二八日以来、捜査の進展もないのに少年の行方、「犯行動機」をめぐって大騒ぎし、被害者の映像を流し続けたメディアの関心は、その後、急速に冷めていった。

代わってメディアで盛り上がったのが「実名・匿名」論議だ。『週刊新潮』に続き、『読売新聞』、日本テレビ、テレビ朝日が、少年の死亡後、実名・顔写真を報じた。これをめぐり、『読売』『朝日新聞』『毎日新聞』など各紙が九日朝刊で、一斉に報道検証記事を掲載。報道各社の「実名・匿名」判断理由や「識者」の意見を紹介した。

『読売』は「死亡により、更生・保護を目的とした少年法の規定を適用する意味が失われており、国民の知る権利を尊重すべきだ」とし、「社会的関心の高い凶悪事件の容疑者である」「19歳と成人に近い年長少年」なども実名報道の理由として挙げた。日本テレビ、テレビ朝日も、ほぼ同様の見解だ。

「匿名」の『朝日』は、「①死刑が確定し、本人の更生・社会復帰への配慮が消える場合②逃亡中かつ再犯の恐れが極めて高い場合」という「実名で報じるケース」に当てはまらないと説明。『毎日』は「死亡が確認されたので新たな罪を犯す危険性もない」、共同通信は「実名に切り替える積極的な理由を欠く」などの見解を表明した。

「識者」の見解も分かれた。土本武司・白鴎大教授は「少年犯罪が凶悪化した今、社会の安全も考慮すべき」として「18歳以上の年長少年」を「少年法61条の適用除外とすべき」と主張(『毎日』)。田島泰彦・上智大教授は「少年が死亡した時点で実名、顔写真を報じるのは妥当」と述べた(『読売』)。

これに対し、新倉修・青山学院大教授は「本人はもう反論できず、2次被害もあり得ない。あえて全国に実名をさらす必要があっただろうか」と疑問を呈した(『朝日』)。ワイドショーでは、「警察が少年に関する情報を公表しないのはおかしい」という議論も目立った。

私は、問題は「少年報道」以前にあると思う。今回、もし被疑者が二〇歳だったら、メディアは警察の指名手配発表と同時に実名・顔写真を報道しただろう。「更生・保護」も「社会復帰」も配慮することなく、「社会の安全のため」「国民の知る権利」と称して。被疑者のプライバシーも洗いざらい報じただろう。「新聞が書かない」実名・顔写真を売り物にする『新潮』が出る幕もなかっただろう。

今回、実名を出した社も匿名にした社も、報道の基本姿勢に差はない。警察に依存し、指名手配や逮捕で犯人扱いする「有罪推定」報道。実名・顔写真で被疑者を「さらし者」にし、社会的制裁を加えるリンチ報道。被疑者・被害者のプライバシーを暴き、読者・視聴者の興味を煽る「事件の商品化」。

少年報道の「実名・匿名」をめぐる混乱の根っこには、「成人」に対する実名・犯人視報道がある。

なぜ、成人には「更生」「社会復帰」を配慮しないでよいのか。なぜ、逮捕＝犯人視報道なのか。なぜ、公人でもない被疑者の名前が「知る権利」の対象なのか。なぜ、原因も背景も不明な段階で「殺人事件」を大々的に報道するのか。

「あの記事がわたしを変えた未来を決めた」——今回の大報道は、市民と社会の「未来」に関わるどんな大切なことを伝えたというのだろう。報道が「変えて」きたのは、報道される側の人生、「決めて」いるのは、重罰化が進む未来だ。

◆恵庭冤罪事件・上告棄却

報道されない〈現代の暗黒裁判〉

06年10月13日

二〇〇〇年三月に北海道恵庭市で起きた女性殺害事件で、最高裁第一小法廷（島田仁郎裁判長）は九月二五日、一・二審判決（懲役一六年）を支持し、被告人Oさんの上告を棄却する決定を出した。

決定理由はたった五行。要するに「上告理由に当たらない」。裁判官五人全員一致の意見だという。

〇六年三月、弁護団が全文一三九ページの上告理由書を提出してからわずか半年。弁護団はその後も三通の補充書を出した。八月の補充書は、二審判決が「被告人の犯人性を示す間接事実の一つ」とした被告人車両のタイヤ損傷と事件の関係を否定する新証拠も提示した。それからまだ二カ月も経たない。すさまじい「迅速裁判」。

五人の裁判官は、上告理由書・補充書に目を通したのか。ほんとうに、二審判決を検討したのか。

この事件には「被告人の犯行であることを直接証明する証拠はなく、被害者の殺害方法、殺害場所も不明」（二審判決）だ。一方、無実を示す証拠・疑問は数多くある。

①殺害場所とされた被告人車両から被害者の指紋、毛髪、血痕、体液などがまったく検出されなかった。

②雪道の遺体発見現場に被告人の足跡、車のタイヤ痕がなかった。

③被告人が被害者ロッカーに戻したとされる携帯電話、ロッカーキーに被告人の指紋がなかった。

④灯油一〇リットルでは遺体のような焼損・炭化は生じない。
⑤「2ドア車の後部座席に移り、ヘッドレスト越しにタオルで絞殺」（検察）することは不可能。
⑥警察監視下で被害者の遺品を山林に運び、焼却するのは不可能。
私は当初、この事件を〈見込み捜査による誤認逮捕〉と受けとめていた。だが、五年余の取材を通じ、「事件」の真相は〈真犯人隠しを目的とした計画的冤罪〉だと考えるに至った。警察が逮捕するわけにいかない真犯人がいたのだ。
①事件当夜、現場付近に十数分間も停まっていた「二台の車」の目撃証言と複数のタイヤ痕の隠蔽。
②被害者の交友関係の捜査記録、被害者携帯の発信履歴の隠蔽。
③被害者の同僚に関するアリバイ捜査報告書の度重なる捏造。
④解剖から二カ月半も後の遺体解剖鑑定書の日付、「姦淫の有無」など鑑定内容の不自然な欠落。
〈真犯人隠し〉の痕跡は、ほかにもある（詳細はインターネット新聞『日刊ベリタ』に筆者が連載した「笑う真犯人」参照）。

そのうえ検察は、被告人のアリバイを示すガソリンスタンドの監視ビデオを、一審判決直前にテレビが放映するまで隠していた。

だが、一・二審は無実の証拠、冤罪の痕跡を黙殺し、「犯人の可能性がある」で有罪。最高裁は上告の中身にも触れず、門前払いした。

「まだ最高裁があるんだ」――映画『真昼の暗黒』（今井正監督、一九五六年）のラスト、死刑判決を受けた主人公が、鉄格子にしがみついて叫んだ言葉だ。一九五一年に起きた「八海事件」。その叫び通り、映画公開の翌年、最高裁は二審判決を破棄し、最終的に三度目の最高裁判決で無罪が確定した。

五〇年前は、「まだ最高裁があった」。今は「もう最高裁はない」。

証拠に基づかない判決。名ばかりになった三審制。だが、この恐るべき現代の暗黒裁判に、メディアは関心を示さない。上告棄却を全国版で報じたのは、『読売新聞』『毎日新聞』『日本経済新聞』だけ、それも二〇行前後のベタ記事。メディアのほとんどは、捜査段階で犯人視報道を繰り広げ、冤罪に加担するだけの存在になった。

「殺人も死体損壊も、私がしたことではないので、（上告棄却の決定に）現実感がもてません」

Oさんは年老いた両親を案じつつ、弁護人にそう話したという。

逮捕から六年半、判決確定でさらに十数年、無実の罪で獄に囚われる。その理不尽、彼女の無念を受けとめ、北海道、東京、大阪の支援会は一〇月五日、最高裁決定に抗議し、完全無罪実現に向けて活動を持続する声明を発表した。

◆「北」核実験と制裁決議

「核保有国の二重基準」問う報道を

06年10月27日

一九五六年八月、〈ヒロシマ・ナガサキ〉を生き延びた被爆者たちが苦しみの底から立ち上がり、核廃絶を訴えて日本原水爆被害者団体協議会（被団協）を結成した。それから五〇年、「被爆者が身をもって世界に語ってきた声・平和への願いを受け継ごう」という集いが一〇月一五日、都内で開かれた。

集会では、「被団協」結成大会を記録した録音が流され、被爆者、被爆二世らが、今なお「核に蝕まれる地球」について語りあった。

広島県原爆資料館の元館長・高橋昭博さんは一四歳のとき、爆心地近くで被爆し、奇跡的に生き延びた。その体験を語った後、朝鮮民主主義人民共和国の核実験を「許すことができません」と言った。

「しかし」と高橋さんは続けた。

「この核実験を批判する世界の世論は、核保有国の核をどう思っているのでしょうか。国連安保理の常任理事国は、みんな核を持っています。この五カ国に、朝鮮の核実験に異を唱え、制裁する資格がありますか。まず自国の核をなくせ、核を廃絶せよ、と言いたい」

「北制裁決議」に動いた五カ国（米、ロ、英、仏、中）の二重基準への告発——なぜ、核保有国が、「北」の核実験を非難できるのか。

地球上には今、核弾頭が約二万発ある。その半分以上を持つ米国は、いつでも・どこにでも核ミサイルを発射できる態勢にある。

核拡散防止条約（ＮＰＴ）は、核軍縮を条件に核保有を五カ国だけに認めた。だが、核軍縮はいっこうに進まない。ブッシュ政権は、二〇〇〇年「ＮＰＴ再検討会議」での「核兵器廃絶への約束」を反故にし、「使える核兵器」と言われる小型核兵器の開発に着手した。包括的核実験禁止条約

（CTBT）の批准も拒否、八月には二三回目の「臨界前核実験」を行なった。

二重基準はまだある。米国は、インド、パキスタン、イスラエルの核開発を容認し、〇六年にミサイル実験もしたインドに核技術供与を約束した。その一方、ブッシュが「悪の枢軸」と決めつけたイラク、イラン、朝鮮には「先制核攻撃も辞さない」と脅して経済制裁を強行、実際にイラクを侵略した。

こうした二重基準が、先制核攻撃の標的とされた国々に「核抑止力による自衛」の道を選ばせる。

だが、メディアは、核保有国の二重基準に目を向けようとしない。

国連安保理は一五日、「北制裁決議」を採択し、「北朝鮮はすべての核兵器と既存の核計画を検証可能かつ後戻りできない形で完全に放棄しなければならない」と述べた。

なぜ、主語が「北朝鮮」だけなのか。なぜ「すべての核保有国は」ではないのか。一六日付各紙社説は、その疑問に触れることもなく、「制裁決議」を手放しで称えた。

『朝日新聞』は、《決議は、北朝鮮の行動を国際平和の明白な脅威とし、核不拡散への世界の努力を踏みにじるものだと非難した》と評した。不拡散への努力？　それは核保有国の核独占体制のことか。

『毎日新聞』は、《近隣諸国や世界を脅すことで利益を得ようとする瀬戸際外交はもう通用しない》と述べた。米国のやっていることは、瀬戸際外交ではないのか。

『読売新聞』は、《日本は、集団的自衛権が「行使できない」とする政府の憲法解釈のままで、十分な活動ができるのか》と「北制裁」を改憲に結びつけ、一九日付社説で《北朝鮮の核武装に対抗するには、米国の「核の傘」を確かなものにする必要がある》と主張した。

テレビ・週刊誌は「もし北が核攻撃すれば」と無責任な想定ゲームで不安を煽り、中川昭一・自民党政調会長は、「憲法でも核保有は禁止されていない」と言い出した。

一三歳のとき、長崎で被爆した田中熙巳《てるみ》・被団協事務局長は言った。

「人類は核と共存できません。被爆者の多くは、何かのきっかけでまた核が使われると思っています。この核の時代、憲法九条は世界の規範でなければなりません」

メディアが何よりも伝えるべきは、こんな被爆者の尊い訴えだ。

◆国民投票法案審議

「壊憲への一歩」報じないメディア

06年11月10日

平和憲法を壊し、「戦争ができる憲法」を目指す自民党が「新憲法草案」を発表して一年、いよいよ〈壊憲〉への一歩が踏み出された。

衆院憲法調査特別委員会は一〇月二六日、改憲手続きを定める「国民投票法案」の実質審議に入った。与党案、民主党案の提案理由説明・質疑が行われ、法案を集中審議する小委員会が設置された。

自公民三党は、この法案提出に際し、「改憲手続き法がないのは、立法府の怠慢・不作為」「単なる手続き法だ」などと言ってきた。

だが、「立法府の不作為」とは、侵略戦争の被害者、原爆被爆者、ハンセン病患者などへの補償法のように、立法が強く求められながら、それを怠ってきたことをいう。

国民投票法を急いで作れという声は、改憲推進勢力以外からは上がっていない。『朝日新聞』の国民投票法に関する世論調査（五月三日付）では、「議論が不十分なうちに決める必要はない」五三％、「改憲につながるので決めるべきではない」八％で、「早く決める方がよい」三二％を大きく上回っていた。

「単なる手続き法」という説明は、そうした世論をはぐらかす便法だ。

太田昭弘・公明党新代表は二月四日付『読売新聞』で、改憲の時期は「国民投票法案がいつごろ成立するかにかかっている」「成立が一年遅れれば、その後もスケジュールは一年遅れる」と語っていた。

また、中山太郎・衆院憲法調査特別委員長は一〇月一八日、改憲派「文化人」の集まり「新しい憲法をつくる国民会議」で講演、国民投票法案を「一一月中には採決して参院に送付したい」と述べた。

この法案が「改憲派による改憲のための法案」であることは明らかだ。その審議入りは改憲への大きな一歩となる。だが、二六・二七日の各紙報道には、そんな問題意識が全く感じられなかった。

各紙の記事は数十行足らず。内容も投票権者の年齢、国民投票の対象、過半数の定義など、与党案と民主党案の違いを並べ、その協議・修正を「審議の焦点」とする程度。『朝日』は二七日朝刊四面トップで報じたが、《今国会成立は困難》の見出しで、審議入りが持つ重大な意味をそらしてしまった。

与党の国民投票法案がどんな内容で、どれほど危険なものか、「国民」はほとんど知らされていない。大手メディアの主要な関心は「メディア規制条項」にしか向いてこなかった。日本新聞協会は五月、「いかなる形であれメディア規制条項が残ることには反対する」「広く国民的論議が必要な憲法改正について幅広い情報、判断材料を提供するという私たちの使命は、いかなる規制もない、自由で活発な報道活動があって初めて果たせる」とのコメントを発表した。

では、その法案そのものについて、メディアは「幅広い情報、判断材料を提供」してきたか。法案は「国民の知る権利」「表現の自由」を侵す重大な問題をはらんでいる。

①改憲案の内容を周知させる「広報協議会」の構成を国会議席数に応じて割り当てることは、自動的に改憲を発議した賛成派が三分の二以上を占め、広報活動の主導権を握ることを意味する。

②新聞・放送での広告費用・スペースも議席数に応じて割り当てられ、自動的に改憲賛成広告が反対広告を圧倒してしまう。

③投票七日前から政党以外の広告・広報活動を禁止することは、市民の表現の自由を著しく侵す。

④公務員・教員に対する「国民投票運動」参加制限は、約五〇〇万人から言論・表現の自由を奪う。

まさに、憲法二一条を無視した「違憲法案」だ。その問題点を「自由で活発な報道活動」によって伝えるのが、メディアの使命だろう。

安倍晋三首相は一〇月三一日、海外メディアの取材に「任期中に憲法改正を目指したい」と述べた。

同夜、都内で開かれた「国民投票法案反対！10・31集会」で、ある参加者が安倍内閣をこう評した――「ヤベー・シヌゾー内閣」。メディアは、すでに死んでいる？

◆迅速裁判の実態

司法のリンチ化に加担する報道

06年11月24日

「もう刑事裁判は死んでしまった。裁判迅速化を口実に殺された」

一一月一一日、都内で開かれた「人権と報道・連絡会」主催のシンポジウム。幾多の冤罪・死刑求刑事件に取り組んできた安田好弘弁護士がこう「断言」したとき、会場の参加者から重いため息がもれた。

シンポのテーマは「問答無用化する司法・メディア」。和歌山カレー事件、恵庭冤罪事件、仙台・北陵クリニック事件――〇五年来、無実を訴える被告人の控訴が相次いで棄却された三事件を中心に、弁護人・支援者らが裁判と報道の問題点、司法の行方を話し合った。

和歌山事件では〇五年六月、大阪高裁が、犯行動機も証拠も示さず、予断に支配された鑑定に頼り、「犯行が可能なのは被告人以外に考えられない」と死刑判決を維持した。

恵庭事件では同年九月、札幌高裁が「犯人の可能性はある」として下した一審判決（懲役一六年）を支持、「殺害方法も場所も不明」としながら、弁護側が挙げた無実証拠を根拠も示さず退けた。そして最高裁は〇六年九月、上告棄却（本書一三二参照）。

仙台事件では〇六年三月、仙台高裁が、弁護側が求めた証拠・証人調べを却下、弁論も被告人質問もさせず、わずか四回の形式的審理で無期懲役の一審判決を追認した（本書一〇八頁参照）。

三事件と裁判には、いくつもの共通点がある。①捜査段階で大々的な犯人視報道が行われたこと②被告人が一貫して起訴事実を否認していること③被告人と事件を結びつける直接証拠がなく、「状況証拠」のみで有罪を認定したこと④弁護側の求める証拠開示がなされないまま、検察側の出した「鑑定」などで有罪認定されたこと。

シンポでは、「刑事裁判の死」を裏付ける深刻な実態が語られた。

上告審から和歌山事件に関わった安田さんは、「合理的な疑いを差し挟む余地のない証明がなければ無罪という刑事裁判の原則が崩れ、怪しければ犯人、弁護側が検察主張をつぶせなければ有罪、ということになってきた」と述べた。

仙台事件の阿部泰雄弁護士は、「弁護側に立証責任を要求しながら、私たちが求めた鑑定や証拠調べをしない。そんな裁判官を忌避すると、弁論放棄とみなすとして、強引に審理が打ち切られた」と裁判長の強権的訴訟指揮を批判した。

恵庭事件では、「支援会・東京」の福冨弘美さんが、事件直後から警察が真犯人隠しと冤罪作りに動き出した異常な捜査の実態を指摘。二審判決が「殺害方法が不明だから有罪認定できないとするのは自白偏重につながる」と述べたことにふれ、「虚偽自白さえ必要としない冤罪が誕生した」と話した。

へたに自白を強制すると、後で事実と矛盾し、無罪証拠になる。自白がなくても有罪にできるから、無理はするなというアドバイス！

安田さんが「刑事裁判は死んだ」と慨嘆したのは、裁判員制度に向けた「裁判迅速化法」で、公正な手続きを求める弁護人の活動が強権的に排除されている事態をさす。

公判前の「争点整理」と称し、検察の証拠開示がないまま、弁護側に手の内を見せるよう迫る。それに従わないと、裁判所が弁護人を入れ替える。検察が隠す証拠の開示、反対尋問を求めると「裁判の引き延ばしだ」と非難される。

福冨さんは「長期裁判の背景には証拠隠しがある。証拠が開示されればすぐ決着することを、弁護側は時間をかけて立証しなければならない。それを無視してただ迅速化すればいいというのは、裁判の拙速化でしかない」と批判した。

しかも「弁護人が抵抗すると、被害者の声を前面に出してけしからんと報道される」（阿部さん）。「光市母子殺害」事件やオウム真理教・麻原彰晃元代表の裁判では、弁護人非難の大合唱が起きた。

報道で被告人を犯人と信じた被害者が重罰を求め、弁護人を非難する。検察がそれを利用し、裁判がリンチ化する。いったん犯人視報道したメディアは、どんなひどい判決が出ても問題点を報じない。

暗黒裁判が日常化しつつある。

◆映画『それでもボクはやってない』

記者が忘れた〈裁判への怒り〉

06年12月8日

全国各地で刑事裁判を取材している司法記者に、ぜひ見てほしい映画がある。『それでもボクはやってない』（周防正行監督、〇七年一月二〇日、東宝系で公開）だ。

『ファンシイダンス』（八九年）で仏門修行、『シコふんじゃった。』（九二年）で学生相撲、そして『Shall we ダンス？』（九六年）。私たちが知っているようで知らない世界の「大真面目なおかしみ」を斬新な切り口で描いてきた周防監督が、今度は裁判に取り組んだ。

先日、その特別試写会が開かれた。監督が「日本の刑事裁判」を描くのに選んだのは、痴漢冤罪だ。

――就職活動中の青年がある朝、会社面接に向かう途中、満員電車で女子中学生に「痴漢」と間違えられ、警察に突き出される。

青年は濡れ衣を訴えるが、耳を貸してもらえない。刑事は最初から犯人扱いし、「犯行を認めれば、すぐ釈放してやる」と自白を迫る。青年は「やってないものはやってない」と自白を拒み、勾留される。

検察庁でも自白強要の取調べが続く。しかし、青年はそれに応じず、起訴されてしまう。他の留置人に制度を教えられ、接見を頼んだ当番弁護士からも、「裁判で争っても九九％勝てない。認めた方が早く出られる」と忠告される。

一方、彼の無実を信じる友人と母親が弁護人を探し、冤罪を証言してくれる目撃者探しに奔走する。そうして二人の弁護人がつくが、痴漢を憎む若い女性弁護士は、青年の潔白を心から信じられない。やがて、裁判が始まり……。

この先は紹介しないでおこう。二時間二三分。持続する緊張感。長さをまったく感じなかった。見終わって、ふうっとため息がもれた。

私は新聞記者として、後には冤罪事件の支援者として無数の裁判を取材し、公判を傍聴してきた。それがスクリーンにドキュメンタリーのように再現される。検察・弁護側の応酬、裁判官の訴訟指揮、証人尋問、冤罪体験者や家族の痛切な訴え。徹底したリアリズムが、公判手続き、取調べ、調書の作り方など、細部まで息づいている。

周防監督が「刑事裁判を撮ろう」と考えたのは〇二年一二月、東京高裁で言い渡された痴漢事件の逆転無罪判決を報じる新聞記事を読んだのがきっかけだったという。

以来三年余、監督は冤罪を訴える多くの人に会い、弁護士、元裁判官や元検事、支援者たちから話を聞き、裁判の傍聴に通った。私が本誌で報告してきた恵庭冤罪事件にも関心を持ち、「支援会・東京」の会合にも何度も顔を出された。

特別試写会は、こうして監督が出会い、取材に協力した人たちへの「報告の場」として開かれた。会場の日比谷・東商ホール（約六〇〇席）は満席、立ち見の人が溢れた。作品の魅力、高度なリアリティの源は、これほど多くの人の協力、監督の思いへの共感にある。

監督は、あいさつで言った。

「刑事裁判の実態を知り、怒りを感じたのが、スタートです。この映画は怒りから出発しました」

やってもいない罪で逮捕され、自白を迫られる。認めなければ何カ月も勾留される。起訴されると九九・九％が有罪。そんな実態に、弁護士さえ自白を勧める。有利な目撃者は隠され、被害者証言も作られる。被告人が無実を立証できなければ有罪、という裁判の現実。

「これまでもコメディを作ろうとは思っていません。対象の世界を自然に描いたつもりです。今回も正面から堂々と立ち向かった。私は、この映画を『作らされた』と思っています。今の日本社会がこういうものを作らせた、と」

その言葉に、私は恵庭事件や北陸クリニック事件の裁判報道を思った。ただ判決を要約するだけ。捜査への疑問、証拠隠し、強権的な訴訟指揮には触れない。大多数の司法記者は、刑事裁判の怖い現実を率直に描かない。周防監督のような「怒り」を感じないのか。感じたなら、なぜ伝えないのか。

映画に描かれた法廷ドラマは、きょうもどこかで実演されている。

◆反リストラ産経労

一三年目の都労委「棄却」決定

06年12月22日

労働委員会は、いったい何のためにあるのだろうか。

一二月六日午前一〇時、東京都庁三四階の都労委審問室。「反リストラ産経労」委員長・松沢弘さんが一九九四年、配転・懲戒解雇処分の取消しなどを求め、「不当労働行為救済」を申し立てた事件で、都労委の「命令書」が交付された。

都労委職員から書類を手渡された松沢さんは、集まった約三〇人の支援者に命令書の内容を伝えた。「主文　本件申立てを棄却する」。申立てから一二年一〇カ月。一刻も早い救済を求める者にとって、「徒労委」とも思える歳月だ。

松沢さんの闘いは、ビデオ『リストラとたたかう男――フジ産経グループ記者・松沢弘』（ビデオプレス）で、ご存知の読者もおられるだろう。彼は日本工業新聞論説委員だった九四年一月、人員二割削減の大「合理化」を受け入れた産経労組に代わる労働組合として「反リストラ産経労」を結成した。

会社は新労組を認めず、団体交渉の開催要求を拒絶し、組合結成翌月、松沢さんを通勤に往復五時間もかかる「千葉支局長」に配転した。松沢さんはこの配転と、団交に応じない会社の対応は不当労働行為だとして同月、都労委に「救済」を申し立てた。その審査中の九月、会社は松沢さんを「支局長としての業務を遂行しなかった」などとして懲戒解雇処分した。

松沢さんは都労委に解雇取り消しを求めて追加申立て、さらに九六年、東京地裁に懲戒解雇の無効などを求めて提訴した。裁判は〇二年五月、東京地裁が会社側の解雇権の乱用、解雇の無効を認める判決を言い渡し、会社には団交に応じる義務があったと認定した。

しかし、東京高裁はわずか三回の審理で〇三年二月、会社側主張をすべて認める逆転判決。最高裁は〇五年一二月、上告を棄却した。

この間、都労委は何をしていたのか。命令書はこう述べる。

《申立て以降、45回の審問後、あっせん手続きにおいて本件の解決を模索していたが、結局、労使の主張不一致によりあっせんを打ち切り、証拠調べを再開するなどして16年（引用者註「平成」）12月2日に結審した》――その結果が「棄却」。申立てから約一三年、結審からでも二年。最高裁の結論を待っていた、としか思えない。

組合結成当時、会社は「労働組合の法適合性に疑義がある」として団交要求を拒絶。都労委への申立てに対し、「論説委員ないし千葉支局長としての松沢は使用者の利益代表者に該当する」と主張した。

松沢さんは「利益代表者」とみなされることを懸念し、会社が求めた「管理的業務」について「組合否認の口実としないよう話し合いたい」と二〇回近く団交開催を求めた。しかし、会社は団交要求を拒み、「業務拒否だ」として解雇、高裁も都労委も処分を追認した。

高裁判決や都労委の命令書を読んで、私は「こんな理不尽が許されてよいのか」と思う。

一審判決は松沢さんの組合員資格、組合の法適合性を認めた。しかし、二審判決はそれに関する判断は「都労委または訴訟の場で決せられるべきもの」と示さないまま、「支局長としての業務拒否」と論難して解雇を是認した。そして、都労委の命令書は申立てを棄却する一方で、今ごろになって組合の法適合性は認め、組合結成直後の会社の団交拒否を「頑なに過ぎる」「責めを負うべき」と批判した。

それを言うなら、申立て直後に言え、と思う。もし、都労委がもっと早く、その部分だけでも結論を出していたら、会社は団交に応じざるをえず、松沢さんを解雇することもできなかったはずだ。

彼は、四七歳の働き盛りで記者職を奪われた。以来、アルバイトで家族の生計を支えながら、闘いを続けてきた。遅すぎる命令書を受け取った日、松沢さんは「もう六〇歳ですよ」と苦笑いした。そうして「もちろん、中労委に申し立てます」と。松沢さんの闘いは、「定年」を過ぎても終わらない。

◆『日本はどうなる2007』(『週刊金曜日』編)

〈市民の敵〉になったメディア
人権侵害を繰り返す「事件の商品化」報道

◉松本サリン事件誤報の反省はどこに

《一連の報道を振り返ると、予断、思い込み、化学的知識と裏付け取材の不足など多くの反省点が浮かび上がってくる》＝『読売新聞』

《警察の取材を続けている記者は、他社に「抜かれる」ことに対するプレッシャーを常に抱えている。警察の情報にひたすら食らいついていく傾向がある》＝『朝日新聞』

これは、松本サリン事件から約一年たった九五年六～七月、河野義行さんを「毒ガス男」に仕立てた自社報道を反省する「報道検証」記事の一部だ。それから一〇年余、この「反省・教訓」は、どう生かされてきたのか。

名古屋地裁は〇六年一月、幼児殺害事件で殺人罪に問われた男性に無罪を言い渡した。〇二年七月の深夜、愛知県豊川市のゲームセンター駐車場の車内から男児が連れ去られ、近くの海岸で、遺体で見つかった事件。警察は翌年四月、駐車場に車をとめて仮眠していた男性を「男児の泣き声に腹を立てて車から連れ出し、海に落とした」として逮捕した。

男性は犯行を認める供述調書を取られたが、起訴後は否認。物証・目撃証言もなく、地裁は「自白には重大な疑問がある」と無罪を言い渡した。各紙は、《自白誘導の可能性》(『毎日』)、《「供述疑問　物証もない」》(『読売』)と判決を報道。『朝日』は、《捜査当局は真摯にこれまでの捜査を検証し、地道な目撃情報や物証、客観的な事実の収集など基本に立ち返っての再捜査が求められる》と批判した。

だが、「真摯な検証」が求められるのは、警察・検察だけではない。逮捕当時、各社は《「泣き声うるさく」海へ》(『朝日』)、《駐車場で仮眠中「泣き声うるさい」／連れ去り海に落とす》(『読売』)などと犯人視報道を繰り広げた。報道は被害者の遺族に男性を犯人と信じ込ませ、男性と家族は深刻な報道被害を受けた。

松本サリン事件で反省した「予断、思い込み、裏付け取材不足、警察情報に食らいついていく傾向」は、まったく変わっていなかった。

◉激化する集団的人権侵害取材

いや、むしろ悪化した。九七年・神戸児童殺傷事件、九八年・和歌山毒カレー事件、九九年・京都・日野小事件……。河野さんは、『新版　松本サリン事件報道の罪と罰』

（新風舎文庫、〇四年）で、和歌山毒カレー事件などを例に「十年前の反省が生かされることなく、集団的取材・報道による人権侵害や、捜査段階における犯人探しなどが行なわれた。多くの記者から、松本サリン事件当時と同じ状況になった時、やはり同じ失敗を繰り返すだろうと平然と言う言葉を聞いて愕然とする」と述べている。

大事件、特異な事件が起きるたび、メディアは大量の取材陣を現場に投入し、犯人探し競争を繰り広げた。「疑惑」をかけた人の住居を集団で取り囲み、二四時間監視する。警察が逮捕すると、撮りためた映像、警察情報を一斉に流し、被疑者を犯人と断定・断罪する。

集団的人権侵害取材による被害は、九〇年代後半以降、深刻化する一方だ。日本新聞協会は〇一年、「嫌がる当事者を集団で強引に包囲した取材はしない」など、「集団的過熱取材に関する見解」を発表した。そんな最低限の約束も事件を「商品」にするメディアは守れない。〇六年五〜七月、秋田県藤里町で繰り広げられた「二児死亡」事件の報道合戦は、新聞協会見解をあざ笑うかのようだった。

五月一八日の男児遺体発見翌日から女児の母親の実家に報道陣が陣取り、二四時間監視が始まった。一週間後に『週刊新潮』が母親を男児殺害の犯人と報じると、各週刊誌、ワイドショーの報道がエスカレートし、六月四日には『読売』が一面トップで逮捕「前打ち」報道。彼女の逮捕を新聞・テレビはトップで報じ、それまで集めた「犯人らしい情報」や彼女の映像を一斉かつ大量に吐き出した。

報道合戦は、七月の女児殺害容疑での逮捕まで続いた。日本中のマスメディアが、あたかも現代日本の最大のニュースであるかのように大騒ぎし、裁判が始まる前に彼女を「犯人」として断罪した。この報道に、いったいどんな「報道価値」があったのだろうか。

◉報じられない冤罪追認裁判

警察情報を加工・商品化した「事件情報」を売り尽くすと、メディアの関心は次の「新商品」に向かう。報道で「犯人」と断定された被告人が冤罪を訴えようと、どんなに証拠無視の裁判が進行しようと、メディアは関心を示さない。もう商品価値はないのだろう。

仙台市の北陵クリニック元准看護師が〇一年一月、「患者の点滴に筋弛緩剤を混入した」として逮捕された事件で、仙台高裁は〇六年三月、一審判決を支持し、控訴を棄却した。逮捕当時、メディアは「病院内の無差別大量殺人」として連日トップで警察情報を流した。男性は起訴事実を否認、弁護団は「患者の容体急変は病変や薬の副作用が原因。鑑定は捏造されたもの」と主張したが、一審は「疑惑の鑑定」を証拠として無期懲役を言い渡した。

控訴審では、弁護側が鑑定の誤りを指摘する専門家の意見書を提出、それを裏付ける証拠調べを求めた。しかし、仙台高裁は弁護側請求をすべて却下し、わずか四回の公判で結審、被告人質問も弁護側弁論もなしに、超「迅速裁判」で一審判決丸写しの判決を言い渡した。

それに抗議した弁護人、被告人、傍聴者には片っ端から退廷命令。まさに問答無用の強権的訴訟指揮だったが、そうした裁判のあり方に疑問を呈する報道は、ほとんどなかった。

二〇〇〇年三月、北海道恵庭市で起きた女性殺害事件で逮捕された女性の裁判報道はもっとひどい。この事件も捜査段階で、「三角関係から同僚を殺し、焼き捨てた」などとセンセーショナルな犯人視報道が行われた。

女性は一貫して無実を訴え、裁判では「複数の真犯人」の存在を物語る「二台の車と炎」の目撃者、被告人のアリバイを示すガソリンスタンドのビデオテープなど、警察が隠蔽していた「無罪証拠」が次々と明るみに出た。一方、事件と被告人を結びつける直接証拠は皆無。しかし、札幌地裁は「犯人の可能性を疑わざるを得ない」として懲役一六年の有罪判決。札幌高裁も〇五年一〇月、弁護側が指摘したいくつもの疑問を黙殺し、「状況証拠」を有罪方向のみで認定、控訴を棄却した。

私は数多くの冤罪裁判を取材・傍聴してきたが、これほど明白な「真犯人隠しのための冤罪」は見たことがない（詳細はネット新聞『日刊ベリタ』連載の「笑う真犯人」参照）。だが、メディアは「証拠なき有罪判決」の危険性を伝えない。『朝日』『読売』『毎日』全国版には、控訴審判決を伝える記事もなかった。

そして最高裁は〇六年九月、上告を棄却した。弁護団の上告理由書提出から半年、高裁の認定の誤りを立証する新証拠を提出してから二カ月も経たない「超迅速裁判」。だが、その問題点も、メディアはまったく伝えなかった。

◉重罰化を煽るメディア

捜査段階で被疑者を犯人視報道し、袋叩きにするメディアは、「被告人の権利」を守ろうとする弁護人までバッシングするようになった。「オウム事件」麻原彰晃・元代表の裁判では反対尋問や精神鑑定要求が非難され、和歌山毒カレー事件裁判では、被告人の黙秘権行使が「真相解明を妨害している」と叩かれた。

九九年に山口県光市で起きた「母子殺害事件」の上告審で〇六年三月、新しい弁護人が準備のため弁論期日延期を申請、弁論を欠席すると、報道に煽られた「非難の大合唱」

が起きた。最高裁は六月、事件当時一八歳の被告人に対し、「少年だったことは死刑を回避する事情とはいえない」として二審・無期懲役判決を破棄、審理を高裁に差し戻した。

メディアはそれをトップ扱いで報道、テレビ、各紙社会面では死刑を求める被害者遺族の映像や言葉が、大きく取り上げられた。その一方、元少年の供述調書と遺体所見の間の矛盾を指摘し、「殺意の認定には疑問がある」とした鑑定意見、それに基づく弁護側の主張は、判決でも報道でも、ほとんど黙殺された。

本来、上告理由に当たらない検察の「量刑不当」を最高裁が取り上げた背景には、「少年事件厳罰化」の世論がある。九七年の「神戸事件」以来、メディアは統計的事実に反して「少年事件の激増・凶悪化・低年齢化」を印象付けてきた。それは社会不安を煽り、二〇〇〇年の少年法「改正」を容易にした。

同じように、九九年の「全日空機ハイジャック事件」、〇一年「池田小事件」などで展開された「精神障害者野放し」報道による「不安」世論は、〇三年、「心神喪失者医療観察法」＝「予防拘禁・強制収容法」をもたらした。

少年事件や精神疾患患者の事件では、「法の制裁」だけでなく、「実名報道による社会的制裁」も強まった。〇六年八〜九月に大報道された「徳山高専事件」では、新聞・テレビの一部も死亡した少年の実名報道を行った。

メディアが不安を煽り、国家権力がそれを利用・回収する。その方法は、「九・一一」後の「テロ対策特別措置法」、「北朝鮮の脅威」報道による「有事法制」にも活用された。

その手法による報道被害も起きた。〇四年五月、バングラデシュ人男性が微罪をでっち上げられ、神奈川県警と警視庁に逮捕された。メディアは競って「アルカイダの資金作りに関与」などと公安情報を垂れ流し、男性が経営していた会社を経営難に陥れた。釈放後もメディアは誤報を訂正せず、「テロとの戦い」を宣伝する政府のイラク派兵に加担した。

◉放棄される権力チェック

《実名報道は、捜査機関の権力行使が適正に行なわれているかどうかをチェックし、メディアによる後々の検証をも容易にする》（読売新聞社編『「人権」と報道』読売新聞社、〇三年）

日本のマスメディアが、被疑者・被害者を実名報道する大きな根拠としてきた「実名報道による権力チェック」論だ。それが実態のない空文句であることは、警察情報に依存した犯人視報道、その検証をしようとしない冤罪事件の裁判報道を見れば一目瞭然だろう。

○五年一二月、政府は「犯罪被害者等基本計画」を発表し、「被害者の実名・匿名発表は警察が判断する」方針を打ち出した。メディアはこれに一斉に反対し、「実名・匿名はメディアが自主的に判断する」「知る権利に応える使命が果たせなくなる」などと主張した。

だが、メディアは被疑者・被害者を問わず、警察が実名を発表すれば自動的に実名報道し、顔写真も掲載している。それによって事件関係者のプライバシーを「報道商品」化し、報道被害を拡大再生産してきた。現実は「知る権利」ではなく「売る権利」、「報道の自由」でなく「人権侵害の自由」。警察の匿名発表を招いたのは、メディア自身の営利主義だ。

メディアが掲げる「権力チェック、知る権利、報道の自由」の嘘っぱちは、警察の裏金作りに関する報道姿勢にくっきり表れる。北海道、高知などで明るみに出た裏金問題は氷山の一角であり、警察庁指揮下で長年続けられてきた組織犯罪であることは、新聞記者の常識のはず。だが、一部の地方メディア以外、その告発報道は「タブー」と化している。

○六年三〜四月、愛媛県警の裏金作り資料が「ウィニー」を通じてネット上に流出した。資料には、殺人事件で捏造された捜査報告書も含まれていた。警察の冤罪・裏金作りの構造を暴く絶好の機会だったが、報道は一カ月後の「秋田事件」騒動に遠く及ばなかった。

事件報道という「商売」で情報をもらう「お得意様」の機嫌を損ねるようなことはしたくない。それが大手メディアのホンネだ。

メディアが権力チェックを放棄し、裁判所も「裁判員制度」を先取りした迅速裁判、争点整理などの名目で冤罪を追認する。一方で取り調べの可視化、代用監獄撤廃などの課題は放置されたまま。そんな中で、「共謀罪」が実現すれば、ますます警察権力は肥大する。

法務省は、「犯罪被害者の裁判参加」に意欲を示し、

○六年九月、刑事裁判で民事も同時に審理する「付帯私訴」制度導入の方針を打ち出した。冤罪を防ぐためのシステムがなく、死刑制度を温存する日本。メディアの犯人視報道によって、被告人を犯人と信じた被害者が「裁判参加」すればどうなるのか。

さらに報道で予断をもち、「制裁」を煽られた市民が「裁判員」になれば、どうなるのか。

「冤罪による死刑」という究極の人権侵害・権力犯罪が、警察・メディア・裁判所の「三位一体」で日常化する。そんな悪夢が、近い将来、現実になろうとしている。

2007

◆死刑と報道

厳罰化世論を煽ったのはだれか

07年1月19日

人数調整のための政治的国家殺人――。二〇〇六年も残りわずかになった一二月二五日午前、「四人の死刑執行」のニュースを聞いたとき、そんな言葉が脳裏に浮かんだ。

同時に思い出したのが約四カ月前、八月二八日付『読売新聞』に大きく掲載された《未執行死刑囚急増88人／「判決無視」批判も》という特集記事だ。記事はこの数年、死刑確定者が増える一方、前年九月から死刑が執行されておらず、未執行者が急増しているとして、犯罪被害者遺族の声を載せた。

「被害者が加害者に報復したいという思いは、死刑でしか晴らすことができない」（地下鉄サリン事件被害者遺族・高橋シズヱさん）

「裁判所が判決を出していながら、法律通りに執行しないのはおかしい」（「全国犯罪被害者の会」代表幹事・岡村勲さん）

否定しづらい「被害者の声」を掲げ、杉浦正健法相（当時）に死刑執行命令書へのサインを迫る。法務省官僚の意を体した記事だ。

安倍新政権で長勢甚遠氏が法相就任後、法務省は「年内執行」の時機を計っていたと思われる。「年間執行ゼロ」は何としても避けたい。だが、国会開会中はやりにくい。教育基本法審議で会期延長になれば……。結局、国会は一二月一九日に閉会、天皇誕生日後の「二五日」でGOサインを出した。

九年ぶりの「四人執行」。各紙は夕刊一面三～四段で大きく報じた。「年内駆け込み執行」の背景を分析する記事も各紙に掲載された。

《死刑執行／制度維持、強い意向／法務省「14年ぶりゼロ」回避》（『毎日新聞』二五日夕刊）

《4人死刑執行／確定囚100人超を懸念／進む厳刑化／歴代法相は消極的》（『朝日新聞』二六日朝刊）

各紙記事は、未執行者が九八人に達していたとして、《「100人超えを許したら制度としておかしくなる」》との「法務省幹部の危機感」を強調した（『朝日』）。だが、なぜ確定者が一〇〇人に迫ったのか。

「死刑廃止国際条約の批准を求めるフォーラム90」によると、〇三年まで年間二～七人だった確定者が〇四年以来毎年二桁になり、〇六年までの三年間で四四人。その結果、二年前まで五〇人台だった確定者がいっきに倍増した。

この数年、過去の「裁判の常識」を覆す死刑判決が頻発している。

事件当時少年だった「連続リンチ殺人事件」の三人に対する死刑判決（〇五年一〇月・名古屋高裁、一審では二人は無期懲役）、事件当時少年の被告人に死刑を求めた「光市事件」差戻し判決（〇六年六月・最高裁）、麻原彰晃・元オウム真理教代表の裁判打切り（同九月・最高裁）、被害者一人のケース（奈良女児誘拐殺人事件）での死刑判決（同九月・奈良地裁）。

現在、最高裁係属中の死刑事件約四〇件のうち七件は、この三年間の高裁判決で一審・無期懲役が死刑に「厳刑化」されたものだ。

各裁判所で言い渡される死刑判決は、九〇年代まで多くて年間二〇人台だったのが、〇三年三〇人、〇四年四二人、〇五年三八人と急増し、〇六年には四四人に上った。

「殺せ、殺せ」のすさまじい死刑判決ラッシュ。その背景には、メディアに煽られた「厳罰化」世論がある。政府調査では、八〇年に六二％だった「死刑容認」世論は、〇四年に八一％に達した。事件発生時の集中豪雨的「凶悪犯」報道、被害者遺族の「復讐感情」を増幅する裁判報道が「世論」を煽り、裁判所がそれに応える。

現在、死刑を廃止・停止している国は一二八、存置国は六九。フィリピンは〇六年、死刑を廃止した。韓国では一〇年近く執行がなく、死刑廃止法案上程中。アメリカでも〇六年の死刑判決が三〇年ぶりの低水準になり、執行も急減した（一月九日『朝日』夕刊）。

世界が死刑廃止に向かう中、流れに逆行する日本。「四人執行」の翌日、名古屋高裁は名張毒ぶどう酒事件の再審開始決定を覆し、八〇歳・奥西勝さんの死刑執行停止も取り消した。恐ろしい国・日本。

事件の商品化にも「ほど」がある

07年2月2日

新潮文庫に「全身怖気立つノンフィクション集」と銘打ったシリーズがある。月刊誌『新潮45』に掲載された読み物を収録し、四点発行されている。その第二集『殺ったのはおまえだ／修羅となりし者たち、宿命の9事件』の増刷・販売差し止めなどを命じる判決が〇七年一月二三日、東京地裁であった。

この訴訟の原告は、二〇〇〇年三月、北海道恵庭市で起きた女性殺害事件で逮捕・起訴されたOさん（無実を訴え続けたが、〇六年九月、最高裁で有罪確定）。〇五年一月、新潮社などを相手取って、名誉毀損の損害賠償訴訟を起こした。

問題の記事は、月刊誌『新潮45』〇二年二月号「恵庭美人OL社内恋愛殺人事件」という読み物。《職場内のありふれた恋愛が終わる時、殺意は芽生えた。女は、男が新しく選んだ若い同僚を絞め殺し、焼き捨てた》という前文でOさんを犯人と断定、放火や窃盗事件に関与していたかのようにも記述した。

新潮社は、この記事を《炭化した「下半身」が炙り出す黒い影――恵庭「社内恋愛」絞殺事件》と題して同年一一月、新潮文庫『殺ったのはおまえだ』にも収録した。

提訴でOさんの代理人は、「『新潮45』及び新潮文庫は、刑事裁判で無罪を争っている原告の社会的評価を著しく低下させ、多大の精神的苦痛をもたらした。文庫本は長期にわたり販売され、出版を差し止めない限り、原告の名誉は毀損され続ける」と指摘、新潮文庫の出版差し止め（増刷・販売禁止と回収）、損害賠償などを求めた。

東京地裁（高野伸裁判長）判決は、Oさんを「殺人犯」扱いした記述に関しては、有罪が確定したとして名誉毀損を認めなかった。

この認定には問題がある。判例では、「摘示された事実を真実と信ずるについて相当の理由が行為者に認められるかどうかについて判断する際には」「行為時に存在した資料に基づいて検討することが必要となる」（最高裁〇二年一月、第三小法廷）。記事掲載・文庫出版は一審の途中だった。後で出た有罪判決によって「相当の理由」を認定すれば、どんな犯人視報道も「結果オーライ」になってしまう。

ただし、判決は放火・窃盗事件の犯人扱い記述については、被害者の取材さえしておらず、根拠が薄弱として名誉毀損を認定。放火・窃盗に関する記述を含んだままの文庫増刷・販売の差し止め、総額二二〇万円の損害賠償支払いを命じた。被告・新潮社側は「非常に不服」として即日控訴した。

限定付きとはいえ、文庫本の増刷・販売差し止めを命じた判決は珍しく、『共同通信』が速報を流し、『東京新聞』が一面四段で伝えるなど、各紙が二四日朝刊で報じた。

『東京』記事で、清水英夫・青山学院大名誉教授が「販売差し止めは出版物にとって死刑に等しい重みがあり、相当の理由がないといけない」「損害賠償で足りる事例ではないか」とコメントしている。

〇五年九月、札幌高裁が「証拠・証明なき有罪判決」を下しても全国版で伝えなかった各紙が今回の判決を取り上げたのも、こんな「報道の自由」優先論からではないか。

Oさんはこの訴訟の陳述書で、《記事は、事件当時の私の人間関係に深く立ち入って、虚実を織り交ぜて巧みに書かれています。それはまるで、ドラマか小説のようです。そのように面白おかしく取り上げられ、多くの人に読まれることは、私にとっては大変に苦痛です》《私と同じような被害を受ける人が、今後出ることがないように》と、提訴した思いを述べた。

書かれる側にとって、新潮文庫のような記事は、まさに「死刑に等しい」。生身の人間を「素材」に、事件を「読み物」として商品化し、利益を得る。読者の興味を煽るためには、面白そうな「尾ひれ」もつける。裏付けなどなくてもいい。そんな人権侵害商法がまかり通ってきた。今回の判決は、犯人視報道による名誉毀損は認めなかったが、「事件の商品化」商売には、一定の歯止めになるかもしれない。

◆映画『チョムスキーとメディア』

〈ニュースを見る目〉が変えられる

07年2月16日

一六七分間、スクリーンの向こうから語りかける〝アメリカの良心〟の明晰な言葉に、「そうそう、そうなんだ」と何度もうなずいた。

映画『チョムスキーとメディア――マニュファクチャリング・コンセント』（配給・シグロ／一九九二年／カナダ）。五年間に七カ国二三都市で撮影された講演・インタビュー映像と過去の記録映像を編集した長編ドキュメンタリーだ。

公開当時、世界各国で大反響を呼んだ。日本では九三年、山形国際ドキュメンタリー映画祭に招待されたが、劇場公開には至らなかった。ただ、もし当時観ていても、私の中に現在ほどの「同意・共感」は喚起しなかったかもしれない。

九〇年代後半、「オウム報道」から「九九年国会」にかけて進行し、〇一年「九・一一」後のアフガン・イラク戦争、〇二年「九・一七」（小泉訪朝）後の「拉致報道」で深化した大手メディアの「体制翼賛化」。なぜ、メディアはこんなことになっているのか。その理由と仕組みを、一五年前の米国メディアを分析する言葉が見事に解き明かす。まるで、今の日本のメディア状況を「予測分析」したかのように。

キーワードは、副題にもなっている「マニュファクチャリング・コンセント＝合意の捏造」。マスメディアの第一の機能は、政府や企業の利益に民衆の支持をとりつけること、と彼は言う。全体主義社会で暴力が担う統制機能を、民主主義社会ではメディアが果たす。

何がニュースか。その大枠を決めるのは、NYタイムズや全国ネットテレビ。他のメディアはそれに追随する。大手メディアがニュースを選択し、形作り、統制・制限して、討論の範囲を決定する。

「思想注入には、リベラルな方がより効果的」とチョムスキーは言う。NYタイムズに代表される「リベラル」は、高学歴層が受け入れやすい。だが、反体制ではない。「そこまでだ、それ以上はダメ」という枠がある。（『朝日新聞』の話のようだ）。広告のターゲットは購買力のあるエリート層、ニュース素材の安定的な供給源は政府と大企業。そのようにして、人口の二〇％の富裕エリート層の「合意」が形成される。残り八〇％は、考えず、関心を持たず、命令に従う。

彼は、「メディアは気晴らしで民衆の脳を鈍らせる」とも言う。異様な話題で重要な問題から目を逸らせ、思考能力を奪う（ワイドショー？　いやNHKニュースも！）。仕事で疲れて帰った人々は、テレビの情報を鵜呑みにし、後はスポーツで気を晴らす。本当に重要なことは報じない。慰みと娯楽と恐怖を与える、思想注入システム。

では、メディアのプロパガンダをどう見究めるか。チョムスキーは「対になる事例を探し出すことだ」と、七〇年代後半・同時期に起きたカンボジアと東ティモールの虐殺報道を検証する。NYタイムズはカンボジアを大きく取り上げたが、米国政府が関与した東ティモールの虐殺は黙殺した（日本の植民地支配を隠した「拉致」一色報道、イラク報道を想起させる）。

「民主主義国におけるプロパガンダは、政府の検閲や悪意による報道の歪曲でなく、マスメディアが持つシステムそのものによって、ごく自然に行われる」――これが、彼のメディア分析の核心。

報道の現場にいる者さえ意識しないシステム。そして、それを自覚した記者は「組織の機能を阻害する者」として排除される、と。読売新聞社で三〇年間働いた私には、痛切な実感を伴う指摘だった。

大手メディアを民主的にするのは不可能と言う彼は、「市民が支配するオルタナティブなメディア」に希望を見出す。「捏造された合意」に疑いを生じさせ、人々を連携させ、行動拠点となるような市民メディア。それは悪戦苦闘を強いられるが、可能性はあると言う。なぜなら、「本来なら、人はごく自然に世界を知ろうと努め、良心の示す方向に進む」のだから、と。

◆事件と裁判報道

重罰化を煽る弁護人バッシング

07年3月2日

《死刑囚100人に／厳罰化　凶悪化／判決増・執行減の傾向》——二月二一日付『朝日新聞』朝刊一面トップの見出しだ。〇六年一二月の「四人執行」後わずか二カ月間で、新たに六人の死刑がほぼ確定、死刑囚が戦後初めて三桁になった。

『朝日』記事は、その要因を「厳罰化・凶悪化」で死刑判決が急増する一方、《執行のペースが「判決ラッシュ」に追いつかないこと》と分析、「四人執行」に関する法務省幹部の言葉を伝えた。「でも、焼け石に水だ」。まだ殺し足りない？

死刑判決は〇六年、四四件もあった。その背景を「厳罰化・凶悪化」と説明する書き方にも疑問がある。

最近出版された『犯罪不安社会』(浜井浩一・芹沢一也著、光文社新書、〇六年)に、あるデータが載っている。殺人の認知件数と「凶悪」＋「殺人」で検索した『朝日』(東京版)の記事件数の推移を、八五年＝一〇〇として図表化したものだ。

それによると、殺人認知件数は減少・横ばいなのに、記事件数は九五年に約三倍、二〇〇〇年は約五倍に達した。浜井氏は《単に「殺人」ではなく、「凶悪」というキーワードを同時に使用している記事件数が増えている》と指摘する。

「凶悪化」は現実でなく、報道が生み出した幻影だ。それが不安を煽り、「厳罰化」を促進している。

これに、「被害者の思い」を大義名分にした裁判と報道の「リンチ化」が拍車をかける。報道で「凶悪犯」と断定された被告人への「極刑要求」と弁護人バッシング。

一連の「オウム裁判」では、「なぜ凶悪な殺人者を擁護するのか」との非難が弁護人に浴びせられた。「和歌山毒カレー事件」では、週刊誌が《「極刑犯罪」の真相解明を阻む黙秘の壁》(『週刊新潮』)と黙秘非難を始め、矛先を《立ちはだかる七人の弁護士》(『週刊文春』)に向けた。○六年の「光市母子殺人事件」上告審では、弁論延期を求めた弁護人を「非難の大合唱」が襲った。

極めつきは「麻原裁判」。○六年三月、東京高裁は「弁護人が期限までに控訴趣意書を提出しなかった」として控訴を棄却した。その報道で弁護団は袋叩きにされた。「人権と報道・連絡会」一月定例会で、松井武弁護士の話を聞いた。

「一審判決後、約二〇〇回接見したが、一度も意思疎通できなかった。控訴は判決に対する被告人の不服申立てであり、本人の意思を確認する必要がある。弁護団が依頼した医師は『拘禁反応があり、心神喪失状態。治療が必要』と診断した。治療したうえでしか裁判は続けられないと考え、○四年一二月、公判手続きの停止・控訴趣意書提出期限の延期を求めた」

高裁は○五年八月まで延長を認めたが、その後も意思疎通はできず、弁護団は八月末、「趣意書を提出できない」と高裁に伝えた。その際、高裁は「鑑定結果が出るまでは控訴棄却しない」と約束した。

○六年二月、高裁が選任した鑑定医による「訴訟能力はある」との意見書が出された。弁護団はやむをえず本人の意思にかかわらない部分で控訴趣意書を出すことにし、「三月二八日に提出する」と高裁に伝えた。すると高裁は二七日、「八月の期限までに趣意書を出さなかった」として控訴を棄却した。

「まさか裁判所が弁護人をだますとは」と松井弁護士は言う。だが、メディアはその経緯を伝えず、《弁護人の姿勢に問題がある》(『読売新聞』三月二九日付社説)などと一斉に弁護人を非難した。

東京高裁は死刑確定後の○六年九月、「訴訟進行を妨害した」として日弁連に弁護人二人の処分を請求。日弁連が二月、「不処分」にすると、高裁は弁護士法に基づき、改めて所属弁護士会に「懲戒請求」する方針を決めた。その報道もまた、弁護人非難に終始した。

弁護人が依頼した医師は七人全員「治療が必要」と診断した。高裁は医師一人の鑑定で「訴訟能力あり」と認定し、しかし審理はせず、裁判を終わらせた。「何が何でも死刑」

の訴訟指揮。それを煽り、追認するのがメディアの役割か。

◆「鹿砦社裁判」二審判決報道

「言論有罪」に無関心でいいのか

07年3月16日

「記事に公共性はあるが、主たる目的は私的な利益を図ることにあり、公益目的とは認められない」

兵庫県西宮市の出版社「鹿砦社」代表・松岡利康氏が出版活動をめぐって名誉毀損罪に問われた裁判で、大阪高裁（古川博裁判長）は二月二七日、懲役一年二月（執行猶予四年）とした一審・有罪判決を支持、松岡氏の控訴を棄却した。

松岡氏は〇五年七月、神戸地検に名誉毀損容疑で逮捕された。公訴事実は、①阪神球団スカウト変死事件で「球団職員が関与した可能性」を指摘する遺族執筆記事を季刊誌に掲載②大手パチスロ機メーカー「アルゼ」オーナーの私生活・脱税などに関する記事を書籍とホームページに掲載――の二件。一審判決は二件とも名誉毀損と認定し、刑法二三〇条二項の「免責事由」にも該当しないと認定した。

二審判決は、阪神案件について、「事実の公共性」「目的の公益性」はあるが、報道内容の「真実性」「真実と信じる相当の理由」は認められない、との一審認定を踏襲した。アルゼ案件については、一審判決が「公共性」を一部否定した「愛人の役員登用」も含め、当該記述を「アルゼの社会的活動の評価資料」として「公共性」を認定したが、「主たる目的は経済的利益」として「公益性」を否定した。

判決文朗読を聞きながら「これは怖い」と思ったのは、「公益性」に関する認定だ。これまで名誉毀損裁判（刑事・民事）で「公益性」が否定され、名誉毀損が認定されたのは、人身攻撃など不当な加害、公共の利害と無関係なプライバシー暴露など「公共性」のない事例。一方、「公共性」が認められた場合、その事実は国民の「知る権利」の対象であり、公表には「公益性」があるとの判断が一般的だった。とりわけ刑事裁判で、「公共性」を認めながら、「営利目的」を理由に「公益性」を否定し、有罪と認定した判決は、私の知る限りない。出版活動も報道も「営利はダメ」と言われたら、成り立たなくなる。

刑法二三〇条二項の免責規定は戦後、憲法二一条で「表現の自由」を保障したことに伴って新設された。「事実の摘示」が名誉毀損に当たる場合でも、その内容に「公共性・

公益性」があり、「真実の証明」があれば、処罰しない。さらに最高裁判例は、この規定を「真実と信ずるについて相当の理由があるとき」も免責されると解釈し、「表現の自由」をより強力に保護した。

この規定や判例が守ろうとしているのは、国民の「知る権利」だ。公権力の不正を告発する言論・報道を、権力が名誉毀損罪で弾圧しようとしたとき、免責規定は「知る権利」を守る強力な「楯」となる。

大阪高裁判決は、この規定と憲法二一条を無化するものだ。報道に公共性があっても「営利目的」と認定されれば有罪——こんな判決が確定すれば、どうなるのか。

出版・報道をめぐる名誉毀損は、「月刊ペン事件」(七六年)、「噂の眞相事件」(九五年)を例外に、民事で争われてきた。だが、神戸地検は松岡氏を逮捕、一九二日間も勾留した。背景には阪神球団・アルゼと警察・検察の特別な関係がある(本書一一六頁参照)。

一審判決はこの逮捕・長期勾留を「一定の制裁」と容認した。これは警察・検察に「裁判抜きの制裁権」を認める暴挙だ。そして二審判決は「公益性」に関する恣意的な新解釈で、それを追認した。

松岡氏は直ちに上告したが、もしこの判決が確定すれば、権力に不都合な言論・報道は「営利目的」論で、容易に弾圧・封殺される。

だが、言論・報道の自由に重い足枷を科すこの高裁判決に、大手メディアはまったく無関心だ。全国紙夕刊(大阪本社版)の判決報道は、『毎日新聞』(三段)以外、二〇~三〇行のベタ記事。判決骨子をリライトするだけで、判決の「怖さ」を伝えた新聞はなく、東京本社版には、記事もなかった。

憲法二一条を踏みにじる「言論有罪」判決。その危険性を伝えない報道機関の鈍感さも、私は怖い。

◆「国民投票法案」報道

〈壊憲手続き〉に手を貸す大手紙

07年3月30日

《国民投票法案/来月中旬衆院通過へ/与党方針/民主との調整断念》——三月一六日付『読売新聞』朝刊一面の四段見出しだ。

記事は、自・公の両党が一五日、《民主党との共同修正案の提出を断念し、衆院憲法調査特別委員会に与党修正案を単独で提出したうえ、4月13日にも衆院本会議で可決、参院に送付する方針を固めた》とし、《同法案が今国会で成立する公算が大きくなった》と書いた。

与党が「方針を固め」、法案成立の「公算が大きくなった」という政治部記者の典型的「見通し」記事。一五日の衆院憲法調査特別委で与党が「中央公聴会の二二日開催」を議決したことに、記者は「今国会成立の公算」を確信したのか。

他紙は、そこまでの「公算」は書かなかった。『朝日新聞』は四面に《民主と対立決定的》、『東京新聞』は二面に《重要法案の攻防激化》として、公聴会開催の議決を「政局絡み」で報じた。『毎日新聞』には関連記事はなく、『産経新聞』は五面に《「骨抜き」自民内懸念／国民投票修正案見直しの声》の見出しで、「民主党に譲歩しすぎ」という自民党内の声を伝えた。

公聴会開催の与党単独採決は、とても重要なニュースだ。安倍晋三首相が一四日、「絶対に今国会で成立させる」と宣言(『読売』)した翌日の採決は、与党が国民投票法案の単独強行採決を辞さない姿勢を打ち出したことを意味する。

だが、それを一面で大きく「今国会成立の公算」と先走って伝える『読売』報道は、与党の提灯持ちと言うべきだ。その一方、公聴会開催の単独採決を、「民主との対立」や「攻防激化」のレベルでしか伝えない『朝日』などの姿勢にも疑問を感じる。国民投票法案に関する動きは、今どんなニュースにもまして大きく、詳細に知らされなければならない。それは、与党がいくら「単なる手続き法」と言いつくろっても、自民党が目指す「九条改憲＝壊憲」を容易にする仕掛けになっているからだ。

問題は、その巧妙・危険な仕掛けが主権者に知らされていないこと。法案の問題点はいくつもある。

①諸外国のように最低投票率などを定めない「有効投票の過半数」規定では、有権者の二〇〜三〇％程度の賛成でも「改憲」が可能になる。

②改憲案を周知させる「広報協議会」の構成を国会議席比で配分すれば、改憲を発議した賛成派が自動的に広報宣伝の主導権を握る。

③テレビ・新聞などの有料広告をフリーにすれば、金のある財界＝改憲派が圧倒的に有利になる。

④公務員・教員の運動制限は約五〇〇万人の改憲案への意見表明権を奪い、改憲反対の声を抑圧する。

三月一六日、都内で開かれた「国民投票法案反対集会」で坂本修弁護士(自由法曹団団長)は、これらのカラクリとともに同法案に伴う国会法「改正」の危険性を指摘した。法案は「公布から三年後に施行」と改憲発議まで猶予期間があるように装う。だが、国会法「改正」で設置される「憲法審査会」は、次の国会から改憲原案の作成・審議に着手できる。事実上の改憲案審議がすぐにも始まるのだ。

私は、安倍首相が「任期中の改憲」を公言する自信の源はこれだと思った。「三年後」ではなく、今ここにある〈壊憲〉危機。だが、主権者の多くはそれに気づかない。

『朝日』は一三日朝刊一面に《国民投票法案／「今国会で」48％》という世論調査結果を載せた。「法律は必要」六八％、今国会成立に「賛成」四八％「反対」三二％。四面の関連記事は《民主　世論支持に困惑》とし、《対決路線を強めていた民主党には戸惑いが広がっている》と書いた。安倍首相は記事を「心強い援護射撃」と喜んだことだろう。

カラクリを知らされないで形成される「世論」。『朝日』も含め、メディアはこれまで、法案の仕組みをほとんど伝えてこなかった。

中央公聴会開催を報じた一三日『朝日』朝刊の見出しは《国民投票法案／来月にも衆院通過》。もう反対運動はムダだと言いたい？

◆「沖縄密約訴訟」判決報道

伝わらない〈肩すかし判決〉への怒り

07年4月13日

三月二七日午後一時三〇分、東京地裁七二二号法廷。沖縄返還交渉の密約を報じた元毎日新聞記者・西山太吉氏が、不当な逮捕・起訴、誤った判決などに対して国に謝罪と賠償を求めた訴訟の判決。

「主文のみ朗読します。主文、原告の請求をいずれも棄却する。訴訟費用は原告の負担とする」

加藤謙一裁判長はそれだけ言い、さっと席を立った。その間、一〇秒足らず。判決理由の骨子すら言わない。満員の傍聴席がポカンと放り出された。私は思わず声を上げた。「なんなんだ、これは」――。

裁判所には開廷の一時間近く前から傍聴券を求める列ができた。主権者をだまして密約を結び、それを暴いた記者を逮捕した国家犯罪が、どう裁かれるか。加藤裁判長は、そんな傍聴者の思いに「肩すかし」を食わせ、法廷を去った。三〇分後、司法記者室で開かれた記者会見には、「傍聴したのに判決がわからなかった人」も多数詰めかけた。原告代理人・藤森克美弁護士が判決の要点を説明した。

西山氏は一九七一年、軍用地の原状回復費四〇〇万ドルをめぐる「日米密約」をスクープ。翌年、国家公務員法違反容疑で逮捕された。メディアは取材方法に関する検察の情報操作に乗り、西山氏をバッシング。西山氏は退職に追い込まれ、七八年に有罪が確定した。

だが、二〇〇〇年以降、密約を裏付ける米国公文書が次々見つかった。西山氏は〇五年四月、「密約は違憲行為・違法秘密で国家公務員法の保護対象に当たらない。違法な起訴・偽証で有罪判決を受け、密約を否定する政府のウソで名誉を損なわれている」と提訴した。

〇六年二月、沖縄返還交渉当時の外務省局長・吉野文六氏が密約を認め、米公文書発見後に河野洋平外相から「密約の存在を否定するよう要請された」ことも暴露した。裁判で原告側は、米公文書、吉野証言など膨大な証拠を提出し、国家組織犯罪を裁くよう求めた。

だが、判決は「二〇年の除斥期間（時効）の経過により、損害賠償請求権が消滅した」として請求棄却。密約の存在には判断を示さず、ほんの入り口で裁判を閉じた。

相撲が始まる前に、行司自ら「肩すかし」で軍配を上げるようなもの。政府や最高裁の誤りを認めよという「不届きな主張」は、土俵に上せるだけで出世に響くらしい。


時効？　吉野証言が報じられたときも、当時の安倍晋三官房長官は「密約はなかった」とウソを重ね、西山氏の名誉を傷つけたではないか。歴代政府のウソの山に時効はない。

会見で西山氏は「司法が行政の手先になった。沖縄密約は今に続いている。米軍のグアム移転も同じ。政府に都合の悪いことは隠し、つけを国民に回す。メディアがそれを許容している」と話した。

翌二八日の各紙報道（東京本社版）は、まさに「メディアの許容」を裏付けた。政治・司法のありよう、進行中の米軍再編問題を根底から問う重大なニュースなのに、一面で報じた新聞はなかった。『東京新聞』は社会面トップで報じたが、『朝日』は四段、『読売新聞』『毎日新聞』『産経新聞』は三段の小さな扱い。西山氏や裁判傍聴者の判決への怒りが伝わってこない。

『朝日』は二九日付社説で《真相に目をつぶる判決》と批判したが、西山氏の取材方法にも「疑問が残る」と書いた。だが、反省すべきは、当時の自らの報道だろう。

『沖縄タイムス』二八日付社説は、《検察が「密約問題」を「男女問題」にすり替えたことで、「国家による詐欺事件」（西山氏）が単純なスキャンダルに変わったことの責任は新聞はじめすべてのメディアにあることも忘れてはなるまい》

と述べた。『琉球新報』の同日付社説も《報道機関の側にも反省すべき点が多い》と自省した。

西山氏は「事実が知られてなさ過ぎる。法廷が自分のジャーナリズムの場。私が発信し続けるしかない」と語った。記者の職を奪われてなお発信を続ける西山氏に、メディアはどう応えていくのか。

◆「国民投票法案」報道

中身が伝われば広がる反対の声

07年4月27日

〈九条改憲＝壊憲への道〉を地均しする国民投票法案が四月一三日、衆院本会議で可決された。

各紙は一三、一四日の社説でこれを論評した。『読売新聞』『産経新聞』『日本経済新聞』の改憲派三紙は諸手を挙げて「衆院通過」を歓迎、同法が「単なる手続き法」ではなく「改憲への第一歩」であることを改めて浮き彫りにした。

ただ、三紙とも「与党・民主の協調路線」が土壇場で崩れたことには不満を見せ、《党利党略が過ぎる小沢民主党》（『読売』）などと民主党を非難、《民主は共同作業に復帰を》（『産経』）と呼びかけた。

『朝日新聞』は《廃案にして出直せ》、『毎日新聞』は《手続き法でこの有り様では》と題し、法案が与党だけの賛成で可決された問題に焦点を当てた。両紙とも、協調路線崩壊の責任は「改憲を参院選の争点化した」安倍晋三首相にあると指摘。法案の中身にも、最低投票率、メディア規制など議論すべき問題が残っていると述べた。

ブロック紙・地方紙の一部は国民投票法案そのものを批判した。

『北海道新聞』は《改憲への「危うい一歩」だ》の表題で法案の問題点を詳細に指摘し、《平和主義の足元を切り崩す一里塚》になると警告。『西日本新聞』は《与党案になお疑問あり》として、最低投票率の導入など「法案の再修正」を求めた。『東京新聞』は《時期も運びもむちゃだ》と「安倍政権の強硬策」を批判。『琉球新報』は《与党強行採決でいいのか》として、自民党の狙いが「第9条の改正にあるのは明らか」と指摘した。

与党強行採決は、それまであまり同法案を取り上げてこなかったテレビのニュース番組でも一二日から一五日にかけて大きく報じられ、法案の問題点も論じられた。

――やはり、メディアの力は大きい。『朝日』一七日朝刊一面に掲載された世論調査（一四、一五日実施）結果を見て、そう思った。

　同法案を今国会で成立させることに、「賛成」四〇%、「反対」三七%。一カ月前の調査（三月一三日掲載）では「賛成」四八%、「反対」三二%だったのが、ほぼ拮抗した。加えて、最低投票率が「必要」と答えた人は七九%にも達した。「衆院通過」前後の報道で、法案の中身・危険性が知らされた結果だろう。

　これを《無視できない世論が明らかになった》として、『朝日』一九日付社説は《最低投票率を論議せよ》と主張した。《仮に投票率が4割にとどまった場合には、最低投票の定めがなければ、有権者のわずか2割の賛成で憲法が改正されることになる。それで国民が承認したとはとうてい言えまい》と。

「もっと早くそう書けよ」とは思うが、ようやく『朝日』も同法案に反対する姿勢を明確にした。

　もっと無視できない「世論」がある。四月に発表された三つの世論調査で、「九条改憲」に反対する声が「賛成」を大きく上回った。

　六日発表の『読売』調査では、「九条」を「改正する」三六%、「解釈・運用で対応」三六%、「厳密に守る」二〇%。「改正」派は前年調査の四〇%から四ポイント減った。

　九日に発表されたＮＨＫの調査では、「九条改正」について「必要」二五%、「不必要」四四%。一六日に配信された『共同通信』調査結果も、「九条改正」について「必要」二六%、「不必要」四五%。「九条改正」賛成派は前回調査（二〇〇五年）の三一%から五ポイント減少した。

　『共同』調査結果を論じた一八日付『沖縄タイムス』社説は、《平和憲法の理念を多くの国民が支持している証し》と述べた。同日付『琉球新報』社説は、《タカ派的姿勢の安倍首相に対する国民の懸念の表れではないか》と指摘した。〇五年「郵政総選挙」で与党は三分の二以上の議席を獲得、「九条改正」賛成議員は自民・民主で計七二%に達した。憲法に関し、国会と「民意」は明白に乖離している。

　メディアは「民意」に応え、〈壊憲国会〉を詳報してほしい。実態が伝わり、反対の声がさらに高まれば、〈壊憲法〉は無化できる。

◆在日朝鮮人攻撃

政治弾圧に手を貸すメディア

07年5月18日

「以前は民間次元だった在日朝鮮人への攻撃が、この数年は再入国規制や会場使用禁止など行政による基本的人権の侵害になり、〇六年秋から公安警察による朝鮮総聯への政治弾圧が日常化しています。在日には、すでに共謀罪ができ、適用されているような状況です」

人権と報道・連絡会の四月定例会で、在日本朝鮮人人権協会の金東鶴《キムトンハク》さんの話を聞き、「共謀罪の先取り弾圧」を生々しく実感した。

たとえば、〇六年一一月二七日から翌月三日にかけ、警視庁公安部が朝鮮総聯東京本部など計九カ所を「薬事法違反」容疑で強制捜索した「事件」。都内在住の在日朝鮮人女性（七四歳）が五月、祖国訪問を前に、「がん」でかかりつけの病院から点滴薬をもらった。その医師が「薬局開設者または医薬品販売業の許可」を受けていなかったのが「薬事法違反」、女性はそれを「教唆」したという「容疑」だ。

医師が薬を出す許可を受けているかどうか、確かめる患者がいるだろうか。「薬を下さい」と頼むと「犯罪の教唆」？　彼女の渡航手続きを援助した朝鮮総聯は「共謀」？

この捜索情報は事前にリークされ、機動隊百数十人を動員した捜索の模様、抗議する総聯職員ともみあう映像がテレビに流された。

一一月二七日の各紙夕刊は、それを一面・社会面で大きく報じた。

《在日女性／点滴薬輸出図る》（『朝日新聞』）、《北に医薬品不正輸出図る》（『読売新聞』）、《医薬品持ち出し／在日女性、万景峰号に》（『毎日新聞』）――。

彼女が実際に携行した点滴薬は五パック。それが、新聞では「輸出」になる。『読売』社会面の見出しは、《肝臓薬持ち出し図る／「北」核開発と関連？／「被曝者の治療用か」》。なんとたくましい妄想。いや、公安の受け売りだろう。同様の「核開発関連」情報は、「テレビ朝日」などでも大真面目に流された。

以後、朝鮮総聯施設への強制捜査は、四月末までに全国各地で計一一回・延べ五十数カ所に及ぶ。

容疑の多くは税理士法違反、関税法違反など形式的な法違反や、でっち上げ微罪。そのたびに総聯施設を捜索し、大報道させる。立件できなくても「朝鮮総聯の共謀」を印象づければよい。「薬事法違反事件」は書類送検さえしていない。
四月二五日の《2児拉致容疑　家宅捜索》（『朝日』夕刊一面）は、公安にも立件の心づもりはなさそうな三十数年前の話だ。今ごろ総聯施設を捜索して何を押収しようというのか。『読売』は一面トップで《総連議長ら聴取へ》と書いた。朝鮮総聯が「拉致」に関係したというイメージ作り。それで公安の捜索目的は達成されたのだろう。
一連の弾圧は、対「北」強硬姿勢しかセールスポイントがない安倍晋三政権の下で強行されてきた。
「北朝鮮への圧力を担うのが警察。潜在的な事件を摘発し、実態を世間に訴える」（一一月三〇日）
「北朝鮮の資金源について『ここまでやられるのか』と相手が思うように事件化して、実態を明らかにするのが有効」（一月一八日）
「捜査を通じ、拉致問題の解決に寄与するよう全国の警察を指導する」（三月一日）
――いずれも漆間巌・警察庁長官が記者会見で述べた言葉だ。戦前の警察・新聞が常用した「不逞鮮人」を想起させる、安倍極右政権の意を汲んだ政治弾圧宣言。
○六年七月の「ミサイル」報道以降、総聯施設に対する右翼テロ（放火、侵入、脅迫）が頻発している。
公共施設の「使用不許可」も、岡山、東京と各地で相次いでいる。宮城県では、「金剛山歌劇団」公演の使用申請に対し、県（県民会館）に続いて仙台市（市民会館）も五月八日、「国際政治情勢に対する市民感情」を理由に使用不許可を決定した（九日付『河北新報』）。

関東大震災で日本人を朝鮮人虐殺に駆り立てたような「市民感情」が、政府・警察・メディアの官民一体で煽られている。植民地支配で「在日」を余儀なくされた人々を迫害する「美しい国・日本」！

「裁判のリンチ化」を防ぐ報道を

◆「被害者参加制度」審議

07年6月1日

刑事裁判への「被害者参加制度」新設を盛り込んだ刑事訴訟法の改正案が五月二三日、衆議院法務委員会で実質審議に入った。

この制度は、殺人などの重大事件で被害者や遺族が当事者として裁判に参加し、被告人に質問したり、論告・求刑したりできるようにするもの。被告人への損害賠償請求を刑事裁判で付随審理する「付帯私訴」に近い制度も導入される。

刑事裁判は、検察官が証拠に基づいて被告人の有罪を立証し、無罪を推定される被告人・弁護人が防御して、裁判所が判断する構造。そこに被害者が参加し、「被告人＝有罪」を前提に被害感情を被告人にぶつけ、厳罰を求める。裁判の根幹に関わる重大な制度転換だ。

法務大臣が法制審議会に諮問したのが〇六年九月。法制審刑事法部会が要綱をまとめたのが〇七年一月。翌二月に法制審が法務大臣に答申し、三月一三日に閣議決定、国会に上程された。この間六カ月。しかも、審議入り時点で残り会期一カ月という猛スピードの法制化。

被害者参加制度は、「全国犯罪被害者の会」（あすの会・岡村勲代表）が二〇〇〇年の発足以来、強く求めている。同会はこの制度があるドイツ、フランスに調査団を送り、その報告書を基に制度の導入を政府・自民党に働きかけてきた。政府は〇五年、「犯罪被害者等基本計画」に、その立法措置を明記した。

この間、「あすの会」の活動は、メディアで大きく取り上げられてきた。NHKで四本の関連番組を制作した東大《ひがしだい》作《さく》氏は、『犯罪被害者の声が聞こえますか』（講談社、〇六年）で、《社会から孤立し、一人苦しんできた被害者の人たちが、自らの手で立ち上がり、社会に訴え、運動を巻き起こした》経緯を詳細に伝えている。同書に描かれた被害者・遺族たちの体験、苛酷な生活、苦しみは、想像を絶する。

けれども、その怒りを「無罪を推定されている被告人」にぶつけるのは間違っている、と思う。

すでに、〇〇年に導入された被害者意見陳述制度は、冷静であるべき法廷を、被告人糾弾の場に変えつつある。報道が被害者の報復感情を増幅し、裁判所がそれに煽られて、厳罰化・死刑判決が急増している。〇六年六月、最高裁が事実上、少年への死刑適用を求めた「光市事件」裁判がその典型だ。

欧州の制度を単純に導入できない深刻な問題が、日本にはある。

まず、欧米のような冤罪防止システムがない。密室での自白強要、代用監獄での長期勾留、否認すると接見禁止、保釈を認めない「人質司法」。最近の「鹿児島・志布志事件」や「富山・冤罪服役事件」は「冤罪大国」の氷山の一角だ。しかし、メディアの犯人視報道で被告人＝犯人の予断を持ち、警察・検察が描く事件像で「犯人の残虐性・凶悪さ」を信じた被害者・遺族は、法廷で被告人に怒りを向けてしまう。それが「被告人に極刑を」の「論告・求刑」となる。同じく報道で予断をもった「裁判員」が影響される可能性は高い。

だが、もし被告人が冤罪だったら……。「ロス疑惑」事件のように、被害者・遺族が被告人席に着かされることもある。「松本サリン事件」の河野義行さんが逮捕・起訴されていたら……。法廷で遺族同士が対決させられる悲劇を想像してほしい。被害者は警察・検察が作る冤罪に加担させられる。

しかも日本には、欧州で廃止された死刑制度がある。被害者の報復感情が死刑判決に直結する。被害者・裁判員が「権力による殺人」の共犯者にさせられる怖さ。

法制審諮問以来、メディアは「被害者参加制度」を肯定的に報じてきた。『読売新聞』の世論調査では、六八%が制度に賛成と答えた（一月六日）。だが、「被害者と司法を考える会」（片山徒有《かたやまただあり》代表）など、制度に疑問を持つ被害者もいる。

五月に入り、『毎日新聞』（一〇日）、『東京新聞』（一五日）が慎重論議や出直しを求める社説を掲載した。法廷をリンチ空間に変える法案の怖さをもっと伝えてほしい。

◆光市事件裁判報道

テロを煽る弁護人バッシング

07年6月15日

証拠に基づく冷静な審理を求めた弁護人に、名指しで「テロ攻撃」を予告する脅迫状が送りつけられる——恐ろしい時代がやってきた。

「光市事件」の差戻し審初公判から四日後の五月二九日、日弁連に模造銃弾入りの脅迫状が届いた。『朝日新聞』が六月五日付朝刊で報じ、各紙が後追いした。いずれも一段見出しの小さな扱いだ。

各紙によると、脅迫状は「血命団」を名乗り、安田好弘・主任弁護人を名指して、「元少年を死刑に出来ぬのなら、元少年を助けようとする弁護士たちから処刑する」「裁判で裁けないなら、武力で裁く」などとテロを予告していた。

昨年三月の最高裁弁論「欠席」直後も、安田弁護士の事務所には脅迫電話が一日一〇〇件近く殺到した。その電話に、安田弁護士は「あんな奴を弁護することは許さない、殺せ、殺せという精神的な凶暴化、憎いものを皆殺しにするジェノサイド的なものを感じた」という。

五月三〇日付『朝日』声欄には、「21人の大弁護団に問いたい。罪もない妻子を奪われ無念の遺族が無念を秘めて世論に訴える孤独な闘いを続ける一方で、プロの法曹が徒党を組んで詭弁を弄する。それが社会正義なのでしょうか」との投書（四〇歳・女性）が載った。

こんな感情的反発やテロの脅しを惹き起こしたのは、差戻し審の様子を伝えたマスメディアの報道姿勢だ。テレビ・ワイドショーの弁護人バッシングのすさまじさはもちろん、新聞も『東京新聞』以外の各紙が「極刑＝国家による報復殺人」を求める遺族の声を大きく取り上げ、読者の「応報感情」を煽った。

二五日『朝日』朝刊《「真実語り反省して」／遺族の本村さん」》という記事は、《最高裁での審理に至ってから突然、それまで認めていた殺意を否認し始めた元少年側への不信が募る。「死刑が出るかもしれない局面になって主張が変わるのは明らかに不自然だ」》と書いた。

一連の報道で各紙が触れなかったことがある。最高裁審理から弁護人になった安田弁護士らが発見した「犯行態様」に関する矛盾だ。

確かに、二審までの弁護人は検察の描いた犯行態様を認め、事実を争わなかった。検察は「被告人は被害女性の首を両手で絞めて殺害し、女児の後頭部を床に叩きつけたうえ、紐で絞殺した」と主張、一・二審判決はそれを認定した。ところが、安田弁護士らが裁判記録を精査すると、検察主張の犯行態様が、遺体の実況見分調書や鑑定書と明らかに矛盾していた。女性の首には「両手で絞めた」跡がなく、女児には「床に叩きつけられた」はずの後頭部の損傷も「紐による絞殺」の跡もなかったのだ。

一方、元少年の供述調書は当初、「殺意」を否定していたのが、不自然な変遷を経て最後は検察主張と整合するものとなった。元少年は一審第四回公判の被告人質問でも「殺意」を否認していた。つまり「最高裁で死刑に直面して殺意を否認し始めた」のではなかった。

メディアは、最高裁審理でも差戻し審でも、こうした新弁護団の重大な指摘を伝えない。そうして、差戻し審は《元少年への量刑判断が最大の争点》（『朝日』）と書いた。争点は、検察が主張する「犯行態様」が証拠に照らして真実かどうか、にあるはずなのに。

遺族は、検察の描いた犯行ストーリーを信じたのだと思う。一審の無期懲役判決後、地検検事に「赤ん坊を床に叩きつけて殺すような人間」を罰せられない司法を変えるため一緒に闘おうと訴えられ、突き動かされた、という（『週刊新潮』六月七日号「特別手記」）。

『新潮』は《『政治運動屋』21人の「弁護士資格」を剥奪せよ》

と煽動、『週刊ポスト』六月一五日号は《光市母子殺害犯を守る「21人弁護団」の全履歴》を掲載した。

少年への死刑適用という政治目的から「残虐な犯人」像を作る検察。弁護人を攻撃し、テロを煽るメディア。憲法三二条〈裁判を受ける権利〉が魔女狩りに遭っている。

◆「イラク参戦法」延長

〈戦時下の暮らし〉伝える報道を

07年6月29日

イラクで〇七年二月から五月の民間人犠牲者が一日平均一〇〇人を超えた、と米国防総省が議会に報告した(六月一三日、共同)。米政府データでも四カ月間に一万二〇〇〇人以上!「開戦」以来、いったいどれほどの命が奪われたのか。

怖いのは膨大な死だけではない。いつの間にか、イラクの現実を「数字」でしか見なくなっている私自身の感覚。それが、怖いと思う。

《イラク中部でトラック爆発、18人死亡》(六月六日)、《バグダッドで車爆弾テロ、7人死亡》(七日)、《イラクで武装集団が警察幹部宅襲撃、14人死亡》(八日)(『読売新聞』オンライン)。毎日こんなニュースが流れる。扱いは大きくて国際面二~三段。私もそれに慣れ、「またか」としか思わない。

しかし、そのイラクで暮らす人々がいる。銃声、爆発音に脅えながら日々の生活を懸命に紡ぐ人たち。そんな〈戦時下の暮らし〉を伝えてくれる取材映像を見た。

六月一一日夜、東京・世田谷区で開かれた「イラク戦争を考える連続講座」。四月末、厳戒のバグダッドを取材したジャーナリスト・玉本英子さん(アジアプレス)の「最新バグダッド映像報告」だ。

玉本さんのイラク取材は、二〇〇一年「九・一一事件」後、北部を中心に今回で七回目だが、バグダッドに入ったのは三年ぶりという。市内をパトロールするイラク軍のクルド人部隊に同行する形で、検問所付近の様子、兵士の市街戦訓練、学校や商店などを撮影し、各所で市民にインタビューした。

装甲車の窓から撮影されたバグダッド市街は、あちこちで下水管が壊れ、道路が水浸し。人影のない路上に自爆した車が放置されている。高い壁に囲まれた検問所。中年の女性が玉本さんに駆け寄り、爆発、誘拐が日常化した現実を訴える。そのそば、検問所わきに作られた遊び場で、子どもたちがサッカーゲームに熱中している。

かつて繁華な通りだったという「四月七日通り」。道を挟んで敵対する宗派の武装集団が対峙する。両側の建物が破壊され、ゴミが散乱して、すっかりさびれている。

「それまで一つの地区だったのに、六カ月前、撃ち合いが始まった。モスクが攻撃され、通りの向こうから狙撃された」と言う中年男性。「シーア派、スンニ派、どちらも若者が殺されている。米軍が野放しにしている。解決策を探して」と訴える松葉杖の若者。取材中にも、散発的に銃声が響く。

生徒の半数が去った女子中学校。「先生が学校に来ない日も多い。電気がなく、ランプで勉強しています。シャワーに入りたい」。そう話す生徒の笑顔に驚く。外国のジャーナリストに話を聞いてもらえることがうれしいのだろうか。

興味深かったのは、ゴミ処理をめぐる住民の話し合いの映像だ。地区のスンニ派代表がゴミ収集の再開を求めると、行政担当者・シーア派は、ゴミ収集車が狙撃される危険があるかぎり行けないと反論する。しかし、激しいやりとりが終わった後では一緒に食卓を囲む。

「内戦状態の宗派間対立」と報道されるイラクだが、日常生活をめぐる住民のふれあいもある。そこに「こういう話し合いが続けられれば」と希望を見る玉本さん。

彼女は二年前から、イラク北部アルビルと東大阪市の小学生たちの交流を仲立ちしている。ビデオやインターネットで互いの生活を伝え合う。イラクに関心を持つ日本の子ども、その存在がイラクの子どもを勇気づけているようだ。彼女の取材映像は五月九日、テレビ朝日「報道ステーション」で一部放映された。だが、ほんの数分の扱い。なぜ、こんな貴重なレポートをもっと活用しないのか。

自衛隊派遣を二年延長する「イラク復興支援特措法」が二〇日、成立した。イラク人の生命と暮らしを破壊した米軍の支援を「復興支援」と言い張る安倍政権。そんな詭弁を許さない、「イラクのいま」を伝える情報が、参戦国・日本の私たちにはもっと必要だ。

◆「鹿砦社裁判」上告棄却

言論弾圧を黙認したメディア

07年7月13日

最高裁は「憲法の番人」から「権力の番犬」に成り下がった――。

兵庫県西宮市の出版社「鹿砦社」代表・松岡利康氏が出版活動をめぐって名誉毀損罪に問われた裁判で、最高裁第三小法廷(堀籠幸男裁判長)は六月二五日、懲役一年二月(執行猶予四年)とした二審判決に対する松岡氏の上告を棄却した。決定理由はたった二三〇字。

「(弁護人、被告人本人の)上告趣意は、違憲をいう点を含め、実質は単なる法令違反、事実誤認の主張であって、いずれも刑訴法四〇五条の上告理由に当たらない。よって、同法四一四条、三八六条一項三号により、裁判官全員一致の意見で、主文のとおり決定する」

松岡氏からメールで送られた「決定」を読み、既視感に襲われた。同じ文章を読んだ記憶がある。〇六年九月の最高裁第一小法廷「恵庭冤罪事件」上告棄却決定だ。

「上告趣意は、判例違反をいう点を含め、実質は単なる法令違反、事実誤認の主張であって、刑訴法四〇五条の上告理由に当らない。(中略)よって、同法四一四条、三八六条一項三号、刑法二一条により、裁判官全員一致の意見で、主文のとおり決定する」

まるでコピーではないか。最高裁には、パソコンで作成した上告棄却決定の「見本文書」があり、事件番号、被告人名などを打ち込むだけになっているに違いない。

上告趣意書提出から一カ月後の「超迅速」決定。本当に裁判官全員が二審判決や上告趣意書を読み、合議して「意見が一致」したのだろうか。そう疑わざるをえないのは、この事件が憲法二一条(表現の自由)にからむきわめて重大な問題をはらんでおり、簡単に「全員一致」できるとは思えないからだ。

松岡氏は〇五年七月、神戸地検に名誉毀損容疑で逮捕された。公訴事実は、①阪神球団スカウト変死事件で「球団職員が関与した可能性」を指摘する遺族執筆記事を季刊誌に掲載②大手パチスロ機メーカー「アルゼ」オーナーの私生活・脱税などに関する記事を書籍などに掲載――の二件。この事件が戦後言論・出版史上いかに「例のない」ものか、列記してみよう。

①出版社の社長が、出版物の内容をめぐって逮捕されたこと。

②地検のリークで、逮捕当日の『朝日新聞』大阪本社版朝刊一面トップに逮捕予告記事が出たこと。

③逮捕容疑の名誉毀損の真否は、民事訴訟で係争中だったこと。

④記事対象となった二件の企業(阪神球団、アルゼ)が、いずれも警察幹部の天下り先だったこと。

⑤「出版の自由」を守るべき大手取次三社・関西の主要三書店が検察の求めに応じ、配本・実売状況などの資料を提出したこと。
⑥出版物の証拠隠滅など不可能なのに一九二日間も勾留したこと。
⑦一審判決は、この長期身体拘束を「一定の制裁」と評し、無罪を推定される被告人への「裁判前の自由剥奪刑」を是認したこと。
⑧判決が、記事内容に「事実の公共性」を認めながら、出版目的を「営利」だとして「目的の公益性」を否定、有罪を認定したこと。
⑨執行猶予付きとはいえ出版・言論活動に関して「懲役一年二月」という重い量刑が科されたこと。
⑩弁護側が求めた憲法二一条に関する判断を、一審から最高裁まで裁判所がいっさい回避したこと。
「こんな言論弾圧がまかり通り、判例として確定すれば、言論の自由は有名無実になる。権力に都合の悪い出版活動は、警察・検察の恣意的判断で容易に封殺される」

松岡氏は公判でも法廷外でも、懸命に「言論無罪」を訴えてきた。

しかし、大手メディアはついに関心を示さなかった。判決の問題点を伝えるどころか、各紙の東京本社版は二審判決を報じもしなかった。上告棄却報道も、東京では『読売新聞』のベタ記事以外、見当たらない。大々的な逮捕予告報道をした『朝日』は、「逮捕」にしか報道価値を認めなかったのか。

大手メディアも最高裁同様、「権力の番犬」に成り下がった——。

◆「愛知・幼児殺害」逆転有罪

〈自白偏重判決〉に無批判な報道

07年7月27日

警察・メディア・裁判所は、なぜ「自白偏重」を改めないのか。

二〇〇二年夏、愛知県豊川市で起きた幼児殺害事件で殺人などの罪に問われた男性に対し、名古屋高裁（前原捷一郎裁判長）は七月六日、一審無罪判決を破棄、懲役一七年の有罪判決を言い渡した。

この事件は二〇〇二年七月二八日未明、豊川市のゲームセンター駐車場にとめた車から一歳一〇カ月の男児が不明になり、同日早朝、約四キロ離れた海岸で、水死体で発見されたもの。約九カ月後の〇三年四月、愛知県警は、この駐車場にとめた車内で仮眠することがあった運転手Kさんを逮捕。名古屋地検は「男児の泣き声に腹を立てて車から連れ出し、海に落として殺害した」として起訴した。

Kさんは捜査段階で「自白調書」を取られたが、起訴後は無罪を主張。名古屋地裁は〇六年一月、「自白は捜査員に誘導された可能性を排斥できず、被告人が犯人であることを直接証明する証拠もない」として無罪を言い渡していた。

六日の各紙夕刊は、名古屋高裁の逆転有罪判決を大きく報じた。

『毎日新聞』は一面・社会面トップ、『読売新聞』は一面四段・社会面トップ、『東京新聞』は一面・社会面とも四段、『朝日新聞』と『産経新聞』(七日朝刊)は社会面四段。各紙とも、《自白を認定　逆転有罪》(『毎日』)などと「自白の信用性」を見出し・記事で強調した。

では、「自白の信用性」を裏付ける新証拠が二審で出たのか。そんなものはない。《無罪となった1審とほぼ同じ証拠を基に審理した2審が正反対の結論を導き出した》(『毎日』)、《1、2審で、無罪と有罪に判断が分かれた原因は、自白調書の信用性を裁判所がどう判断したかに尽きる》(『読売』)。実態はまさに〈自白偏重裁判〉だ。

一審判決は、Kさんの「自白の信用性」を減殺する事情として、次のような問題点を列挙した。

①被告人の車内に被害児の毛髪、皮膚組織、衣服の繊維など犯行の痕跡が全く発見されなかった。

②当初の「海に突き落とした」との供述が「バスケットボールを投げるように」と変わった。供述の犯行時間は干潮で、被害児は岩に当たって負傷する可能性があった。現場の状況と遺体の損傷状態が符合するように供述が変わったのは不自然で、捜査官の誘導という弁護人の指摘を排斥できない。

③幼児の泣き声が睡眠を妨げるほどの音源となるか、音量測定結果からみて疑問。泣き声に腹を立てて殺害、というのも重大犯罪の動機として短絡的で納得しがたい。

④被告人の供述で客観的に裏付けられた事実は存在せず、自白には秘密の暴露が含まれていない。

では二審判決は、どう認定したか。各紙報道を総合すると——。

①は、「車内の検証は犯行の二カ月後で、物証が発見される可能性はもともと極めて少なかった」。

②は、「殺害方法に相違があるように見えるが、言葉足らずだっただけで、実質的な変遷はない」。

③は、「動機に若干不明な点があるが、ほかに被告人が犯人でないことを示す事情は見当たらない」。

④は、「自白の中核部分は客観的事実と齟齬がなく、根幹部分において十分な信用性が認められる」。

結局、「証拠はないが、自白は信用できる」と言っただけ。再審中の「富山冤罪事件」と同じ構造だ。

だが、記者たちは判決に納得したのか、各紙とも〈自白偏重判決〉を批判しようとしない。その一方、「遺族の思い」は、《父　安堵の表情》(『毎日』) などと詳報された。

《「泣き声うるさく」海へ／逮捕の運転手、供述》(『朝日』)、《駐車場で仮眠中「泣き声うるさい」／連れ去り海に落とす》(『読売』)、《殺人容疑で運転手逮捕／「泣き声うるさくて」》(『毎日』)。逮捕当時、各紙がやった〈自白偏重報道〉だ。

「何人も、自己に不利益な唯一の証拠が本人の自白である場合には、有罪とされ、又は刑罰を科せられない」——裁判官も記者も、憲法三八条を知らないのだろう。

◆参院選と政治

〈上っ面報道〉で揺れる危うい世論

07年8月10日

七月二九日に投・開票された参院選は、《自民　歴史的大敗／民主躍進　初の第1党》(三〇日付『朝日新聞』) という結果になった。メディアは開票速報段階から、与党の敗因として年金・政治とカネ・閣僚不祥事・格差問題を指摘した。

『朝日』『読売新聞』は三〇〜三一日、参院選結果に関する世論調査を実施、八月一日付で報じた。自民大敗の理由に挙げられたのは、『朝日』調査 (三択) では①年金の問題四四％②大臣の不祥事三八％、格差の問題一一％、『読売』調査 (複数回答) では①年金六七％②政治とカネ五八％③安倍首相の政治姿勢や指導力四七％④格差問題三八％。

私は、安倍政権の問題性をそんな上っ面だけで論じる報道に違和感を持つ。では、年金記録漏れや閣僚不祥事がなかったら与党は勝ったのか。そうなっていたかもしれない「世論」に危惧を抱く。

〇五年九月の「郵政解散総選挙」では小泉政権与党が記

録的大勝、三二七議席を獲得した。その勢力を背景に登場した安倍政権は、「小泉改革」の「新自由主義」路線を踏襲しつつ、改憲のための国民投票法案、教育基本法改悪など「新保守主義」路線を強権的に進めた。

では、参院選の結果は、「新保守主義」路線への「ノー」なのか。そうは言えないだろう。共産党や社民党が訴えた「改憲反対」は争点化せず、両党とも敗北した。改憲草案は小泉総裁の下で作られたものだし、靖国参拝では小泉の方がもっと露骨に振る舞っていた。

だとすると、何がどう変わったのか。郵政解散選挙で「改革を止めるな」という小泉トリックに乗っかり、「刺客」と「抵抗勢力」の争いを面白おかしく報じたメディアが、今回は「年金記録漏れ」「トンデモ閣僚」をターゲットにした。現象的な「面白さ」を情緒的に報じる「劇場型選挙報道」が、逆の方向に動いただけではないのか。

『毎日新聞』三〇日付社説は、《自民党大敗の大きな理由は、国民が「安倍政治」は自分たちの方を向いていないと受け止めたからだろう》と書いた。同日付『朝日』社説は、《小泉改革を引き継いだ首相が第一に取り組むべき課題》である格差問題に取り組まず、「戦後レジームからの脱却」を持ち出し、《優先課題を見誤った》と評した。

では、「小泉政治」は「国民」の方を向いていたのか。「小泉改革を引き継いだ」ことこそが「格差拡大」の根本原因ではないのか。

「記録的大勝」と「歴史的大敗」。政権の基本路線は同じなのに、これほど大きく振れる「世論」に危うさを感じる。それを演出したのは、上辺の現象に振り回され、根幹に触れない劇場型選挙報道だ。「この次」また揺り戻しが来る？

参院選で自民党は当初、「成長を実感に！」を掲げた。だが、さすがにまずいと思ったか、途中から小泉流「改革実行力」に変更した。

確かに、大手企業はバブル崩壊後の不況から脱し、空前の利益を上げて「成長」した。だが、それは、何によってもたらされたのか。

財界の要請で労働規制を「緩和」し、派遣など「非正規雇用」を無際限に拡大して若者を「女性・外国人労働者」並みの不安定労働に追い込んだ。正社員には、長時間労働・賃下げとリストラ。まさに「搾取による成長」が実感される。さらに、「小泉改革」は年金などの社会保障・福祉を徹底的に「ぶっ壊し」た。自民党ではなく……。

これが小泉―安倍を貫く「改革」の実態だ。もし、メディアがその根幹にふれ、有権者が貧困化の原因を「実感」すればどうなるか。

そしてもう一つ、小泉―安倍政治を貫くのが「戦争する国づくり」。米国が要求する「集団的自衛権」行使に向けた改憲の基本路線だ。

『論座』(『朝日』発行)一月号に掲載され論議を呼んだ言葉――「31歳フリーター。希望は戦争」。

敗戦から六二年。若者を絶望させ、戦争が「希望」となる社会。政治の根幹に触れない現象追随報道は、またいつか、自民党の「記録的大勝」をもたらすだろう。

◆北九州市・餓死事件

「行政の連続殺人」追及する報道を

07年8月31日

病気で働けないのに生活保護を「辞退」させられた五二歳の男性が餓死するという痛ましい事件が七月、北九州市で起きた。事件を「福祉事務所による組織的犯罪」とみた「生活保護問題対策全国会議」(尾藤廣喜代表幹事)の弁護士ら三六四人・四団体は八月二四日、同市小倉北福祉事務所長を、保護責任者遺棄致死罪、公務員職権濫用罪で福岡地検小倉支部に告発した。

私がこの事件を知ったのは、参院選公示前日の七月一一日『朝日新聞』夕刊社会面《「おにぎり食べたい」日記残し／生活保護「辞退」の男性死亡／北九州市》という四段見出し記事。それによると、男性は肝臓病などで働けなくなり、〇六年一二月七日、同福祉事務所に生活保護を申請、二六日から受給した。だが〇七年春、同事務所から「そろそろ働いてはどうか」と言われて生活保護の「辞退届」を提出、四月一〇日に支給が打ち切られ、三カ月後、遺体で発見された。男性は、日記に「働けないのに働けと言われた」などと記していた。

見出しは《生活保護「辞退」の男性死亡》でなく、「生活保護打ち切られ、餓死」とすべきだった。

しかも、北九州市では〇五年一月と〇六年五月にも生活保護を認められなかった男性が「孤独死」していた。これはもう「北九州市・連続殺人事件」と呼ぶべきだ。メディアは最大級の事件として原因・背景を掘り下げ、持続的に追及・報道してほしい、と思った。

しかしその後、全国紙東京本社版には続報が見当たらなかった。生活保護予算を削減しながら、参院選で「成長を実感に!」と訴えていた自民党に「配慮」したのか。

こんなとき、私は地方紙や全国紙地方版のネットニュースを見る。『西日本新聞』や『読売新聞』西部本社のネットをチェックすると、市民の批判、行政側の対応などが連日のように報じられていた。

七月一一日、同福祉事務所の菊本誓所長が会見、「保護開始から打ち切りまでの流れはモデルケースといえるほど適切だった」と述べた。餓死させるのがモデルケース？

一八日、北橋健治市長は「基本的に問題はなかった」と言いつつ、保護を打ち切ったケースの緊急点検を指示したことを明らかにした。

二一日、市の生活保護行政を検証する第三者委員会が検証開始。

二六日、「生活保護問題対策全国会議」が、北橋市長と柳沢伯夫厚生労働大臣に生活保護打ち切りの経緯などについて公開質問状。

三〇日、第三者委員会が男性の日記を公表。「生活困窮者は、はよ死ねってことか」「小倉北の職員、これで満足か。法律はかざりか。書かされ、印まで押させ自立指どうしたんか」「腹減った。オニギリ食いたーい。25日米食ってない」

八月二二日、市が緊急点検結果を発表、六二世帯のうち四世帯の生活保護申請を受理した。少なくとも四人が「死活ライン」だった。

そして二四日の刑事告発へ。その間、告発賛同者を募っていることを知り、私も参加した。「全国会議」は告発後、厚生労働省記者クラブでも会見を開いた。だが、この「告発ニュース」も、全国紙の東京本社版には載らなかった。

少年事件などでは連日、捜査の動きを大報道する全国紙が、「行政による連続殺人」というべき事件を、なぜ地方版報道にとどめるのか。東京本社編集幹部のニュース価値観はどうなっているのか。

相次ぐ餓死事件を招いたのは、生活保護申請を窓口で断り、職員に保護打ち切りのノルマを課す「北九州方式」と呼ばれるやり方だ。だがこれは、北九州市だけの問題ではない。日弁連が〇六年六～八月に行った「生活保護110番」の結果、全国の福祉事務所で生活保護を断られた一八〇件のうち一一八件（六六％）は違法性の高いものだったという（〇六年一〇月六日、日弁連人権擁護大会決議）。

だからこそ、「北九州市・連続殺人事件」は、最悪のモデルとして高いニュース価値を持つ。「告発の行方」を全国に伝えてほしい。

◆ユニオンYes!キャンペーン

〈貧困化〉と闘うメディア創り

07年9月14日

〈新聞で見つめる社会　見つけるあした〉——日本新聞協会が九月五日発表した〇七年の新聞週間標語だ。作ったのは中学三年生。新聞の「本来の役割」を簡潔に表現した、とてもいい標語だと思う。

だが、「新聞の現実」は、この標語にふさわしいか。読者が社会を見つめ、あしたを見つけられるような紙面を作っているか。上っ面の現象は報じても、その原因を掘り下げ、「では私たちはどうすればいいか」を読者が見出せる報道にはなっていないのではないか。

その典型が、働く若者の貧困化。「ワーキング・プア」の悲惨な状況、「非正規雇用」「偽装請負」などの雇用・労働実態はこの数年、かなり報じられるようになった。

しかし、報道は「悲惨な状況」「悪質な派遣」の実態止まり。それをもたらした構造、労働者派遣法の度重なる改悪など「改革」の偽名で強行される「労働の規制緩和」という政治の根源にメスを入れるところまでは、踏み込まない。

若者たちが「フリーター労組」などと出会い、「一人でも入れる労働組合」を作って、自らの手で「悲惨な状況」を打ち破っていることも、ほとんど取り上げられない。

こうしたメディア状況の中、ネット・映像・活字など多様なメディアを駆使し、まだ「あした」を見つけ出せないでいる若者たちに「ユニオンで一緒に闘おう」と呼びかける新しい試みが始まる。「レイバーネット日本」が中心になり、九月一八日にスタートする「ユニオンYes!キャンペーン」だ。

この運動の〝目玉〟が、動画投稿サイト「ユニオンチューブ」。世界最大規模の無料動画共有サイト「ユーチューブ」をモデルに、若者たち自身が作った数分間の短い映像で、ユニオン(労働組合)の役割や闘い方、活動の様子、楽しさなどを伝えようという試みだ。

七月二五日、都内で開かれた「プレ集会」で、ユニオンチューブの試作版四本が上映された。結成まもない東京東部労組コナカ支部、ガテン系連帯などが作った二〜三分程度のビデオ。「組合に入って、ここが良かった」と話す「正統派」作品、若者三人が走り回り、「ユニオンイエス」と叫ぶだけの不思議な映像など、意外に?　楽しかった。

キャンペーンの事務局長・土屋トカチさんも、「あなたにとって労働組合とは」と問いかけ、答えをスケッチブックに次々と書いてもらう作品を作り、上映された。

彼自身、五年前に映像制作会社を解雇され、相談に行ってユニオンと出会った一人。プレ集会で、「組合って敷居が高い、なんとなく怖い人がいるんじゃないかと思っていました。そんなイメージを、映像を通じて変えていきたい。若い人たちに、組合が役に立つことを身近に感じてほしい」と話した。

この集会では、「フリーターでも一人でも、労働組合を作れる。組合を作れば、会社と対等な立場で団体交渉ができる。ユニオンと出会って、そんなことを初めて知った」という若者の発言もあった。

八月二一日付『朝日新聞』「私の視点」に、《働く者の権利教えよう》という投稿が掲載された。労働基準法、労働組合法をどう使えばよいのか、社会保険や雇用保険の仕組みとは――。こうした知識を学ぶ機会もなく社会に出て働くのは、《無防備なまま荒海に飛び込まされるようなものではないか》と寄稿者は指摘した。学校もメディアも、肝腎なことを教えてくれない。

九月一八日夜、東京・中野（なかのゼロ）で開かれる「キャンペーン・キックオフ集会」では、ユニオンチューブの最新映像を上映、組合に入った若者たちが発言し、雨宮処凛さんが「ユニオン作って、生きさせろ」と題して話す。二四日には、同じ会場で終日「レイバー映画祭」を開き、労働者の闘い・誇りを描いた映画八本を上映する。

ユニオンYes！キャンペーンは、若者に「希望は、戦争。」と言わせないための運動であり、そのためのメディアを自前で創り出す試みでもあると思う。運動の合い言葉は、「希望は、ユニオン。」

◆光市事件裁判報道

公開リンチと化す〝テレビ法廷〟

07年9月28日

「山口県光市事件」の差戻し審は、五月二四日に広島高裁で初公判が開かれた後、六月下旬と七月下旬に三日連続で集中審理、九月も一八日から三日間審理が行われ、実質的な審理がほぼ終了した。

上告審途中で一・二審の弁護人と代わった新弁護人は、新たに二二人の弁護団を編成。初公判で、事件は検察が主張する「計画的な強かん殺人」ではなく「精神的に未発達な少年が起こした偶発的な傷害致死事件」と意見陳述した。

この事件で検察は「被告人は女性の首を両手で絞めて殺害し、女児の後頭部を床に叩きつけたうえ、紐で絞殺した」と主張した。これに対し、上告審で新弁護人は「検察主張の犯行態様は遺体の実況見分調書や鑑定書と矛盾している」と指摘、「女性の頸部には両手で絞めた跡がなく、女児には床に叩きつけられれば生じるはずの後頭部の損傷や紐で強く絞めた跡もなかった」とする鑑定書を提出した。

新弁護団は差戻し審で、これを精密に裏付ける新たな鑑定書と、検察側主張・弁護側主張の「犯行態様」による再現実験結果報告書を提出。新鑑定書は「被害者の声を封じるために口を押さえ続けた結果、窒息死に至った」との弁護側主張が「遺体所見とよく一致している」と結論。また、再現実験の結果、女性の頸部に残った「四本の蒼白帯」は、「右手を逆手にして被害者の声を封じた」という被告人の説明とぴったり一致した。

さらに弁護団は、新たに犯罪心理鑑定書・精神鑑定書を提出。事件は「性欲による計画的なレイプ殺人」ではなく、「幼児期からの父親による虐待、一一歳の時の母親の自殺(遺体目撃)による精神的外傷で精神的発達がとまった少年が、ストレスを受け、〈退行状態〉のもとで起こした不幸な連鎖の結果」として、鑑定人二人の証人尋問・被告人質問で立証に努めた。

だが、初公判から九月二〇日まで一〇回にわたる公判の報道は、弁護側の主張・証人尋問内容を冷静・客観的に伝え、読者・視聴者にこの事件・裁判について考える材料を提供するものではなかった。

とりわけテレビ番組の多くは、弁護団の主張を無視または遺族の言葉によって否定し、被告人・弁護団を一方的に非難・糾弾した。

この間、テレビ報道に危惧を抱いた人たちが〈「光市事件」報道を検証する会〉を作り、約一〇〇本の番組をチェック、その結果を「人権と報道・連絡会」九月定例会で報告し、番組ビデオ五本を上映した。そこには共通のパターンがある。

被害者・遺族の写真を大きく映し、当日の公判内容を遺族の「感想」を中心に伝える。「弁護団はこの裁判を死刑廃止運動に利用している」「被告人は差し戻し審で突然供述を変えた」「弁護団は被告人にウソを言わせている」「被告人は支離滅裂な主張を繰り返し、遺族を二重に苦しめている」……。

弁護団の主張や会見内容は、遺族の言葉に即してカット・編集され、遺族の感想がそのまま「公判の事実」とされる。それを前提に、スタジオのキャスター・コメンテーターたちが「意見」を述べる。

読売テレビ『たかじんのそこまで言って委員会』（五月二七日放送）。冒頭、やしきたかじん氏が「二一人も集まりやがって、ばか者が」と怒鳴り、宮崎哲弥氏が弁護側主張を「こんなものだれが信じますか」と切り捨てた。コメンテーターが「死刑廃止運動は外でやれ」「被害者への第二の陵辱だ」「人間として最低レベル」「こいつら全員精神鑑定にかけろ」と次々発言し、橋下徹弁護士が「この弁護団を許せないと思うのだったら、懲戒請求をかけてほしい」と呼びかけた。

スタジオが「被害者参加」「被告人・弁護人抜き」の法廷と化し、コメンテーターが「裁判員」となって「極刑」を宣告する。テレビ法廷の公開リンチ。「殺せ、殺せ」の合唱が大音量で流されている。

もし、こうした報道で形成された「極刑要求世論」に裁判官が動かされたら――刑事裁判は死ぬ。

◆『ヘラルド朝日』裁判

問われる「編集／労務」の二重基準

07年10月12日

《偽装請負、製造業で横行／実質は派遣、簡単にクビ／労働局が調査強化》――〇六年七月三一日付『朝日新聞』朝刊一面トップに掲載された記事の見出しだ。

記事は、「キヤノン」「日立製作所」などの企業名を挙げ、《「労働力の使い捨て」ともいえる実態がものづくりの現場に大規模に定着した》として、大手企業の「偽装請負」の実態を詳細に伝えた。

『朝日』の「偽装請負」追及キャンペーンは〇七年三月末までに約六〇本に上り、大きな反響を呼んだ（朝日新書『偽装請負』）。二月には、御手洗冨士夫キヤノン会長を経済財政諮問会議議員にした安倍政権の責任が国会で追及された。

一連の報道は、新聞労連ジャーナリスト大賞・優秀賞に選ばれた。「特別報道チーム」の調査報道が生んだ、ジャーナリズムの名にふさわしい『朝日』久々のヒットだ。

その朝日新聞社が発行する日刊英字紙『ヘラルド朝日』で、低賃金・不安定雇用の改善を求めて労働組合を結成した非正規労働者が解雇され、裁判で闘っている――そう伝えた『週刊金曜日』〇七年八月二四日号の記事を読み、「偽装請負」キャンペーンで発揮した「朝日の正義」は何だったのか、と落胆させられた。

九月二七日、東京高裁で、「ヘラルド朝日労組」の三人が労働者としての地位確認を求めた訴訟の控訴審第三回口頭弁論が開かれた。

委員長の松元千枝さんらは毎日決められた時間、朝日新聞国際編集部内で会社の指示に従い、『ヘラルド朝日』の紙面作り（編集、翻訳など）に携わっていた。「雇用契約書」は交わしておらず、勤務日程や時間、報酬（日当）は「口約束」、各種保険もないというきわめて不安定な「非正規労働」だった。

〇二年一一月に結成された組合は、各種保険の法的保護などの改善を要求。会社側は〇三年五月、①更新回数を限定した一年間の労働契約②基本給プラス出来高払いの業務委託契約――の二者択一を迫った。新規契約条件の改善を求めた松元さんら四人は〇五年七月、「契約打ち切り」を通告された。

裁判で原告は、自分たちの勤務実態は正社員と同じ会社の指揮命令下の「労務提供」と主張したが、朝日側は業務委託契約による「請負関係」と主張。東京地裁は〇七年三月、原告の請求を棄却した。

控訴審は二七日、原告・被告双方が陳述書などを提出して結審し、一一月二九日判決と決まった。しかし、西田美昭裁判長は「この事件は和解の余地があるように思いますが」と職権で和解を勧告した。

私は、裁判長の口調に「朝日さん、何とかなりませんか」といった「忠告」じみたニュアンスを感じた。紙面で偽装請負を批判しながら、その紙面を作る職場で偽装請負まがいのことをしている……。

《ボーナスや昇給はほとんどなく、給料は正社員の半分以下だ。社会保険の加入さえ徹底されず、契約が打ち切られれば、すぐさま失業の危険にさらされる》

偽装請負を告発した最初の記事は、そのまま松元さんたちの状況に当てはまる。「会社との交渉で、編集方針と労務方針は別と言われました」と松元さんは言う。読者をあざむく二重基準ではないか。記事を書いた「朝日新聞労組」記者たちも、それでいいのだろうか。

非正規雇用の拡大は朝日だけではない。私が勤務していた読売新聞社でも、子会社の「東京読売サービス」から派遣された低賃金・不安定雇用労働者が、紙面編集業務にも携わるようになっている。

新聞労連などで構成する「日本マスコミ文化情報労組会議」（ＭＩＣ）の労働法制学習会が一〇月三日夜、都内で開かれた。講師の中野麻美弁護士は「非正規労働者の貧困化・差別は正社員の問題」と指摘し、労働組合の奮起を促した。

ジャーナリストの北健一さんは『ヘラルド朝日』裁判にもふれ、「報道の質と記者の働き方は、密接不可分」と訴えた。経営側にも、正社員労組・記者にも、「編集／労務」の二重基準が問われている。

◆富山冤罪と引野口事件

メディアの責任も問われている

07年10月26日

無実の罪で逮捕され、有罪判決を受けて服役後、真犯人出現で冤罪が明らかになった富山県の男性の再審で、富山地裁高岡支部は一〇月一〇日、無罪を言い渡した。

一一〜一二日、各紙社説は一斉に、この事件と判決を論じた。

《弁護や裁判にも疑問が残る》＝『毎日新聞』、《無罪でも失われた時は戻らない》＝『読売新聞』、《法曹三者も猛省がいる》＝『中日新聞』、《弁護士の責任も重い》＝『朝日新聞』――各紙社説が、自白を強要した警察と検察、無実の訴えを無視した弁護人、誤った判決を下した裁判所の責任を追及。批判の矛先は、冤罪の原因追及を避けた再審裁判にも向けられた。

だが、この冤罪を生んだのは警察と法曹三者だけだろうか。男性の逮捕当時、新聞はどんな報道をしたのか。「実名犯人視報道」は、しなかったのか。《人権を守れなかった弁護士や裁判所の責任も見逃せない》(『毎日』)というが、メディアは人権を守ろうとしたのか。

主要各紙の再審判決報道に目を通したが、「我々はこの事件をどのように報道したか」に言及・検証した記事は見当たらなかった。

富山事件の再審判決が出た同じ一〇日、福岡地裁小倉支部で「引野口事件」の求刑公判が開かれた。〇四年三月、北九州市八幡西区で起きた放火・殺人事件。被害者の妹・片岸みつ子さんが殺人容疑などで逮捕・起訴された。物証もなく、一貫して無実を訴える片岸さんに、検察は懲役一八年を求刑した（この事件については、テレビ朝日『ザ・スクープ　スペシャル』が六月一〇日、検証番組を放映。また、『週刊金曜日』〇七年一〇月一二日号が李隆さんの詳細なレポートを掲載）。

「人権と報道・連絡会」一〇月定例会で、この裁判を取材しているジャーナリスト・今井恭平さんに捜査と報道の問題点を報告していただいた。話を聞き、さながら冤罪捜査の見本市だと思った。

①それ自体冤罪の別件逮捕など四回の逮捕の繰り返し、半年に及ぶ代用監獄での自白強要の取調べ、二年以上の家族との接見禁止

②鑑定医による死因・遺体鑑定結果の不可解・不自然な変更

③不合理で説得力のない「犯行動機」、アリバイを示す複数の証拠

④放火・炎上直後に現場で不審人物を目撃した少年の証言の黙殺

⑤凶器も殺害時刻も特定できず、物証も自白さえもない強引な起訴

極めつきは、「被告人から犯行を打ち明けられた」という同房女性の「証言」なるものを、ほぼ唯一の「証拠」とする検察側立証だ。

片岸さんは強圧的な取調べにも屈せず、自白調書を取らせなかった。別件逮捕段階から弁護人が接見し、連日取調べ状況を聞いていた。そんな中で、なぜ同房者に「犯行を告白」しなければならないのか。この女性は二度にわたり、三カ月近く片岸さんと「同房になった」後、約一〇件の容疑中一件のみ立件、執行猶予になった。

では、メディアはこの事件をどう報じてきたか。今井さんは「一審終盤になって、報道にも冤罪のニュアンスが出てきました」と話した。だが、捜査段階の報道には、「権力監視」「冤罪チェック」の視点はまったくなかった。たとえば『朝日』西部本社版の逮捕報道。

《民家火災　男性遺体／窃盗容疑　妹を逮捕》（〇四年六月八日）、《北九州の火事　死亡男性の妹／業務妨害容疑で再逮捕》（同七月五日）、《八幡で火災　男性の遺体／殺人容疑　妹を逮捕》（同一〇月四日）——どれも警察情報垂れ流しの実名犯人視報道だ。違法な別件逮捕を問う視点はどこにもない。

「警察のスパイ」と疑うべき女性の話も、《「首も刺した、と被告が告白」／元同房女性、法廷で証言》（〇五年二月一日）と詳細・大々的に報じた。《弁護側「警察、送り込んだ」》と付け加えてはいたが。

富山事件で『朝日』社説は裁判員制度にふれ、《弁護士の責任はいっそう重くなることを肝に銘じてほしい》と書いた。では、裁判員に予断を与える報道の責任は？（〇八年三月五日、福岡地裁小倉支部は「殺人・放火」について無罪判決、検察は控訴せず、無罪が確定）

報じられない〈被告人の不利益〉

07年11月9日

《裁判員制度は果たしてうまく機能するのだろうか。そんな不安を抱かせる政令案である》

一〇月二六日付『読売新聞』社説の書き出しだ。「裁判員の辞退が認められる理由」を定める法務省の政令案が二四日公表され、中に「精神上の重大な不利益」という項目があった。たとえば、死刑制度に反対の人が死刑判決に関わるストレス。社説は《裁判員をやりたくない人が「精神上の重大な不利益」を口実に辞退を申し出ることはないだろうか》と心配した。

『読売』が〇六年一二月行った世論調査では、「裁判に参加したくない」人が七五％に達した。最高裁、法務省、日弁連の法曹三者がキャンペーンを展開してきたにもかかわらず、市民の多くは依然「裁判参加」に消極的だ。そんな中での法務省案に、『読売』社説は《辞退者が続出すれば、国民の幅広い層の社会常識を裁判に反映させるという制度の趣旨が揺らぐ》と危惧する。私は死刑に反対する人を裁判から排除しようという法務省の意図を感じ、危惧したのだが。

裁判員法が成立した〇四年五月以来、大手メディアは全国各地で開かれる模擬裁判やフォーラムを大きく取り上げてきた。そのスタンスは裁判員制度を普及し、市民の理解を広げようというものだ。

たとえば〇七年四～五月、『朝日新聞』が大きな紙面を割いて連載した《選択のとき　裁判員時代》。「市民が裁判に加わる意義」を強調するなど「裁判員のススメ」的なニュアンスの強い内容だった。

法曹三者がこぞって推進し、メディアが後押しする制度に、私は「大政翼賛」のにおいを感じる。

メディアが伝える制度の問題点は、「裁判員に選ばれる市民の戸惑い」「裁判員の守秘義務による報道規制」程度だ。「被告人にとって、裁判員制度にはどんな問題があるか」は、ほとんど報じられない。

この問題では、一部の弁護士や冤罪被害者支援団体が、刑事裁判の根幹に関わるさまざまな危険性を指摘してきた。とりわけ重大なのが、短期集中審理のための「公判前整理手続き」がはらむ問題。

代用監獄の密室における「自白強要」、容疑・起訴事実を否認すると保釈・接見を認めない「人質司法」。こうした「冤罪の温床」を解体せず、人質司法で作られた虚偽自白が証拠とされ、検察が被告人に有利な証拠を隠したまま「争点整理」が行われるとしたら……。被告人はこれまで以上に「冤罪の恐怖」にさらされてしまう。

メディア自身が問われる大きな問題もある。五月四日付『朝日』「声」欄に、「私は裁判員になりたくない」という男性の投書が掲載された。「私も含めて国民はメディアに影響されやすい。報道を無視して、先入観を持たずに裁判に参加する自信がない」という趣旨だ。

日弁連が制作したドラマ『裁判員――決めるのはあなた』に、こんなシーンがある。裁判員選任手続きで、「この事件について知っているか」と聞かれた女性が、「ワイドショーや週刊誌でたくさん見た」と言って被告人を罵倒し、弁護側から忌避される。このドラマを見て、「報道でひどい犯人だと思った、と言えば裁判員にならずにすむのか」と考えた人もいたのではないか。

九月に開かれたマスコミ倫理懇談会の大会で、最高裁参事官が「裁判員が予断や偏見を持たぬよう、事件報道に配慮を」と講演した。これに対し、一〇月一四日付『読売』社説は、《多くの新聞メディアは、過去の誤った報道の反省から、警察などの取材だけで特定の人物を犯人視するような報道は厳に慎んでいる》として、《報道を過度に縛るのはお門違いだ》と反論した。

犯人視報道を厳に慎んでいる？

現在のような逮捕＝犯人視報道が続けば、裁判員の先入観は避けられない。しかも、新たに作られた「被害者参加」制度で、「被告人＝犯人」として「極刑」を求める遺族の声を聞けば、どうなるのか。

裁判員制度には「被告人の立場」から論ずべき重大な課題がある。

◆恵庭冤罪事件『新潮45』訴訟

報道被害再発を容認した控訴審

07年11月23日

「ヒラメ裁判官」という言葉がある。頭の上に目があるヒラメのように、上＝最高裁ばかり見ている。〇四年一〇月、最高裁の町田顕長官が新任裁判官の辞令交付式で「ヒラメ裁判官はいらない」と訓辞し、話題になった。それほど「ヒラメ」が多いということだ。

ヒラメ裁判官は「上」に行くほど多くなる。上級審の顔色ばかりうかがう裁判官が「出世」する現実があるからだ。彼らはしばしば「下」の出した判決を覆す。冤罪事件や憲法判断を伴う訴訟で、一審判決を「最高裁の顔色」をうかがい、ひっくり返してしまう。

その典型が、恵庭事件『新潮45』訴訟だ。同誌〇二年二月号に《恵庭美人OL社内恋愛殺人事件》の標題で掲載された記事とそれを収録した「新潮文庫」による名誉毀損への損害賠償、「新潮文庫」出版差し止めなどを求めた訴訟の控訴審。東京高裁（吉戒修一裁判長）は一〇月、文庫の増刷・販売差し止めを認めた一審判決を破棄した。

一審・東京地裁は、記事のうち、原告Oさんが「窃盗・放火」に関与したかのように記述した部分を名誉毀損と認定、被告に計二二〇万円の支払いを命じるとともに、「窃盗・放火」記述を含んだままで新潮文庫を増刷・販売してはならない——という判決を出した。

問題の個所は、Oさんの元勤務先関係者が、①彼女の在籍した四年間に放火・窃盗事件が続発し、女子社員が大金を盗まれた②一連の騒ぎは、彼女の退社後収まった③あの時に釘をさしていたら、今回の事件（恵庭女性殺害事件）のようなことは起こらなかったはず——などと語った、という部分。

『新潮45』ライターは、この中傷記事を書くのに「窃盗被害者」から取材しておらず、二審判決もこの部分の名誉毀損は認定した。

そこから先で判決は「ヒラメ」になる。吉戒裁判長は「窃盗・放火」記述は「付随的なもので分量もわずか」「その表現は断定的ではなく暗示的なものに止まる」と述べて賠償額を一一〇万円に減額。さらに、「本件書籍が発行され既に四年以上が経過し、将来において相当数の増刷の見込みがあると認めることは困難」として、増刷・販売の差し止め請求を棄却した。

何を根拠に「増刷の見込みがあると認めることは困難」と言えるのか。記事が名誉を毀損し、賠償に相当するのなら、それを収録した新潮文庫を増刷・販売すれば、また被害が起きるはず。そのとき、増刷を認めた裁判所は「人権侵害の共犯者」になる。それに対して、裁判官はどう責任を取るのか。

東京高裁の裁判官たちは、「人権侵害出版物の増刷・販売を差し止める」という新しい判断が最高裁で覆されるのを心配したのだろうか。そんな「危険な判例」に自分の名を残したくなかったのか。

二審判決の概要は、『北海道新聞』『毎日新聞』やいくつかの地方紙で報じられた。どの記事も「販売差し止め認めず」を見出しにし、「逆転判断」を強調した。ただ、行数は短く、判決の矛盾・問題点に言及した報道はなかった。

一月の一審判決では、『東京新聞』が一面四段見出しで報じたほか、全国紙各紙が判決概要を伝えた。しかし、二審判決では、『毎日』以外、東京本社版には記事がなく、テレビ報道も見当たらなかった。

警察情報に依存して犯人視報道を繰り広げる新聞社・テレビ局にとって、一審判決の「増刷・販売差し止め」は他人事と思えない危機感をもたらしたのだろう。だから大々的に報じた。その「差し止め」部分が二審判決で取り消され、ホッとしたというのが、各メディア幹部たちの本音ではないか。

悪質な誹謗中傷を裏付けもなく記事にする『新潮45』などの人権侵害雑誌、それに同調する新聞・テレビ、名誉毀損と認めながら増刷を容認するヒラメ裁判官……。

裁判は上告審に移った。「ヒラメ裁判官はいらない」のなら、最高裁こそ、報道被害の現実をまっすぐ見すえた判決を出してほしい。

◆光市事件テレビ報道

BPOに「放送倫理」検証を要請

07年12月7日

《ニュースは市民の知る権利へ奉仕するものであり、事実に基づいて報道し、公正でなければならない》《取材・編集にあたっては、一方に偏るなど、視聴者に誤解を与えないように注意する》（日本民間放送連盟「放送基準」）《公平な報道は、報道活動に従事する放送人が常に公平を意識し、努力することによってしか達成できない》《報道における表現は、節度と品位をもって行われなければならない。過度の演出、センセーショナリズムは、報道活動の公正さに疑念を抱かせ、市民の信頼を損なう》（同「報道指針」）

〇七年五〜九月、光市事件裁判を報じた数多くのテレビ番組制作者は、この「放送基準」「報道指針」を読んだことがあるのだろうか。

私も参加する「『光市事件』報道を検証する会」（中立人一七人）は一一月二七日、民放とNHKでつくる「放送倫理・番組向上機構」（BPO）の「放送倫理検証委員会」に、光市事件裁判をめぐるテレビ番組一八本の審理を要請した。

検証する会は約一〇〇本の番組ビデオを収集・検討し、特に問題の顕著な一八本の調査・審理を求めた。対象番組はテレビ朝日・六本、日本テレビ・五本、TBS・三本、フジテレビ・二本、読売テレビと中国放送・各一本。同会は一連の番組に共通する問題点として、①事実関係の誤り・歪曲②番組制作における作為・演出過剰③不公平な番組編集の三点を指摘した。

①では、「元少年は一・二審で言っていなかったことを差し戻し審で言い出した」「弁護団は本件を死刑廃止運動に利用している」「差し戻し審は最高裁判決に拘束される」など事実に反する報道。鑑定人の引用証言を元少年の法廷証言と伝えたり、軽い斜視のある元少年が遺族と目が合ったのを「睨みつけた」と決めつけたりした歪曲。

②では、記者の断片的な取材メモを基に俳優を使って公判を「再現ドラマ」化し、証言のニュアンスを変えて元少年をふてぶてしく描いたり、複雑な背景を単純化したテロップやナレーション、情緒的なBGMを多用し、被害者・遺族の映像と重ねて視聴者の感情に訴えたりした作為・過剰演出。

③では、評論家、弁護士、タレントなどが、①②の偏った情報を前提に、弁護団や元少年に対して「二一人も集まりやがって、馬鹿者が」「こいつら全員精神鑑定にかけろ」「胸糞の悪い詭弁」「みんな懲戒にかけろ」などと罵倒したコメント。それを修正すべき司会者・キャスターも「命乞いのシナリオ」「笑止千万」などと誹謗中傷に加わった。会見の扱いでも、弁護団の発言をつまみ食いして伝え、遺族に批判させる形で編集した。

検証する会は、一八番組を制作した放送局に問題点を指摘し、局の見解を問う申入れをしたが、各局とも「放送倫理に照らして問題がない」と答えただけだった。

民放連盟「放送基準」は、《係争中の問題はその審理を妨げないように注意する》と定めている。一連の番組はまさに「係争中の問題」で視聴者に誤解を与え、裁判所に「世論の圧力」を感じさせて「審理を妨げるもの」というほかない。

BPO検証委は、一月の関西テレビ『発掘！あるある大事典Ⅱ』の納豆ダイエット問題をきっかけに放送界の自浄機能を確立しようと設置された。「委員会概要」は《虚偽の内容により視聴者に著しい誤解を与えた疑いのある番組が放送された場合、放送倫理上問題があったか否かを調査・審理して「勧告」または「見解」を出す》としている。光市事件裁判報道の「虚偽」「視聴者に与えた誤解」は、納豆問題どころではない。

検証委への要請の翌日、検証する会の記者会見で中立人の一人・太田昌国さんは、「感情むき出しに死刑を求める声が公然と報道され、社会が『人の死』に慣らされる。国家による処刑だけでなく『戦争による死』にも慣らされていく訓練がなされている」と話した。

ここに、ほんとうの怖さがある。

◆『日本はどうなる２００８』（『週刊金曜日』編）

冤罪はなくせるか

問うべき警察・メディア・裁判所の「共犯」

◉相次いで明るみに出た冤罪

冤罪――それは、無実の人を苦しめるだけではない。真犯人を逃がすことによって事件の被害者や遺族を傷つけ、新たな被害者を生み出しかねない最悪の人権侵害だ。

この古くて新しい権力犯罪＝冤罪が二〇〇七年冒頭、大きくクローズアップされた。

一月。〇二年に富山県で起きた強かん事件で懲役三年の判決を受け、服役した男性が無実だったことを、富山県警が認めた。鳥取県警に逮捕された男性が富山県の事件を自白したためだ。富山地裁高岡支部で開かれた再審で一〇月、冤罪被害者に無罪が言い渡された。

二月。鹿児島地裁は〇三年の県議選で「公選法違反」として起訴された一二人全員に無罪判決を言い渡した。鹿児島県警は「選挙違反事件」を捏造し、逮捕者に自白を強要、長期勾留していた。任意聴取中、親族の名前を書いた紙を踏ませる「踏み字」も発覚した。

三月。福岡高裁は一九八九年に佐賀県北方町で起きた「北方三女性殺害事件」で死刑を求刑された男性に、一審に続いて無罪を言い渡した。検察は上告を断念し、無罪が確定した。佐賀県警は別件勾留中の男性に犯行を認める「上申書」を書かせ、逮捕していた。

これらの権力犯罪はメディアに大きく取り上げられた。とりわけ無実の人を服役させた富山県警、「事件」を捏造した鹿児島県警には非難が集中、テレビも検証番組を放送した。

同じ時期、一月下旬に周防正行監督の映画『それでもボクはやってない』が公開され、「社会派作品」には珍しく大ヒットしたことも、冤罪に対する関心を大きく高めた。

七月九日付『朝日新聞』大阪本社版は、《無罪急増　証拠に厳格》の見出しで、〇六年の無罪判決が一二六人と、一〇年前の二倍以上に上ったことを報じた。記事は「無罪ラッシュ」の原因として、「裁判員制度に向けて裁判官が証拠をより厳しく評価するようになった」との見方とともに、「捜査能力の低下」を懸念する検察内部の声を伝えた。だが、冒頭の三事件は「捜査能力の低下」どころではない、「司法全体の劣化」を物語る。

「検挙実績」を上げるため、平気で事件を捏造する捜査幹部（鹿児島県警）。密室での強圧的な取調べで自白を強要する警察、否認すると保釈も接見も禁止する「人質司法」、虚偽自白を「決め手」に起訴する検察（三事件とも）。弁護人さえも被告人の無実の訴えに耳を傾けず、裁判所は虚偽自白をそのまま認定し、有罪判決を下してしまう（富山冤罪事件）。

いくつかの冤罪事件を取材してきた私には、「裁判所の証拠評価が厳格になった」との見方も肯定できない。あえて言えば、あまりにも強引・お粗末な「検察立証」が増え、裁判官たちの間に根強くある「検察への妄信」が揺らいできた、というのが実態ではないか。

◉メディアが報じない誤判

冤罪問題を考える重要なポイントは、「無罪判決」より、むしろ「有罪判決」にある。

たとえば、〇二年に愛知県豊川市で起きた幼児殺害事件の裁判。名古屋地裁は〇六年一月、「自白は捜査員に誘導された可能性を排斥できず、他に証拠もない」として無罪判決を言い渡した。ところが〇七年七月、名古屋高裁は一審判決を破棄し、一審とほぼ同じ証拠を基に、懲役一七年の逆転有罪判決を宣告した。「直接証拠はないが、自白は信用できる」というだけの「自白偏重裁判」であり、「富山冤罪事件」とまったく同じ構造の判決だ。

この事件では、メディアも《「泣き声うるさく」海へ／逮捕の運転手、供述》（〇三年四月一五日付『朝日』）など「自白偏重報道」をした。無罪判決では「自白偏重捜査」を批判するメディアも、有罪の場合は判決を「客観報道」するだけ。裁判所もメディアも、憲法三八条「何人も、自己に不利益な唯一の証拠が本人の自白である場合には、有罪とされ、又は刑罰を科せられない」を守らない。だから、自白強要の冤罪が何度も繰り返される。

「メディアは二審で無罪になったとき、初めて冤罪として取り上げてくれた。でも、欲を言えば一審で有罪判決が出た時、無実の訴えを報道してほしかった」――周防監督の映画『それでもボクはやってない』のモデルになった痴漢冤罪事件の被害者からうかがった言葉だ。

無罪事件や誤認逮捕以上に深刻な誤判。まさに「それでもボクはやってない」。ここに冤罪の本質的な怖さがある。証拠もなく宣告される有罪判決が、この数年相次いでいる。

◉裁判の問答無用化と重罰化

○五年六月、「和歌山カレー事件」（九八年）で大阪高裁が死刑判決。動機も証拠も挙げず、「犯行が可能なのは被告人以外に考えられない」と「消去法」で死刑を言い渡した。

同九月、「恵庭冤罪事件」（二〇〇〇年）で札幌高裁が懲役一六年判決。「殺害方法・場所も不明」としながら、「犯行の可能性はある」と認定した（〇六年九月、上告棄却）。

〇六年三月、「北陵クリニック事件」（〇一年、「筋弛緩剤事件」と報道）で仙台高裁が無期懲役判決。弁護側が求めた証拠調べを却下、審理は四回だけ、最終弁論もさせなかった。

三つの事件とも、直接証拠はなく「状況証拠」で有罪を認定した。裁判所が犯人視報道で予断をもち、あるいは「世論」に迎合し、直接証拠がなくても「可能性があれば有罪」「無罪を立証できなければ有罪」とする。恐るべき裁判の「問答無用化」が進んでいる。

もう一つ、危険な傾向がある。メディアが「被害者・遺族の声」を大きく取り上げ、それに煽られて「重罰化・厳罰化」が進んでいることだ。それを象徴するのが、死刑判決ラッシュ。九〇年代まで多くても年間二〇人台だった死刑判決は、〇三年三〇人、〇四年四二人、〇五年三八人と急増、〇六年には四四人に上り、〇七年も増加傾向が続いた。

背景には、「厳罰化」世論がある。政府調査で、八〇年に六二％だった「死刑容認」世論は、〇四年に八一％に達した。事件発生時の集中豪雨的「凶悪犯」報道、被害者遺族の「報復感情」を増幅する裁判報道が厳罰化世論を煽り、裁判所がそれに引きずられている。

その典型が九九年、山口県光市で母子を殺害したとして起訴された元少年の裁判だ。最高裁が二審・無期懲役判決を破棄、〇七年五〜九月、広島高裁で差戻審が開かれた。

弁護人は「検察主張、一・二審判決は遺体鑑定と食い違っている」として、「女性の頸部には両手で絞めた跡がなく、女児には床に叩きつけられた跡もなかった」と指摘。事件は検察が主張するような「計画的レイプ殺人」ではないとして、根本的な見直しを求めた。

だが、メディアの多くは弁護側主張を伝えず、「弁護団は裁判を死刑廃止運動に利用している」「被告人は突然、供述を変えた」などの遺族の言葉を基に弁護団バッシング。テレビは、コメンテーターが「裁判員」となり、極刑を宣告する公開リンチ法廷の様相を呈した。

◉被害者参加・裁判員制度の危険性

冤罪と厳罰化をもたらす刑事裁判の形骸化。この傾向をさらに助長しかねない制度が、〇八年から〇九年にスタートする。刑事裁判への被害者参加制度と裁判員制度だ。

〇七年六月、被害者参加制度を含む刑事訴訟法改正案が成立し、〇八年中に施行されることになった。被害者・遺族が「被害者参加人」として検察官の隣に座り、証人や被告人に質問したり、論告求刑したりする。「加害者」への損害賠償請求を刑事裁判に付随して審理する制度も導入される。事実上、被害者が「被告人＝犯人」を前提に裁判に参加することになり、刑事裁判の鉄則「無罪推定原則」に反するばかりか、被害者感情を被告人にぶつけ、厳罰を求めることで、法廷を「仇討ち・復讐の場」にする危険性をはらんでいる。

この制度は、裁判員制度実施の半年前から施行される。だが、裁判員制度が決められたときには被害者参加は想定されていない。被害者も裁判員も、捜査段階の犯人視・凶悪犯報道が続けば「逮捕＝犯人」の予断をもって法廷に臨むだろう。被害者の怒り・悲しみに接した裁判員が、被告人・弁護側の主張に冷静に耳を傾け、公平な判断ができるかどうか。法廷全体が「光市事件」のような「被告人糾弾の場」にならない保障はまったくない。

〇九年に始まる裁判員制度も、裁判官と裁判員の「多数決」による有罪・無罪認定、裁判員による「量刑判断」の難しさなど、さまざまな問題点が指摘されている。冤罪との関係でとりわけ危惧されるのは、「公判前整理手続き」がもたらす被告人の防御権侵害だ。

短期間の集中審理に向けて、初公判前に裁判所・検察側・弁護側が非公開協議で裁判の争点を整理し、あらかじめ公判で調べる証拠を絞り込む。過去の冤罪事件では、公判が始まってから被告人の記憶が甦ったり、アリバイ証言が出てきたりして無実を立証できたケースがあった。また、検察が隠していた被告人に有利な証拠の存在が発覚することもあった。しかし、この制度では公判開始後、原則として新たな証拠は取り扱わないという。

現在のように、密室の取調べ・人質司法で強要された「自白」が証拠として出され、被告人に有利な証拠が隠されたまま「争点整理」が行なわれたらどうなるか。しかも、弁護側は限られた時間と証拠で、公判前に弁護方針（手の内）もさらさねばならない。

①自白の任意性を証明する「取調べの可視化」（録音・録画）・代用監獄の廃止②容疑・起訴事実を否認していると保釈・接見を認めない「人質司法」の改革③検察側が収

集した証拠の公判前全面開示の義務付け――少なくとも、この三点の改革が実現しないかぎり、「裁判員制度」は、新たに大量の冤罪・誤判を生み出す「冤罪の温床」になるだろう。

◉無実の叫びに耳を傾けよう

同時に、警察情報に依存し、被疑者を犯人扱いして「犯人視世論」を形成する事件報道も、「被害者参加制度」「裁判員制度」の実施を前に、根底から見直しを迫られている。

全国の拘置所・刑務所には、無実を叫び続ける数多くの冤罪被害者がいる。和歌山カレー事件、恵庭冤罪事件、北陵クリニック事件のほかにも、「大阪・東住吉事件」（九五年）、「御殿場少年事件」（〇一年）など、逮捕段階で犯人視報道した後、メディアが関心をなくし、世間から忘れられた冤罪事件も少なくない。

「再審の門」も狭く、重い。「名張毒ぶどう酒事件」（六一年）は開きかけた扉が〇六年に再び閉ざされた。「布川事件」（六七年）は〇五年九月に水戸地裁土浦支部の再審開始決定が出たにもかかわらず、検察が抗告したため再審開始は先延ばしにされ、〇八年七月に東京高裁がようやく抗告を棄却したが、検察は再び抗告した。ほかにも「狭山事件」（六三年）、「袴田事件」（六六年）、「渋谷事件」（七一年）、「野田事件」（七九年）、「福井・女子中学生殺人事件」（八六年）、「足利事件」（九〇年）、「東電ＯＬ殺人事件」（九七年）など、いくつもの再審請求事件がある。

無実の罪で獄に囚われている人たちを救い出し、冤罪の真犯人たちを裁かねばならない。

第2部◆壊憲状況に抗う視点

能「不知火」奉納に立ち会って
——鎮魂、回生への祈り、そして〈私たち〉は

（初出＝季刊「水俣支援」三一号〔二〇〇四年一〇月〕）

見上げると、背後の山から不知火の海へ、天の回廊のような雲の帯が続いていた。恋路島の彼方の海に沈む夕日が、その雲の群れを染め上げる。桃色から薄い朱へ、さらに鮮やかな茜色に。刻々、色を濃くしていく雲の帯が紫から灰紫色に転じたころ、雲間から月が現れた。私は奇跡のような美しさのただ中で、もう一つの奇跡が始まる瞬間を待っていた。

八月二八日午後七時、水俣湾埋立地親水護岸に設けられた能「不知火」奉納の特設舞台。かつて海だった私の足元には、一五〇トンもの水銀ヘドロがドラム缶に詰められ、おびただしい数の魚たちと一緒に埋められている。

チッソが水俣に来て約一〇〇年、水俣病「発見」から約五〇年。石牟礼道子さんが「すべての生命の母である原初の海に、蘇りと満ち返しへの祈りを込めて奉納しよう」と、精魂尽くして創り上げた新作能「不知火」。それが、受難の地で、まもなく始まろうとしている。

失われた生命への鎮魂と水俣回生を祈って奉げられる能「不知火」。それは、水俣の地に生まれた人々、豊かな海を「苦海」に変える「社会の毒」を一身に受けた人々が、受苦、葛藤、差別、そして激しい闘いの果てに、力を合わせて創り上げた「奇跡」の舞台だ。

「水俣奉納する会」代表の緒方正人さん、石牟礼さんが、簡潔だが思いのこもった言葉であいさつされた。続いて、緒方さん、副代表の杉本栄子さん、能「不知火」の題字を書いた鬼塚勇治さんらの手で、舞台左右にしつらえられた篝火の薪に火が分けられた。

接近する台風一六号の強風に火の粉が舞い上がる。しばらくして、海底から湧き上がるような力強い謡で「奇跡」は始まった。

――繋《つな》がぬ沖の捨小舟　つながぬ沖の捨小舟　生死の苦界果《はて》もなし

水俣を訪ねるのは、これが初めてだった。石牟礼さんの諸作品に描かれた不知火の風景と人々の暮らし。土本典昭監督によって息長く記録されてきた映像。一九九六年秋に東京・品川で開かれた「水俣・東京展」で見た無数の衝撃的な写真や資料、その会場まで緒方さんが航海してきた打瀬船の姿。

それらが、マスメディアが伝えるさまざまな情報と重複しながら、私の中に、「ミナマタ」のイメージを作り上げてきた。

――このうえなく美しい夕映えと、水銀に汚染されたヘドロの海。素朴な漁民の暮らしと、それを破壊した傲慢な大企業チッソ。被害救済を訴える患者たちと、冷たくあしらう役人。そうした「対立項」の中に、狂い死にした猫や奇形の魚たち、無残に殺されていった人々の遺影が静かに横たわっている……。

そうした私の「ミナマタ」像が、実際に訪ねてみて、どう変容するのか。そんな期待を込めて、水俣の地に足を踏み入れたのは、能奉納の前日、八月二七日午後だった。

水俣で能「不知火」の奉納に立ち会いませんか。そう誘ってくれたのは、冤罪事件の支援を通じて知り合った二〇年来の友人、堀傑さんだ。堀さんは青年時代から何度も水俣に足を運び、土本さんの映画作りにも加わってこられた。その堀傑・伊見さん夫妻の呼びかけとお世話で、東京、横浜などから一五人余りの「ツアー」ができあがり、私もパートナーと一緒に、水俣を訪ねることが出来た。


水俣では、「ほっとはうす」の加藤たけ子さんたちが、能「不知火」奉納の準備に忙しい中、私たちをお世話してくださった。

「ほっとはうす」は、加藤さんらスタッフと胎児性水俣病患者の方々が、地域でともに集い、働きながら、水俣病を伝えていく「出会いと交流の場」として、さまざまな事業、活動を展開している。その加藤さんらの案内で、私たちは早速「水俣病の歴史と現在」を知るためのフィールドワークに出かけた。

最初に訪れたのは、明治時代に建造されたチッソ創成期の建物。今は使われていないそうだが、加藤さんは「水俣病の原点」として、このレンガ作りの建物を保存したいという。そのすぐそばに、「奉納する会」の事務所があった。緒方正人さんが真っ黒に日焼けした笑顔で、私たちを歓迎してくださった。

続いて、現在のチッソ水俣工場の諸施設が集中する梅戸町、汐見町一帯へ。最初に驚かされたのは、電話線のように道路をまたいで廻らされている工場のパイプだ。その下を人が歩き、車が走っている。我が物顔のパイプの下を潜りながら、こんなことが許されるのかと、チッソの「町の私物化」を実感した。

高台から見下ろした梅戸港がチッソの専用港だと聞いて、これにもチッソの「我が物顔」を感じた。付近にはタンクが並び、パイプが縦横に走っている。港の向こうは、夏の太陽にきらめく鏡のような不知火の海。その壮麗さに見とれながら、なぜこんな美しいところに化学工場を建設し、ましてや有機水銀の毒水を流すことができたのか、と思わずにはいられなかった。それをやったのは、人間だ。

その思いは、映画や写真で何度も見た「水俣病発生の原点」百間排水溝に着いて、いっそう強まった。有機水銀は、ここから不知火海に垂れ流され続けた。現在、膨大な水銀ヘドロが堆積した遊水地は埋め立てられ、排水溝の様子も当時とはずいぶん変わっている。

しかし、百間排水溝は、私たちの「豊かな社会」がいったい何を踏み台に、だれを犠牲にして形成されたのか、その取り返しのつかない罪を記憶に刻みつけるために、だれもが一度は訪ねてみるべき場所だ。すぐそばに立つ川本輝夫さんが建立された「水俣病一番札所」の碑、新潟水俣病の被害者たちから届けられたお地蔵さんが、そう語っている。

「加害の原点」を確かめたあと、私たちの車は「被害の原点」に向かった。月ノ浦、出月、坪段、湯堂、茂道……。「苦海浄土」で親しくなった地名、多くの漁民たちが「受難」にあえいだ海沿いの集落を、時折車から降り、加藤さんの説明に耳を傾けながら巡った。

もちろん、車でざっと回るだけで、何かがわかるわけではない。それにしても、この海辺の村の、何と静かで美しいことか。道沿いの至る所が、「苦海浄土」に描かれたすさまじい修羅の場であったとは、とうてい思えない。

だが、途中で、加藤さんの知り合いの水俣病患者さんたちに何人も出会った。そう、確かにここは「受難の爆心地」なのだ。

車椅子で家のすぐ前の海辺に出、友だちと語らう胎児性水俣病の患者さんも見かけた。中には、土本さんの映画で見た記憶のある方も。加藤さんが私たちを紹介してくださり、短時間だが、思いがけない交流の時をもてた。

再びチッソの工場が並ぶ埋立地に戻り、親水護岸に着いたころ、不知火の海と空は夕焼けに染まり始めていた。ただ、荘厳としか言いようのない落日の海。思わず息をのんだ。

埋立地にたたずむたくさんの野仏たちに合掌した。護岸にひたひた打ち寄せる海水は、予想を裏切って透きとおっていた。土本監督の「みなまた日記」で、貝を手に「海は生き返った」と語った漁師の姿を思い出した。

迫り来る台風で、翌日の上演は屋内会場になるかもしれない。そう思って、すでに準備の整った能舞台の周辺を歩きながら、刻々変化する不知火海の夕景を心に刻みつけた。思いがけず、石牟礼さんが見えていた。舞台の真ん前でテレビのインタビューに応じられる姿に、これは何としてもこの舞台で「不知火」を、と願わずにいられなかった。台風一六号よ、どうか、あと一日待ってくれ。

翌二八日、いよいよ能「不知火」奉納の日。この日は、私の五五回目の誕生日でもあった。テレビで台風情報を確かめる。当初の予想以上に足踏みしている。何とかもってほしい。

午前中、水俣病センター相思社、水俣病歴史考証館を訪ねた。「不知火海―豊かな海と暮らし」「水俣病―チッソの犯罪」「闘い―被害者の道のり」「現在―私たちの課題」。四つのテーマに沿って展示された膨大な資料。前日歩いた場所を、歴史の時間軸にそって、もう一度頭の中で整理することが出来た。

強く心に残ったのは、ようやく水俣病が公害病と認定された後、被害者たちをさらに苦しめた「ニセ患者キャンペーン」の記録、「チッソあっての水俣」と考える水俣市民が被害者を攻撃した「ビラ合戦」の資料だ。

自然を破壊し、人間を破壊し、暮らしを破壊した水俣病は、地域共同体、人々のつながり、そして人らしい心も根底から破壊した。

しかし、水俣の人々は今、そこから立ち上がり、「回生」の道を歩み出しているという。それを象徴するのが、能「不知火」奉納だ。かつて激しく対立した人たちが、「鎮魂」の舞台作りに力を合わせ、努力を重ねてきた。

午後、「ほっとはうす」が、能「不知火」奉納に合わせて企画した講演会「今からの50年に託す希望・未来・水俣」に参加し、「生まれ変わろうとする水俣」をさらに強く感じた。

「ほっとはうす」理事長でもある語り部・杉本栄子さん、水俣再生に取り組んできた元水俣市長・吉井正澄さん、チッソに加担する「東大」に抗って水俣病を研究・告発し続けた宇井純さん。どなたの話も、深々と心にしみた。とりわけ、杉本さんの次のような言葉。

《生きておれば、語り合うことができる。たくさんの人が亡くなった。「世の中からは捨てられたが、自分たちが変わっていかねば」と父に教えられた。「今は時化だけれど、必ず凪が来る。自分の生命ば大切にせんと、他の生命も大切に出来ん。人を好きにならねば」と。たくさんの闘い、争いがあった。父の言葉を守り続けてやってきた。今も漁師を続けている。そうして、自分は生かされてきたと気づいた。「ほっとはうす」には今、胎児性の子たちが集まって働いている。この子たちは、私の子どもたち、水俣の宝子たち。私は水俣が好き。明るく死んでゆけるよう、水俣を語り続けるのが私の仕事。皆さん、どうか水俣を気にかけておいてくだまっせ》

宇井さんは「弱い者がないがしろにされる日本の社会、その象徴が水俣だった。二度と繰り返してはならない。しかし、今それがアジア各地で繰り返されている。水俣の経験をアジアに伝えていかなければ」と語られた。

吉井さんは「水俣病は城下町の城主が起こした事件。しかし、対立は、企業と患者の間だけでなく、市民と患者、患者同士の間にも広がった。九〇年代、水俣市民は問題と正面から向き合い、新しい街づくりに動き始めた。救済は金銭補償で終わるものではない。加害者がそれで免罪されるものでもない。水俣病で崩れた人間の内面と社会の再構築、異なるものが異なるままで多様に生きていける地域社会を築く努力が重ねられた。それによって水俣は大きく変わってきた」と話された。

三人のお話をうかがいながら、私は緒方正人さんが繰り返し言っておられる「加害責任から課題責任へ」「課題責任の共有」という言葉を思い出した。五月に開かれた新作能「不知火」ワークショップで、緒方さんは、「もし自分もチッソの中にいたら同じことをしておったんじゃないか」「私たちは多分にチッソ的な文明の中にもうどっぷり浸かっている」として、「課題責任」という考え方を提示された。

私は、緒方さんの言葉に重ねて、自分が読売新聞記者として報道という仕事に携わってきた三〇年間のことを考えてみた。

マスメディアは、誤報を垂れ流し、犯人視報道で人々を傷つけながら、決して報道被害者に謝罪しようとしない。それはまさに「水俣病」の構造であり、「チッソ的」現実だ。新聞社の一員、記者である私は、報道被害者に対しては加害者でしかない。その一方、私は報道被害者の訴えに触れ、八〇年代半ばから、報道被害救済と報道加害システムの解体・メディアの変革をめざす「人権と報道・連絡会」の活動に関わってきた。もちろん、それによって加害責任を免れるわけではない。

しかし、緒方さんが言われた「会社と患者という意味では加害―被害という関係を変えられないが、一人一人の人間という関係においては、課題責任を共有していくことができる」との言葉は、新聞記者であり、かつ人権と報道・連絡会世話人として活動してきたこの二〇年の私のありようを、うまく言い表してくれているように思う。

課題を共有し、その解決に向かって応答していく。それが責任をとるということであり、「課題共有責任」だ。その考え方は、「加害責任と贖罪意識」に苛まれがちな「記者の闘い」を、被害者と同じ〈一人の人間〉の地平に引き上げてくれるかもしれない。

今、水俣の人々が取り組んでいるのは、そういう「課題共有責任」への集団的応答作業なのだろう。それを日本全体に広げていくことが、水俣の訴えなのだろう。

ただ、イラク戦争に加担し、有事法制から憲法九条廃棄に進みつつある日本の政治・社会状況は、まだ「加害責任の追及」さえろくになされないレベルにある。

不況、リストラ、失業、就職難の中で、多くの人が「課題」に目を向けることを避けているように思われる。日本の社会は、水俣からまだほとんど何も学んでいない。


講演会は、「ほっとはうす」の「水俣病を伝えるプログラム」に移り、加藤たけ子さんの司会で、胎児性水俣病患者が一人一人、自分の体験や活動を参加者に語りかけた。金子雄二さん、松永幸一郎さん、永本賢二さん……。

「私は、ずっと何か仕事がしたかった」「いま、『ほっとはうす』で、水俣病を伝える仕事ができてうれしいです」

最後に全員による「海」という歌の合唱。「胎児性」の一人である加賀田清子さんの歌声が、とりわけ大きく会場に響いた。

《海はきれいだ　とてもきれいだ　海はひろいな　どこまでも続いてる／海は心をなごませてくれる　海は勇気をあたえてくれる／海は生命を生み育ててきた　海は私たちの大切なたからもの》――にこやかに歌う彼女の歌声に、前日初めて見た水俣の海、不知火海のたとえようのない美しさが蘇った。


台風一六号は、水俣の人々や私たちの願いを聞き入れ、奇跡的にしばし待ってくれた。

そうして、いよいよ能「不知火」の奉納が始まった。そのあらすじは、こうだ。


父である竜神の命で、人間によって汚染されつくした不知火海の毒を浄化してきた海霊の宮の斎女「不知火」とその弟「常若」。だが常若は、すでに毒を身に受けて天に上り、不知火の命も今まさに尽きようとしている。

不知火は、今や瘴気《しょうき》の沼と化した海底のありさまを嘆き、狂乱する。

「かくなる上は……悪液となりし海流に地上のものらを引きこみ、雲仙のかたはらの渦の底より煮立てて、妖霊どもを道づれに、わが身もろとも命の水脈ことごとく枯渇させ、生類の世再度なきやう、海底の業火とならん」

そこに菩薩が姿を現し、不知火と常若を恋路が浜に呼び出した意図を告げる。不知火のかかげる灯りで「生類のかくなり来たる行く末をば、心恋しきものらに読みとらせよとの天の宣旨なればなり」と。

菩薩の焚く反魂香に導かれて、上天した常若が現れ、姉弟が再会する。菩薩は二人を来世で「妹背の間」に成すことを約束する。そうして祝婚の舞が始まり、中国古代の怪神が現れて石を打ち鳴らしながら舞う。その楽の音に、かつて浜で惨死していった猫や生類たちも舞いだす。「いざや橘香る夜なるぞ。胡蝶となって華やかに、舞ひのぼれ。舞ひのぼれ」

その中を、不知火と常若が、「回生の勤行」にとりかからんと、海底に消えていく。

物語の流れは、あらかじめ「奉納する会」の資料で頭に入れていた。謡《うたい》が聞き取れるかどうかが心配だったが、杞憂だった。

舞、謡、囃子《はやし》によって進んでいく物語は、言葉を超えて私の中に入り込んできた。不知火を演じる梅若六郎さんの妖気をはらみ鬼気迫る謡と舞が、いつの間にか、私を不知火たちの舞う「恋路が浜」に立たせてくれた。

それもそのはず、私はまさに恋路島を前にした不知火の海辺、これ以上ない舞台での上演に立ち会う幸運に浴していたのだから。

奉納が終わり、しばらくして、精霊を祀った舟が舞台の前の護岸から海に放たれた。能「不知火」のクライマックスの再現。水俣で惨死したあらゆる生類の魂を鎮めようと、舟はゆっくり恋路島に向かって進んでいった。

能「不知火」は、その舞台においても、舞台を創り出した人々の営みにおいても、見事に〈水俣のいま〉を映し出したのだと思った。

水俣病に奪われたあらゆる生命への鎮魂、苦難と闘いの果てに、恨みを超え、傷ついた人々の回生と和解を希う切なる祈り。

能「不知火」はまた、観客席で舞台を観る〈私たち〉に「あなたたちはどうする」と問いかけてきた。それにどう応答するか。〈私たち〉のこれからが問われている。

追記

この文章を記した後、〇六年一一月に宇井純さん、〇八年二月に杉本栄子さん、六月に土本典昭さんが亡くなられた。私に「ミナマタ」を教えてくださった三人のご逝去を心から悼み、ご冥福を祈ります。

敗戦六〇年、翼賛化するメディア

——天皇・新聞の戦争責任と「改憲」報道を考える

（初出＝季刊「社会評論」二〇〇五年秋）

戦争を部数拡大の道具にしてきた新聞

戦前のメディアを論ずるとき、次のような意見によく出会う。戦前のメディアは法律で言論の自由を奪われて何も言えなかったと。それだけ聞けば、当たり前のように聞こえる。

しかし、言論人、報道に携わる人間が、法律で規制されたから何も言えなかったと言うこと自身、許されないことだ。何も言えなければ黙っていればいい。しかし黙っていなかった。それどころか、ものすごい戦争の煽り方をした。

問題の原点は、新聞が戦争の度に部数を伸ばしてきたことにあった。たとえば「爆弾三勇士」などのキャンペーンで大新聞が競って歌詞を募集するなどして戦争を煽り、戦争を部数拡大の道具にしてきた、そういう歴史を直視しなければいけない。

日本の新聞の戦争報道は、いわゆる「台湾征伐」(一八七四年)――無茶苦茶な言葉だが――から始まった。『毎日新聞』の前身『東京日日新聞』が初めて従軍記者を派遣し、一挙に部数を三倍くらいに増やした。独占報道だったから売れに売れた。次に西南戦争(一八七七年)では、各紙が従軍報道を始め、みんなが競ってその新聞を読んだ。戦争は売れる新聞を作るという前例が明治の初期に作られた。日清戦争(一八九四年)になると、ほとんどの新聞社が従軍記者を派遣した。派遣された記者が何をやるかというと、戦意高揚だ。「清国討つべし」という言葉がいろいろな記事に出て、当時、合言葉になった。国木田独歩のような高名な文学者も従軍記者として派遣され、戦意高揚一色の報道をやった。記事の中身は、ほとんどが軍国美談であり、それで戦争賛美報道の原型が作られた。

日露戦争(一九〇四年)になると、新聞社間の報道合戦が起こる。どこが一番詳しく戦況を伝えるかという報道競争だ。『読売新聞』のデータベースを作っていたとき、当時の新聞を毎日のように読んでいて本当に興味深かった。どういうスタンスで記事を書いているかが非常に良く分かった。号外合戦も行われ、『毎日』はこの一年間に四九八回、つまり一日に一・五回の割合で号外を出し続けた。それから通信の近代化もある。日露戦争を煽っていく過程では、「三国干渉」「臥薪嘗胆」などのキャンペーンも新聞が競ってやった。ナショナリズムを煽って戦意高揚を図ったわけだ。日露戦争では、『朝日』と『毎日』が部数を倍増させた。

そして、日中戦争(一九三七年)が始まると、ものすごい報道になる。きっかけは、いわゆる「満州事変」(一九三一年)報道だ。どの新聞を見ても出てくるのが「暴戻支那《ボウレイシナ》」

という言葉だ。「暴戻」とは、要するに「極悪非道イメージ」で、現代では、マスメディアが作るフセイン、金正日、ビンラディン像のようなイメージだ。それが中国に対して、何回も繰り返された。

満鉄爆破は、のちに日本軍がやったことがはっきりした事件だが、当時の『東京朝日』は、《暴戻なる支那兵が満鉄を爆破し、我が守備兵を襲撃したので、我が守備隊は時を移さずこれに応戦》(九月一九日)と書いた。『東京日日』は、《悪鬼の如き支那暴兵!》(一〇月一五日)と。

『読売』は、このときから夕刊を発行した。『読売』の部数は、「満州事変」の四年前の一九二七年に一二万部だったのが一九三七年には八五万部になり、その数七倍だ。戦争報道がいかに儲かるかを示している。盧溝橋事件も、「南京陥落」も同じ報道で、「南京陥落」については、後に何人かの記者が、「ものすごい悪臭・死臭が一体にたちこめていた」と述懐している。記者たちは虐殺の現場を目撃していた。しかし、それは一切伝えず、《祝・敵首都南京陥落、歴史に刻む大捷、南京城門に日章旗》(『東京朝日』一二月一一日)などと書いた。当時の記事をいくつか読んだが、《この歴史的日章旗に記者は涙を禁じえなかった》という美文調の記事が多い。これが敗戦まで延々と続いた。

戦争で儲かる新聞のあり方を見てくると、メディアは報道商品を売る企業だと捉える必要がある。そのうえで、どうジャーナリズムとしての姿勢を貫くのかと問いを立てなければ、単に権力に負けたとか、報道の自由がなかったから、という言い逃れになってしまう。これは現在も続いている大きな課題だと思う。

メディアの戦争責任

ではなぜこんなふうになってきたのか。いま体制翼賛化している大手メディアのありよう、その原因について、私はこう考えている。

戦争の最高責任者・天皇の責任を問わない。だから新聞も戦争責任を問わないですませる。日本のメディアは敗戦後、そういう出発をした。第二次世界大戦の枢軸国、イタリア、ドイツを見ると、戦争当時に発行されていた新聞はすべて廃刊になっている。フランスでも、ドイツの占領後、占領に協力した新聞は廃刊になった。それが日本では全部生き延びた。ここに決定的な違いがある。国旗も同じだ。ドイツ、イタリアでは戦後、国旗が作り変えられた。日本だけは、「日の丸」がそのまま生きている。新聞と「日の丸」、共通するものがある、と思う。

今回、戦後六〇年ということで改めて『朝日』の一九四五年八月一五日付の一面を見た。朝刊に敗戦のことが出ている。一五日の朝に配られたのではない。いわゆる「玉音放送」が行われた正午を過ぎて、もう出してもいいよということで、予定記事で配られたものだ。その記事の基本が全部、「大君に謝る」という論調で作られている。『朝日』の一面の見出しは、《戦争終結の大詔渙発さる》《新爆弾の惨害に大御心／帝国、四国宣言を受諾／畏し、万世の為太平を開く》。「四国宣言」とはポツダム宣言のことだ。これが八月一五日の『朝日』だ。記事は何が言いたいのか。「原爆の惨害に対して、天皇陛下が大御心からポツダム宣言受諾を決断されました。万世のために太平を開く、非常に畏れ多いことでありますよ」ということだ。

二面には、皇居の前で額づいている人びとの姿を描いた記事があるが、これも予定稿。正午過ぎに、そんなにすぐ皇居で人々が額づくはずがない。でたらめな予定稿だ。この文章のなかに、「大君に不忠をお詫び申し上げる民草の姿」とある。そして、「聖城を暗き世の御光と仰ぎ、進むことこそ我々一億唯一の道ぞ」と書いている。この八月一五日の路線が、あれは誤りでしたと、あとで訂正されればまだいいが、ずっと訂正されていない。そこに、戦後報道の大きな問題がある。

ただし、一九四五年から四六年にかけての一時期、各新聞社内での民主化闘争とか、労働運動の展開を通じて、新聞は戦争責任をどう取るかと問いかける取り組みはあった。特に読売争議。一時期、『読売』は『赤旗』よりも反権力闘争のことがよく分かるといわれ、社説で「人民の機関紙」と宣言した時期があった。そんな時期もあったが、結果的には民主化闘争はほとんど全部挫折していった。その挫折過程と、GHQの方針が「民主化の推進」から対ソ冷戦に変わって行く時期が重なっている。

一九四九年の中国革命、五〇年の朝鮮戦争へ、という時期には「逆コース」という言葉が流行した。当時の『読売』の連載記事タイトルが「逆コース」で、ここから「逆コース」という言葉が広まったのだが、当時の紙面を見ていくと、その時々の時代の雰囲気がよく分かる。ああ、こんなふうに簡単に崩れていったのだと。

『読売』の場合、正力松太郎社長を戦犯として社内で追及するといった動きもありながら、わずか数年のうちに民主化闘争が潰れていった。その大きな原因に、記者たち自身が戦争責任を取らなかったということがあると思う。編集幹部だけの責任ではなく、戦争を煽る記事を書いた記者一人一人の責任。少なくとも黙ってしまえばよかったものを、いろんな嘘をいっぱい書いた。その責任を日本の新聞労働者は、戦後の出発点で取ろうとしなかった。

それだけではなく、いわゆる天皇の「聖断神話」の問題がある。広島・長崎に原爆の被害を与えたのは天皇だと、僕は思っている。「国体護持」に固執しなければ、沖縄戦も、硫黄島の「玉砕」もなかった。八月に入ってからの大阪大空襲もない。すべて天皇が「国体護持」のために降伏を引き延ばした結果起きた大惨事だ。それなのに「天皇が心を痛めて聖断を下し、戦争を終わらせた」というキャンペーンを、新聞がやった。その点も含めて、メディアの戦争責任をどう考えるかを、もう一度考え直さなければいけないと思う。

一つの基準で考える

戦後のメディアのありかたについて、〇五年一月、『週刊金曜日』に「民衆の側に立ち権力と対峙する〈報道の原点へ〉」というちょっと長めの記事を書いた(本書四七頁参照)。それを読んでいただければ戦後のメディアの流れを天皇制の問題も含めて、ざっと概観していただけると思う。

日本のメディアは戦争責任、天皇制の問題を抱えつつも、たとえばベトナム戦争報道——私はまだ高校生だったが——などでジャーナリズムの機能を発揮した。『毎日』外信部長の大森実記者の記事やTBSの田英夫さんの「ハノイ報告」など、「この戦争はたいへんなことだ、自分も何かしなきゃ」と思わせられるような報道があった。アメリカの「北爆」下でベトナムの人々がいかに苦しんでいるか、がリアルに伝えられた。そんな報道がある時期あって、問題点を抱えつつもジャーナリズム的な機能を果たしていた。

それが大きく変質してきたのが、九〇年代半ば。『読売』は九四年に「憲法改正試案」を発表する。この頃から『読売』社内ではものを言えなくなる状況が生まれてきた。記事にものすごい規制がかかるようになった。デスクたちが経営陣・幹部の意を先取りして自主的に検閲し、問題提起的な記事を表に出さない。こうした動きが、その後メディア全体に広がり、強まっていく。その大きなきっかけになったのが、九五年のオウム報道だ。

オウム報道のとき、ものすごく危険なことが進んでいると感じていた。起訴もできない形式犯や微罪で不当な別件逮捕が繰り返される。たとえばビラまきで集合住宅にビラを入れたオウム教団の人たちが「住居侵入」容疑で逮捕される。その無茶苦茶な逮捕をメディアは、まるで当然のことであるかのように記事にするが、問題にはしない。

「取り返しのつかない暴力を振るった組織に対しては、国家権力による強力な規制が必要で、そのために少々行き過ぎがあってもいいんだ」という考え方が、オウム報道のなかで作られた。さらにそれが進んで、自分たちとは違う人たち、違和感を覚える人たちを地域社会から排除し、住民登録もさせない、学校にも来させない、それらが当然のこととされていく社会が作られた。この人権軽視社会を作る口実にされたのがオウム事件だった。

権力やメディアが、自分たちとは違う「異分子」を意図的に作り、それを社会から排除していく。異分子を排除するための不当な権力行使を、市民がみんな受け入れていく社会。そこでは「安全」が非常に強力なキーワードになった。「社会の安全」のために、国家権力に自分たちの「安全」を守ってもらうという発想が広がった。市民社会の問題としてオウム問題を自分たちで解決していこう、議論してこういうふうにしようというのではなくて、権力に守ってもらおうという発想だ。そうして「安全」のためには何をしてもいいという発想の延長に、「テロとの戦い」のためには何をしてもいいというような、現在の状況に繋がっていく社会基盤が作られた。

その後、オウム問題がきっかけになって盗聴法も作られ、団体規制法も作られた。いわゆる九九年国会だ。日米安保の地域制限を取り払った周辺事態法、「日の丸・君が代」強制をもたらす「国旗国歌法」、いわゆる国民総背番号制やプライバシー国家管理社会をもたらす「住民基本台帳法」改悪など、戦後、重要な論争・争点になってきた問題のある法案をこの国会で全部通してしまった。オウム報道で、不当な権力行使や人権侵害について「安全のためにはそれもやむをえない」という論調でやってきたメディアは、この九九年国会で、あらゆる法案について、きちんと問題点を指摘できない状態に陥ってしまった。

そして二〇〇一年の「九・一一」と二〇〇二年の「九・一七」後の翼賛報道事態が起こる。「九・一一」報道で、とりわけ私がショックを受けたのは、ブッシュのアフガン空爆について『朝日』一〇月八日付社説が、《空爆、限定ならやむを得ない》と言って支持してしまったことだ。どんなことがあろうと、戦争に対して、あるいは一方的武力攻撃に対しては、まず疑問を持たなければいけない、という歯止めがなくなってしまった。ブッシュの論理がそのまま受け入れられてしまっている。そんな主張が『朝日』に出てしまえば、これはもう政府にとって大安心だ。『朝日』とＮＨＫと『共同通信』を支配すれば、日本の世論は完全に支配できる。この構造のなかで、先の一〇月八日付『朝日』社説は決定的な役割を果たしたと思う。

さらに翌年「九・一七」の日朝交渉以降は、オウム報道と同じ仕組みの攻撃が、今度は朝鮮民主主義人民共和国（以下、朝鮮）に対して仕掛けられた。いわば「国際的な異分子」を排除する、そのためには何をしてもいい、と。在日朝鮮人も、彼らは拉致には何の関係もないのに、同じ「異分子」と見なして攻撃していく、こういう雰囲気が「九・一七」後の報道で作られていった。

「九・一七」以後の報道は、「拉致問題」を通じてメディアの「異分子」攻撃が日本の「外部」である朝鮮に向けられ、日本のナショナリズムを大きく煽っていく役割を果たした。当時、「在日」も含めた学生と話したりしながら感じたことだが、いままでの日本社会は在日の人たち、あるいは韓国・朝鮮の人たちに対して、どこかで加害者意識に近いものはあった。しかし拉致問題が出てから、そのあたりは一切払拭されて、日本は「晴れて」被害者になり、被害者になれば安心して何でも言えるという感じの考え方が作られた。

私たちは何かものを考えるとき、二重基準があってはいけない、一つの基準を同じように当てはめていくことが大事だ、と思う。拉致問題を批判する、その批判の視点を自分たちに向けたらどうなるか、そういう一つの基準を自分たちにも当てはめていかなければきちんとした批判はできない。拉致問題での朝鮮批判のとき、拉致は国家テロだとか、いろんな批判があった。その批判のほとんどは正しい。では、その批判を同じ基準で自分に当てはめたらどうなるか。

戦時中に日本がやったことについて、日本はいまだに朝鮮民主主義人民共和国の人たち、その国と住民に対して何の責任もとっていないし、何の賠償もしていないという事実がある。それを問う視点なしに、朝鮮に対する一方的な批判はできないはずなのに、そこに二重基準を作って、日本人全体が被害者ヅラをする。あとは拉致のことを言えば何でも済んでしまう。ひたすらナショナリズムを作り出していく。拉致問題が起きなければ、有事法制は絶対にできなかっただろうと思う。ソ連を「仮想敵国」にしてもできなかった有事法制を、おそらく空軍が機能しない、石油が無いから飛行機が飛ばせず訓練もできない、テポドン・核兵器というけれども実験もしたことがない朝鮮（〇五年当時）の〝幻の脅威〟を必死に煽り立てることによって、日本のマスメディアは「有事法制」を作ってしまった。これは、ほとんど戦時中の中国に対する「暴戻支那」報道の再現というレベルまで来ていると思う。

その後、イラク戦争でも、人質にされた人たちを「異分子」扱いする「自己責任」論がばらまかれた。そもそも、武装勢力の人質となった彼らは何のためにイラクに行ったのかということを伝えるべきジャーナリズムが、「自己責任」論という形で彼らをバッシングしていく側に回ってしまった。権力の意思を先取りしたような報道だ。「自己責任」論も『読売』が一番先に始めて、そのあと外務省の事務次官がそれに乗っかるという形で広がっていった。

いまはこのようにメディアが積極的に権力の意思を先取りしている状態だ。『読売』、『産経』、『日経』、それに『毎日』がもう半分乗っかっている。最近の論評を見ていると、イラク戦争でもそうだし、天皇報道でもそう。『朝日』のなかでも、日朝報道をめぐって社内的には反権力的とされる記者たちが、どんどん隅に追いこめられていっている状況だ。いまメディア状況は非常に恐ろしいところまできていると思う。

「とてもいい人たち」が「とてもひどい新聞」を作る

それでは何の希望もないのかと思うかも知れないが、メディアに対する市民の批判の目が高まっていること、これが一つの希望の芽だ。例えば報道による人権侵害の問題。私は、一九八五年に発足した「人権と報道・連絡会」世話人として、報道による人権侵害を受けた人たちを支援し、報道のあり方を変えていく市民ネットワークの運動を続けてきた。当時は報道被害といっても何のことかみんな分からなかったが、いまは報道被害というだけで、みんなに分かる。それだけメディアに対する市民の批判が高まっている。こうしたことも、これからメディアを変えていく基礎となる。

メディア内部の記者たちの問題だが、一九七三年に読売新聞社に入ったとき、同期の記者は、たまたま少なくて一八人しかいなかった。入社当時、ほぼ全員が大学時代にどこで何をやっていたか、それぞれ関連する党派の名前を言うような状況だった。「俺は一応黒ヘル（いわゆるノンセクト・ラジカル）やってたけど」みたいなことを含めて、全員が何らかの運動に絡んでいる面白い状況だった。それがいまや編集局各部の部長クラスになって、読売新聞社の中核を担っている。もとは反権力意識をもっていたのが、何でそうなっていくのだろうかと、彼らの意識変化をいぶかしく思うが、それを市場原理、資本の論理との関連から考えてみたい。

冒頭で述べたように、メディアが戦争の度に部数を拡大していく、そして部数拡大のために戦争を煽る。イラク戦争では読売新聞は、まさに戦争支持方針をはっきり打ち出した。会社の方針となると、記者はそれに従わなければばいけないと思ってしまう。最初は嫌々でも、いったん従いだすと、今度はその自己正当化の論理をどんどん広げていって、いつの間にか積極的に会社の方針を伝える側にまわる。たとえば、学生時代に全共闘運動をやっていたような記者が部長になって、イラク戦争を全面支持する署名入り原稿を書いたりする。だんだんそういう方向に、自分をメディア資本と一体化させていくようなところがあるのだろうと思う。そういうふうに記者を会社に一体化させていく力は、企業の中で徐々に人間を支配していく。それに抵抗すると、えらい目に遭うぞ、冷や飯食らうぞ、冷や飯どころか、退社に追い込まれるようなとんでもない目に遭うよという雰囲気も作られていく。

二年前に会社を辞めたとき、いろんな人たちが送別会をやってくれた。みんな、個人的にはとてもいい人たちだ。しかし、この「とてもいい人たち」が、ものすごくひどい新聞を作る、この構造を考えなければならない。

その構造は、小さな保身の積み重ねで作られる。ほんの小さなことでも、自分の考えを言わない、ここで喧嘩したらまずいかなと黙ってしまう、そうしていったん妥協したことがずるずるずるずる拡大していく。そんな形で、いつの間にか自分が権力の中枢にまで行ってしまう。しかも、彼らはみんな非常に頭が良い。言ってみればエリート層だ。そのエリート層の「いい人たち」が、結果的に悪いことをする、この仕組みのなかに資本の論理、あるいは「生活」という名で既得権化してしまったものを手放すのを怖がるような意識を、メディアの記者たちのなかに感じる。

その彼らが「いやあ、山口君、羨ましいな。お前は言いたいこと言って、やりたいことやって」と言う。「じゃあ、やればいいじゃない。そのためにジャーナリストになったんだろう」と言うと、彼らは「いやあ、俺には立場があるから」と言って逃げる。こういった意識を、もう一度根底から考え直さなければいけないと思う。

そういう点で大事なのが、メディアの労働運動だ。〇五年、新聞労連が一九四五年八月一六日付の新聞を作った。『しんけん平和新聞』――新聞労連の活動の柱の一つで、新聞研究だから新研――平仮名で「しんけん」と書いて、真剣に平和を考える。地方紙を中心にした若い記者たちがそんな新聞を作ろうと試みて、その第一号が出来た。

「戦争終結の大詔渙発さる」ではなく、アジア太平洋地域で二〇〇〇万人を殺し、「ポツダム宣言」を受諾した、と一面に掲げた新聞だ。沖縄も、広島・長崎も一体なぜこんなことになったのか、それを各地の記者たちが分担して記事にしている。そんな試みを記者たちがいま始めた。これは、すごいことだと思う。実際の新聞ではまだ、「しんけんとかそんな平和新聞」のようには書けないけれど、なんとかそんな記事を書きたいという若い記者たちに、これからのメディアへの大きな希望を感じる。結局、最後には「市場原理に対する人間の果てなき闘い」というところに突き当たる。ここを、もっともっと突き詰めて考えていきたいと思う。

（本稿は、二〇〇五年八月七日に行われたＨＯＷＳ〔本郷文化フォーラム・ワーカーズスクール〕の講座「改憲阻止の理論的根拠を学びとろう」全四回シリーズの第二回目〔ＨＯＷＳ夏季セミナー〕の報告の後半部分に一部加筆したもの）

安倍政権の危険な体質を露呈させた対ＮＨＫ「放送命令」

（初出＝二〇〇六年一一月反天皇制運動連絡会「ＤＡＮＣＥ」・「状況へ」欄）

菅義偉《すがよしひで》、総務大臣、五八歳。秋田から集団就職で上京、苦学して国会議員秘書から横浜市議の道を歩み、衆議院議員に当選して四期目、ようやくつかんだ「大臣」の座だ。何か「権力」を振るって見たいと思ったのか、自分を大臣に引き立てた安倍晋三に「忠勤」を励んだのか。それともただ単に「目立ちたい」だけだったのか。

　菅総務相は一〇月二四日、NHK短波ラジオ国際放送で「拉致問題」を重点的に取り上げるよう「放送命令」を出したい、と表明した。諮問を受けた電波監理審議会は一一月八日、わずか一時間の「審議」で、「放送命令」を適当とする答申を出した。

　この問題は、同じ時期に表面化した「タウンミーティングやらせ質問」、「高校の必修科目未履修」問題、教育基本法「改正」などに比べ、さほど市民の関心を集めなかった。私も最初は、「安倍バカボン内閣の新米大臣が何をバカなことを」程度にしか感じなかった。

　だが、「安倍晋三&NHK」には、二〇〇一年の「日本軍性奴隷制を裁く女性国際戦犯法廷」をめぐる番組改ざん事件以来の腐れ縁がある。そう思い直し、資料を集めて考えてみた。そうして、この問題は単に「報道の自由」をめぐる権力乱用の域を超えて、安倍政権の危険な体質を示す兆候だ、と思い至った。以下、いくつかの論点から考えてみたい。

　第一に、放送法の問題。同法三三条と三五条には、確かに総務相がNHKに放送事項を指定して国際放送を命じることが出来、その費用は国が負担する、という規定がある。そんな規定があることを、私は今回初めて知ったが、その規定自体、放送法一条（放送の自由）、三条（番組編集の自由）という放送の根幹を成す原則と矛盾する。そして、もちろん言論・表現の自由を保障した憲法二一条違反だ。『朝日新聞』『毎日新聞』『東京新聞』が一一月九〜一一日付の社説で、この「命令放送規定」撤廃を主張したのは当然だろう。

　今回は「拉致問題」という個別の事項を指定したため問題化した。だが、実はこれまでも毎年、「時事」「国の重要な施策」「国際問題に関する政府の見解」の三点について「放送命令」が出されていた。それだって大きな問題だ。「国の施策」まさに「国策」を放送せよ、という命令を政府が出せるシステム。また、今年度の命令書の交付に際して、口頭で「テロ」「拉致」「自然災害」を重点的に扱ってほしいと総務省が「要請」していたことも知った。これもまた、放送に対する政府の直接介入であり、問題にされるべきことだ。

　ただ、今回の菅総務相による「命令」は、そうした従来の「抽象的な命令」や「個別の要請」の域を超える初めての「個別の命令」だった。その「新しいレベルの放送介入」が安倍内閣の下で行われたことは、何を意味するのか。それが第二の問題だ。

菅総務相は一一月一〇日付『神奈川新聞』で、次のように述べている。

「万景峰92の入港禁止や輸出輸入の送金を止める法案を議員立法でまとめる責任者として活動してきた。拉致問題に対する思い入れはほかの議員に比べて強い。政府に拉致問題対策本部ができ、総務相として法律の範囲内でできることは何でもやるべきだと考えた」

彼は、総務副大臣も経験しているが、「当時は放送命令の存在を知らなかった。総務相になってすぐ、できるものを出せと（事務方に）話したら出てきた」とも同紙で語っている。まさに「大臣の権力」を振るいたかった。そのために「事務方＝官僚」に、使えそうな「権力」がないか、探らせた。で、見つかったからさっそく行使したというわけだ。

片山虎之助・自民党参院幹事長が一一月一日、「安倍首相は金正日のおかげであれだけ人気が出て、（中略）足を向けて寝られない」と語った（二日付『読売新聞』）とおり、「拉致問題」は安倍政権の「生みの親」だ（核実験は、安倍政権発足に対する金正日の「祝砲」？）。

したがって、安倍政権はこの問題では何でもやる。菅は放送命令の諮問について安倍に報告したところ、「法律にあるなら当然のことだ。できることはすべてやってくれ」と言われたという（前出『神奈川』）。さらに菅は一〇日に発表した「大臣談話」で、拉致被害者家族会の横田滋代表と「救う会」の佐藤勝巳会長が、「命令放送を強く求めておられました」とも述べた。安倍内閣は「救う会の言いなり内閣」でもある。

第三の問題は、ＮＨＫ番組改ざん事件で圧力をかけた「日本の前途と歴史教育を考える若手議員の会」（〇四年から「若手」を削除）の連中が、安倍内閣の中枢を握っていることだ。彼らは、事前に放送の番組内容を知り、番組制作に介入する行為を、検閲すなわち「違憲」行為などとは思わない、危険な「言論抑圧」体質を共有している。

元「若手議員の会」は、侵略戦争責任を問うことを「自虐」と攻撃する「新しい歴史教科書を作る会」の政治家部隊。そのメンバーが、安倍内閣には菅総務相、塩崎恭久官房長官も含め大臣で七人、副大臣に平沢勝栄ら七人が入っている。ほかに下村博文・官房副長官、党幹部では中川昭一・政調会長とくれば、番組改ざん圧力事件のオールスター登場だ。

その危険な体質をあらわにしたのが、教育基本法改悪法案の強行採決。第一六四国会では、財政再建や深刻な雇用・労働問題、「格差」対策など、急を要する懸案が山積みなのに、それらをそっちのけにし、教育基本法改悪法案や防衛庁の「省昇格」問題を最優先した。

「若手」の看板をはずし、権力の中枢を占拠した彼らが目指すのは、『ゴーマニズム宣言』の漫画家・小林よしのりと同じ「おじいちゃんは正しかった」侵略戦争肯定路線。「女性国際戦犯法廷」を取り上げたNHK番組を右翼と連携して攻撃したのは、まさに日本の「侵略戦争責任」を問い「天皇有罪」を宣告した「法廷」を、「おじいちゃん」に対する許し難い冒涜と思ったからだ。

安倍が「美しい国」作りのお手本として尊敬する「おじいちゃん」岸信介は、自身がA級戦犯容疑者だっただけではない。一九五八年、安保改定交渉の中で、岸は巣鴨の監獄仲間だったA級戦犯一〇人の「赦免」を米国に求め、実現させた。岸はまた、一九五四年に発足した自由党憲法調査会の会長として、「国軍の基礎を作り、これをもって建設に向かう」「第九条が改正されれば国民精神作興に役立つ」と公言した。

「おじいちゃん」が果たせなかった夢を受け継ぐ安倍は「首相在任中の改憲」を明言した。それにはまず「教育と報道」を思い通りにすることだ。安倍内閣＝「ヤベエ・シヌゾー内閣」という語呂合わせがある。私はもっとシンプルに「アブナイ閣」と呼びたい。

第四の問題は、NHKとマスメディアのありよう。電波監理審議会の答申について、NHKは、「今後とも自主自律を堅持し、自主的な編集を貫いて、正確で公平かつ公正な報道を行なっていきます。NHKは、報道機関として国際放送においても自主的に放送してきており、今回の答申においてもNHKの編集の自由が重要であるとの認識を示されたものと理解しています」とのコメントを発表した。

総務相の「放送命令」をどう考え、受けとめたのか、それを是認するのか、反対なのか、さっぱりわからない。コメントの中に「放送命令」の言葉すらない。答申のいったいどこに「NHKの編集の自由が重要であるとの認識」が示されているのか。番組改ざん問題で、安倍、中川らの「検閲」を受け入れ、「自主的な編集を貫いて」当初の番組内容をズタズタにした。それが「正確で公平・公正な報道」だったと、今も認識しているのだろう。

〇六年一一月一一日付『読売』社説に、NHKの「自主的な編集」ぶりを示す興味深い記述があった。

《今年1月から9月まで、国際放送で流れた約2000本の北朝鮮関連のニュースのうち、約700本は拉致関連だった》。

そうか、三分の一以上も流していたのか。「言われなくてもやっているのに」というNHK幹部のふてくされた顔が目に浮かぶ。

『読売』は、《「命令」ではなく、もっと穏当な方法があったのではないか》と、一応は「放送命令」を批判した。もっと穏当な方法？　それは、安部らが六年前、「公平公正な報道をしてもらいたい」とNHKに求めた方法のことか。もしかしたら、『読売』や他紙も「拉致問題」で、そんな「要請」を受けていた？　二〇〇二年九月「日朝首脳会談」以降の拉致一色報道は、そんなことを想像させる。いや、あれも「自主的な編集」に違いない。

一一月九日付『毎日』社説には、こんな主張もあった。

《報道機関は公権力を監視し、国民の知る権利に応えることが最大の使命である。そのNHKに、政府が放送内容を具体的に命じることにはそもそも無理があるのではないか。政府が放送を命じた政策について、NHKが批判的に報じることは極めて困難になり、報道機関の責務は果たせなくなる》

最近の『毎日』の報道を見ていると、顔が赤らむほどの「ご高説」だ。みんなもっと正直に、こう言えばよいのに——わざわざ命令なんかしなくても、NHKも大手紙も、公権力を監視したり、国民の知る権利に応えたり、政策を批判的に報じたり、なんて大それたことをするつもりは全然ありませんから。大丈夫ですよ、安心して、安倍さん……。

——私たちが今直面しているのは、こんな〈状況〉だ。それと真正面から対峙したい。

袴田事件にみる冤罪と事件報道

（初出＝二〇〇七年六月・月刊『自然と人間』袴田事件特集）

「袴田事件」とは

一九六六年六月三〇日午前一時三〇分ごろ、静岡県清水市で「こがね味噌」製造会社の専務・Hさん宅から出火、焼け跡からHさん（四一歳）、妻（三八歳）、長男（一四歳）、次女（一七歳）の一家四人の死体が発見された。静岡県警は、遺体に無数の刺し傷があったことから、殺人・放火事件として捜査を始めた。

事件発生四日後の七月四日、警察は「こがね味噌」住み込み従業員・袴田巖さん（元プロボクサー）の部屋から、肉眼では見えない程度の血痕が付いたパジャマを押収。パジャマに放火で使われたのと同種の油も付着していたとして八月一八日、袴田さんを逮捕した。袴田さんは容疑を否認したが、以後連日一二時間に及ぶ取調べで、二〇日後の九月六日、「犯行を自白」、検察は九月九日、袴田さんを強盗殺人、放火罪で起訴した。

同年一一月一五日の静岡地裁初公判以来、袴田さんは一貫して無実を訴えた。事件から約一年二カ月後の六七年八月三一日に工場の味噌タンクから血染めの着衣五点が発見されると、検察は「パジャマでの犯行」とする主張を変更。その他、いくつもの疑問があったが、静岡地裁は六八年九月一一日、袴田さんに死刑判決を言い渡した。

その後、七六年五月一八日、東京高裁が控訴を棄却、八〇年一一月一九日、最高裁が上告棄却し、死刑が確定した。袴田さんは八一年に再審請求したが、九四年八月、静岡地裁が再審請求を棄却、二〇〇四年八月、東京高裁が即時抗告棄却、〇八年三月二四日、最高裁第二小法廷が、袴田さんの再審請求を退ける決定を出した。

冤罪に加担する犯人視報道

一九七三年から三〇年間、読売新聞の記者をしてきた。八五年からは報道による人権侵害を防ぐためのネットワーク「人権と報道・連絡会」で活動を続けている。そこで感じてきたのは、事件報道が多くの問題点をかかえていることだ。

第一に、圧倒的に警察情報に依存した報道であること。新人記者のころから矛盾を感じていたが、事件記事は警察情報だけで書かれている。

第二に、犯人探しの特ダネ競争。報道競争の中で、必然的に警察から出てくる怪しい情報に飛びついてしまうことになる。

第三に、いったん逮捕されると犯人視・悪人視報道をすること。捜査に対する疑問の視点が全くなくなってしまう。

第四に、いざ裁判が始まると、取材・報道がおざなりになってしまうこと。裁判では初期の事件報道ではっきりしなかったさまざまな矛盾が出てくる。しかし、裁判で証拠の有無や真偽などが新たに明らかになっても、ほとんど報道されないのが実態だ。

こういう構造的な問題をはらんだ取材・報道が、事件報道の基本的なパターンになっている。今回改めて袴田事件に関する当時の新聞記事、裁判資料、袴田事件に関するいくつかの本を読んだが、警察の誤った見込み捜査とメディアの犯人視報道が一体となって作り上げた、典型的な冤罪事件だと思った。

犯行現場の状況

新聞記者時代、いくつか事件報道にかかわり、自分なりに心がけていたのは、現場の状況からその事件像を冷静に判断することだ。その視点に立って、袴田事件の現場状況が指し示す事実から事件を見ると、判断の分かれる問題がいくつもあることがわかる。

一つ目は、複数犯か単独犯かという問題。

被害者四人には防御創がない。犯人に抵抗すれば、手などあちこちに傷を負うが、被害者の傷は胸を中心に集中している。また、被害者宅から壁三〇センチほどを隔てて隣家があるが、その住人は格闘の音や悲鳴を聞いていない。つまり、被害者はほぼ制圧された状態で殺されている可能性がある。四人の制圧を一人でできるのか、という疑問が生じる。

小さなクリ小刀が凶器だとされているが、はたしてこれで四人を殺害することができるのかという問題もある。さらに被害者宅の応接室に、アイスクリームの容器が八個残されていたことは、複数の来客があったのではないか、との疑問を抱かせる。

二つ目は、内部の犯行か外部の犯行かという問題。

被害者宅玄関にシャッターとガラス戸があるが、多くの新聞が「シャッターは施錠されていた」と報じていた。これは、「内部事情をよく知る犯人が屋根伝いに被害者宅の中庭に侵入し、裏木戸から出た」という警察のストーリーに基づいたものと思われる。しかし、実は消火活動でシャッターを開けた人がいて、その人の話では内側のガラス戸も開いていたという報道もいくつかあった。その一方、裏木戸は鉄板で補強された頑丈なものでカンヌキがかかっていた。素直に現場をみると、シャッターを上げて表から入り、表から出てシャッターを下ろしたと考えるのが普通だ。これなら外部の人にも十分犯行可能になる。

三つ目は、犯行時間帯の問題。

確定判決では、午前一時半の直前に殺害されたという想定になっている。しかし、被害者四人の格好を見るとパジャマではなく、ほぼふだん着ている衣服で、事件発生時、まだ起きていたのではないかと思われる。両親は腕時計をはめていたし、娘さんは上着とブラジャーを着けていた。息子さんの場合はワイシャツのポケットにシャープペンシルまで入れていた。つまり着衣からみると、時間的にはもっと早いことを示している。父親の胃には果物のかけらが残っていた。そうすると殺害の時間はさらに早い可能性がある。この問題には、袴田さんのアリバイが絡んでいる。

四つ目が、犯行動機。

盗みに入って見つかったから殺した、と確定判決は言っているが、四人の被害者はそういう「居直り強盗」のレベルを越えて惨殺されている。一人につき最も多い被害者で一五カ所、少なくとも七カ所を刺されており、きわめて残忍な殺し方といえる。それから、一軒の家にこれだけあるかというくらいあった現金、宝石、郵便貯金がほとんど手をつけられないまま残されていたこと。現場状況は、物取りよりは怨恨を示している。

現場の状況から考えると、少なくともこれくらいの疑問をクリアしないと袴田さんの単独犯行とは言えない。それをチェックするのが新聞記者の仕事だ。むろん警察も、幅広い視野から捜査して、現場から出てくる物証、目撃情報を集めるのが本筋だ。ところが、この事件ではある時点から、現場の状況・証拠がまったく無視されてしまうことになった。

犯人視報道の始まり

その時点とは、袴田さんの事情聴取と家宅捜索のあった七月四日。ここで捜査方針がほぼ固まったように見える。しかし、事件が起きた六月三〇日から捜査方針が固まる七月四日までの報道には、犯人袴田説に縛られない基礎的な事実もある程度うかがえる。

たとえばシャッター問題。『読売新聞』の記事は、現場検証でシャッターの鍵はかかっていなかった、とはっきり書いている。

それから、初期報道には複数犯・怨恨説が多く見られる。七月一日の『静岡新聞』には署長談話として「猟奇的なものであると思われる。それほどひどく刺されている」とある。『中日新聞』は《怨恨、性格異常者?》と。三日の『読売』は、犯人は二人以上で襲いかかったという見方だ。『朝日新聞』も同じ。七月三日まではこういう複数犯・怨恨説が報道の中心だった。

小刀の発見をめぐる報道も興味深い。『静岡』の七月一日付記事は《二女の遺体近くから刃物のサヤ》、二日には《雨合羽から1メートル足らずの中庭で短刀のさや》、四日になると《三日の検証で小刀発見》とあるが、だんだんどこで発見したのかあいまいになる。『朝日』は六月三〇日の夕刊初報で《中庭から凶器と見られる短刀のサヤ》が出たと報じた。

ところが、のちに出てくる警察の実況見分調書では、六月三〇日に「雨合羽の右ポケットに木のサヤのようなもの」となっている。つまり、「従業員用の雨合羽の中に凶器のサヤがあった」として、内部犯行の有力な根拠とされていくわけだ。

それまでの報道が一変するのが七月四日以降。警察は、袴田さんの部屋を家宅捜索して血痕らしきもののついたパジャマを押収する。血痕かどうかわからないくらい微量なのに、警察はこれをメディアにリークし、「血染めのシャツを発見」という報道がされる。

ここからは『毎日新聞』の独壇場になる。四日の夕刊から大々的な報道を始めるが、その内容は驚くばかりだ。《従業員H浮かぶ》《血染めのシャツを発見》という記事には、《右手に切り傷》《金に困って》《アリバイがない》といういかにも犯人らしい言葉が躍る。捜査本部でもまだ固まっていない情報が断定的に出されていて、他の新聞とは全然トーンが違う。この時期は、まだ『読売』や『朝日』は抑制的な報道を続けていた。

この『毎日』記事は「元プロボクサー」と、袴田さんが特定される情報も書いている。動機らしきものとして《営業不振でバーをやめた》《離婚した》と、そういうことまで書いた。この事件では、「プロボクサー崩れ」という偏見が一つのポイントになった。「女性関係が派手で借金をしていた」「乱暴だ」。そういうイメージとプロボクサーとを結びつけて犯人像を描き出す役割を、『毎日』の記事が果たした。

たぶん、『毎日』は県警本部捜査一課強行班の中心的なメンバーをつかんでいたのだと思う。特定の捜査幹部が捜査情報を『毎日』にリークし、『毎日』に引きずられるように各紙が追いかける構図ができあがったのだろう。捜査本部では、袴田犯人説に傾きつつも、まだ対立があったであろう段階で、有力容疑者という報道が大々的にされることになった。

作られる悪人のイメージ

八月一八日の逮捕以降は、各紙とも完全に袴田さんを犯人と決めつける報道になった。やはり『毎日』が典型で、《不敵なうす笑い》《心の動揺を抑えようとする焦りが強くにじんでいた》などと書いている。《袴田は人間ではない、まるで鬼だ》《近所の主婦もホッとした》《悪い奴が連れて行かれて地区は明るくなった》という住民の声も載っている。

『朝日』もこのころには《身を持ち崩した元ボクサー》とか《陰気な男》《女の影》などと書いている。事件本体とは直接関係のない人格攻撃的な記事だが、これが読者には強いインパクトを与えることになる。

そして決定的なのが、自白報道。一般の人は、犯人でもないのに自白するはずがないと思う。日本の冤罪事件のほとんどは、自白が決め手となっており、裁判ではその自白の信用性が争われるが、報道レベルでは自白したという段階で完全に犯人になってしまう。

裁判の始まった時点で、袴田さんは「自白は強制されたもの。朦朧とした状態で判を押させられた」と全面否定したが、捜査段階では、自白がさも真実であるかのように報道された。《目にいっぱい涙を浮かべて私がやりましたと小さい声で自供した》《うつむいて涙をボロボロ流した》と。供述の場に記者がいるわけはなく、捜査員のリークだ。そのリークに乗っかって、見てきたような「臨場感あふれる」報道がなされた。

『毎日』の《ついに自供》《粘りの捜査69日ぶりに解決》という見出しは、「自白すれば事件は解決」という記者の見方を示している。「実った鑑定結果」という記事、これも警察サイドの鑑定を鵜呑みにしている。

実はこの過程で、連日一二時間、ひどいときには一四時間も取り調べをされていた。ご飯も食べさせてもらえない、トイレにも行かせてもらえない、身体がむくんで頭がボーっとしているというようなひどい取り調べだった。報道はそういう長時間の違法な取り調べを問題にしないで、まさに自白偏重捜査を賛美した。

報道に引きずられる現場捜査官

こういう報道は、捜査にも影響を与える。報道が描く事件像の方向に現場の捜査員たちが引きずられていくという問題が生じる。事件取材をしていたころに捜査員に聞いた話だが、「オレら末端は自分のやっている部分しかわからない。全体の流れは新聞で知る。新聞を見ていると本部が何を考えているかがわかるから」と言うのだ。つまり捜査員たちはいわば捜査の手足。その手足に、報道が強烈な袴田犯人説をインプットした。

袴田犯人説の報道洪水は、複数犯人説とか怨恨説とか時間帯のズレだとか、いろいろまだ解明していかなければいけない基礎捜査への気力を喪失させてしまうことにつながる。それも、事件が起きてまだ一週間もたたない時期のことだ。

たとえば、怨恨説でいえば、亡くなった専務をめぐる交友関係を捜査していた捜査班がある。関連資料を読んでみると、被害者はいくつかのトラブルをかかえていたようだが、その捜査は完全に止まっている。その意味で、捜査の方向をメディア・報道が歪めてしまう。

さらに問題なのは、関係者の間に「袴田が犯人だ」という予断が作られてしまうこと。まだ聞き込み捜査の段階にもかかわらず、その予断に基づいた情報がどんどん集まってしまう。彼をかばうのはまずいという意識が生じ、そうではない情報は言いにくくなる。そういう予断は、無実の人を有罪にしていく証人・証言を生み出しかねない。

裁判・判決への影響

報道は捜査員や関係者だけではなく、裁判官にも大きな影響を与える。

七月四日以降、おそらく当時の静岡県内最大の事件として、地元紙をはじめとしてものすごい大きな報道がされている。それを裁判官は絶対読む。

裁判官は予断排除・起訴状一本主義から、裁判が始まる時点では起訴状以外、判断材料にしてはいけない。しかし、これはタテマエで、何人かの元裁判官に話を聞いたが、自分に回ってくるかもしれない事件の記事は、裁判官はみんな一生懸命読んでいるという。

裁判官たちの間にいろんな情報がインプットされる。すると公判廷に現れたのは「怪しい人物としての袴田」であって、裁判官は彼の言うこと・法廷で話すことを疑ってかかるようになる。白紙で裁判に臨まなくなってしまう。こういう裁判官への影響が生じる。

○七年二月、袴田事件の一審死刑判決を書いた熊本典道・元裁判官が、「無罪の心証を持っていたが、裁判官三人の合議で有罪と決まり、起案を命じられて有罪・死刑判決を書いた」と異例の「告白」をした。熊本さんは、そのことに悩み続けていたという。それを聞いて、改めて裁判への事件報道の影響を考えさせられた。

熊本さんは、事件が起きて半年くらいたってから静岡地裁に赴任している。彼の場合は予断なしで、裁判が始まってからこの事件・証拠を見た。だから、裁判に出てくる証拠から真っ直ぐ無罪の心証を受け取ることができたのだと思う。他の二人の裁判官は、膨大な量の犯人視報道にふれ、有罪心証を持って、裁判に臨んだ。だから、裁判に出された証拠の矛盾を見る目を失った。

報道はもっと悪くなっている

袴田事件は四〇年前の事件だが、この冤罪と報道の構図は現在も同じだ。警察の捜査、マスメディアの報道、両方ともまったく変わっていない。

警察のレベルから言うと、冤罪は相変わらず多発している。むしろ警察の捜査は劣化しているというべきだ。たとえば、愛知・幼児殺害事件（〇二年）では、〇六年一月に一審無罪判決が出た（本書一〇一頁参照）。これも冤罪事件だと思う。ゲームセンターの駐車場でいなくなった子どもが翌日、海で発見された事件だが、半年後にトラック運転手が逮捕され、「駐車中、泣き声がうるさかったので海に突き落とした」とメディアが一斉に報じた。

海は当時、干潮で遺体に傷ができるはずなのに全然損傷がない、「泣き声がうるさい」が犯行動機とされたが、弁護団が実験をしてみるとほとんど聞こえない。それが一審無罪判決の根拠の一つになったが、警察はまったくデタラメな捜査をやっている。供述調書も何回も変遷している。そういうずさんな捜査にもかかわらず、メディアがまったくチェックできない。そうして各社そろって犯人断定報道をした。この事件は、二審では逆転有罪判決が出された。そこにも、メディアの犯人視報道の影響を思わずにはいられない。

メディアのレベルは、四〇年前とまったく変わっていない。というよりむしろ状況は悪化している。なぜ悪化しているのかというと、テレビの問題があるからだ。八四年の「ロス疑惑」報道以降、テレビが事件報道を引っぱるようになった。新聞がテレビ報道に追随していく状況が生まれ、記者の間で真面目に調査報道をする意識がなくなっている。松本サリン事件でも構図は同じ、ロス疑惑の一〇年後のことだった。

警察依存の報道システムは、ますますひどくなってきている。捜査能力が劣化し、冤罪が作られる要素が増しているにもかかわらず、メディアが権力をチェックする機能をほとんど失ってしまった。

事件報道は信じてはいけない

新聞記者たちは、企業の論理に取り込まれていいのか、自分たちはこんなことをするために記者になったのかと反省することが必要だと思う。

そういう反省がないわけではない。新聞労連には「ジャーナリスト・トレーニング・センター（ＪＴＣ）」という活動があり、若い記者たちが年二回合宿研修をして報道のあり方などを勉強している。労働運動として記者の報道倫理を高め、報道を改めていこうということの試み・動きは、メディアの中の希望だと思う。

『北海道新聞』が道警の裏金を告発したように、記者の権力監視が大きな力を持つことがある。裏金問題を一度取材するだけで、完全に意識が変わる。警察は、裏金は隠す、嘘をつく、拳銃は持っている、日本最大の組織暴力団じゃないかと、警察を見る目が変わる。

今、イラク特措法とか国民投票法とか、掘り下げなければいけない報道がたくさんあるのに、メディアは劣化した事件報道に流れている。多くの記者はくだらない事件報道、それどころか人権侵害報道のためにたいへんなエネルギーをとられている。

情報の受け手の側としては、まず警察情報で書かれた事件報道は信用しないこと。警察は平気で情報を隠し、嘘も流し、証拠を捏造さえする。袴田事件の証拠とされる味噌タンクから出てきた五点の着衣も、警察の捏造を疑うべきだ。そのくらいのことを警察はやる。その警察情報に基づいて出てきた事件報道は、基本的に信用しないことだ。

それから、書かれた立場に立って考えてみること、自分がこういう報道をされたらどう思うかを考えてほしい。袴田事件では被害者のプライバシーも報道されているが、今もそんな報道はいくらでもある。そういうプライバシー侵害に対しても、もっと敏感になる必要がある。そして、メディアがひどい報道をしたら、この報道はひどいではないかと批判していく、抗議していくことが、報道の受け手である市民としても大事だと思う。

九条を一条に
——憲法・天皇制とメディア

（初出＝季刊『運動〈経験〉』二二号（二〇〇七年八月一五日）

二〇〇三年末まで三〇年間、『読売新聞』の記者をする一方、報道による人権侵害をなくすための市民のネットワーク「人権と報道・連絡会」の世話人として活動してきた。その活動のなかで、人権侵害、あるいは差別の根源にあるものとしての天皇制というものを、メディアとの関連でも強く意識せざるをえなかった。きょうは現在進行中の改憲の動きと天皇制、それがメディアとどういうふうに絡んでいるのか、私自身がメディアの中にいて経験し、感じたこととあわせて話させていただきたい。

小学生時代の「戦争体験」と「天皇体験」

私は大阪の堺という町に生まれた。大阪は戦争の末期、実に五〇回もの空襲を受け、およそ一万五〇〇〇人が死んでいる。私の母も、その大阪空襲で母親を背負いながら逃げまどった経験を持っている。子どものころ、そういう母の話を何回も聞かされて育った。小学校一、二年生のころだが、その母の話が頭にこびりついてしまって、毎晩のように空襲の夢を見るようになった。真っ赤に空が燃えている、色つきの夢。うなされてハッと目が覚めると、ああ、でももう戦争は終わったんだと思う。私が生まれたのは一九四九年だから、実際には戦争を体験していない子どもが、戦争が終わってから十何年も経った時期に、「戦争はもう終わった」と安心する、そういう体験をした。そのことは、いろいろと戦争の問題を考えるきっかけになった、私にとっての「戦争体験」と思っている。

父親は一九一〇年生まれで、四年前に亡くなった。若いころに結核をやったせいで、徴兵検査では最低ランクだった。その徴兵検査の記憶が、ずっと父親の中では屈辱感みたいな形で残っていたようだ。亡くなる直前、最近の記憶がどんどん薄れていく一方で、徴兵検査のことを病床で何度も言うようになった。父にとってみれば、「役に立たない男」と言われた屈辱感みたいなものが、死ぬまでこびりついていたのだなと思う。

しかしそれでも、父親は敗戦の一年前、三四歳で徴兵された。病弱の中年兵。幸い、中国とか南方とかに行かなくてすんだ。私からすると、それは父親が戦争で人を殺さないですんだということであり、とても嬉しいことだ。しかし戦争末期の一年ほどの間、父は軍隊の中で、役立たずの兵隊として、どれだけつらく苦しい思いをしたかと思う。家のことは何でもやる父親だったが、食事だけは絶対に作らなかった。一年間、毎日飯炊きをやらされては怒鳴られ、殴られていた。その体験があって、ご飯を作れなくなってしまったのだと思う。

一人は空襲を生き延び、一人は戦地にも行かないで生き延びた、そんな両親から生まれた私は、小学生の時に、戦争のことを考えないではいられなくなっていた。

そういう私の前に天皇という存在がはじめて現れたのは、小学校の五年生か六年生のころだった。堺市内には、本当にそうかどうか分からないが「仁徳天皇陵」というものがある。通っていた小学校は、そのすぐそばにあった。この陵に裕仁が来たことがあった。当時からこんなことがまかり通っていたのかと今あらためて思うが、夏の暑い日、学校が子どもたちに「日の丸」の旗を持たせて、天皇が来る沿道に並ばせた。私も並ばされた。

天皇の車が来るのを沿道で待つのは暑いし、退屈だし、イヤでしょうがなかった。それでその日家に帰ってから、母親に「何であんなことをやらされるんや」「天皇というのはなんでそんなにエライの」と聞いた。母親は、「天皇サンの血筋は日本の国が始まった大昔から代々ずっと続いていて、みんな神様と思うて敬うてきたんや」と言う。血筋が代々続いてきたからエライと。私は「ウチも代々血筋が続いているのと違うんか。そうでなかったら、僕は生まれてないやろ。どこの家もおんなじと違うんか」というようなことを、言い返した。それに対して、母親は何も言えない。これが、「天皇というのは、わけが分からんもんや」というふうに思った最初のできごとだった。

もうひとつ、不可解なことがあった。やはり小学校のとき、部落差別を実感した。堺は昔から被差別部落が多いところだ。私の住んでいた地域にも被差別部落があり、そこに住む人たちに対するあからさまな差別があった。それを子ども心に感じていた。「あそこの子どもと遊んだらいかん」とか、「あのへん行ったらあかん」とか、そういうことを親たちが言う。しかし、何でそれがいけないのかと聞いても、ちゃんと答えてくれない。

一方に訳もなく偉い人がいて、もう一方に訳もなく差別されている人がいる。こういうことはまったく説明がつかないし、説明もされない。それについてだんだん分かってきたのは、高校生になって、戦争の問題とか、いろんなことを考えるようになってからだった。

作られた「聖断神話」

私はいわゆる文学少年だった。戦後文学などの戦争小説をたくさん読み、歴史を勉強して戦争のことをきちんと考えるようになった。そうして、天皇制と部落差別という非人間的な差別システムの存在に気づいた。それで小学校のときの漠然とした疑問が、解けていった。

そうして、あらためて母親に、「なんでいつまでも天皇をエライと思っているんや」と、天皇の戦争責任のことなどを話すようになった。母親は、「天皇サンは、なんも知らなかったんや。自分でしとうて戦争を始めたんとちゃう。周りの人が悪かったんや。天皇はだまされはったんや。軍部にだまされはったんや。せやけど、最後に、戦争をやめる、て自分で決めはった。せやからみんな助かったんやないか」というふうに説明した。

母親がなぜそんなふうに思うようになったのか。その後、いろんな勉強を重ねる中で、一九四五年八月一五日にすでに、いわゆる「ご聖断神話」というものがメディアによって作られていたこと、母が直接その日の新聞を読んだかどうか分からないが、そういう影響をはっきり受けていることが分かってきた。

たとえば『朝日新聞』の一九四五年八月一五日の一面にこういう記事がある。

《『国体の護持』といふ最後の一線に関する全く真剣なる論議が重ねられたのであるが、結局十四日の御前会議において忝（かたじけな）き聖断を拝し、この大御心によって四箇国の回答文を受諾するといふ方向は一決、ここに大詔は厳かに煥発せられ、大東亜戦争は終結をみることとなったのである》

実は、新聞社は八月一二日ごろには、すでにポツダム宣言受諾の方針を知っていた。それで、戦争終結に向けてどういう形で紙面を編集するか、基本路線をどんなふうにするかを、社内で三日間ぐらい議論している。その議論で、おそらくこの「聖断神話」という形が決められたのだろうと思う。これは『朝日』だけでなく、ほとんどすべての新聞がそうだ。だから、そういう方向で紙面を作れという指示が、当時の権力者の間からたぶん出されていたのだろう。それに従って、こういう紙面が作られたのだろう。そうしてつくられた「ご聖断神話」が母親の意識の中にもあったし、戦後の多くの日本人の心の中に、いわばマインド・コントロールとして形成されていったのだと思う。

先ほどの『朝日』の二面には、《玉砂利握りしめつつ／宮城を拝しただ涙》という見出しの、当時の皇室記者と思われる記者による「一記者謹記」と題する長文記事がある。

《「天皇陛下に申し訳ありません……」（中略）いつかの日、けふこの日の歴史の曇りを拭ひ去り浄め掃ひ、三千年の歴史を再び光輝あるものたらしめるであろう。ああ聖上を暗き世の御光と仰ぎ、進むことこそ我ら一億の唯一の道ぞ》

これは半分以上、捏造記事だと思っている。皇居の前で玉砂利に額づいて「天皇陛下にお詫びする」という記事だが、八月一五日の朝刊は、正午のいわゆる「玉音放送」直後に出ているから、それに間に合う時間にそんな場面を取材するなんてあり得ない。それはともかく、この記事の最後に記者の言葉としてある「いつかの日、三千年の歴史を再び光輝あるものたらしめる」という「いつかの日」が、六十数年経った今、訪れようとしている、この社会でそんな意識が多数派になりつつあるんじゃないか、という危惧を今、強く感じている。

メディアと天皇制

やがて、私は新聞記者になったが、当初は天皇制のことなど意識しないで仕事をしていた。しかし一九七七年、新聞記者になって五年目に、新聞記者として天皇制の問題に直面することになった。

当時、私は宇都宮支局にいた。栃木県には那須「御用邸」や、高根沢町の「御料牧場」がある。そういう施設に天皇一家、あるいは皇太子一家が、静養と称してときどき遊びに来る。私は入社五年目で、支局では遊軍クラスになっていたが、「今度の日曜日に皇太子サン（現天皇・明仁）一家が御料牧場に来るから取材してこい」と支局長に言われた。「日曜日だし、特にほかに大きなニュースもない、県版のトップでやれ」という指示だった。

私はその場で「何で皇太子一家が遊びに来るのがトップ記事なんですか。栃木県民にとって、いったいこれがどんな意味のあるニュースなんですか」と反論した。すると支局長は「とにかくやれ」と業務命令を出す。私は「そんな業務命令はとても受けられない。なぜこれがニュースなのか説明がない限り受けられない」と言って拒否する。そうして激論になり、支局長は「業務命令を拒否するのなら、命令拒否の理由書を書いて本社へ出せ」と言った。そのときは、ほとんど反射的に取材の業務命令を拒否したが、あとであらためて、なぜ自分が取材命令を拒否したのか、一生懸命考えて会社に理由書を出した。

その中で、自分が子どものときから感じてきた天皇制に関するいろんな疑問、制度としての天皇制だけではなくて、昭和天皇個人の問題――その当時、私はこの人物は戦後日本の無責任の象徴だ、象徴天皇制は「無責任の象徴」天皇制だというふうな認識をもっていたが――それを長い文章に書いて出した（のちに、『天皇とマスコミ報道』〔天皇報道研究会編著、三一新書、八九年〕に収録）。

そのとき、昭和天皇を個人としても許せないと思った大きな理由の一つに、一九七五年に裕仁が初めて日本人記者団と記者会見したときの発言があった。それまで裕仁は、国内ではまともな記者会見をやったことがなかった。ところがアメリカへ行ったとき、アメリカの記者たちとは会見した。それなら日本でも記者会見してほしいということで、裕仁が帰ってきてから宮内庁記者たちが頼んで開いた会見だ。そこで裕仁は二つのことを言った。

ひとつは原爆の問題。原爆について裕仁は「どうも、広島市民に対しては気の毒であるが、やむを得ないことと私は思っています」と言った。もうひとつ、戦争責任について聞かれ、「そういう言葉のアヤについては、私はそういう文学方面をあまり研究していないので、よくわかりません」と答えた。このふたつの発言を知ったとき、本当に怒りに体が震えてしまった。学生時代、広島、長崎の原爆被害のこと、沖縄戦のこと、それらを自分なりに勉強したり、現地へも行ったりしていた。その思いから、この発言は絶対に許せないと思った。裕仁が国体護持、つまり自分の地位の安泰を求めなければ、ヒロシマ・ナガサキも、沖縄の惨禍もなかった。それを「やむを得ない」「言葉のアヤ」ですます。これほど無責任な人間がいるだろうか。そういう怒りだった。

業務命令拒否理由書の中に、「天皇に対して敬語は使えない」ということも書いた。敬語とは、自分が尊敬できる人物に対して、自然な形で出てきたときに初めて、言葉としても美しいものだと思う。しかし敬ってもいない、むしろ軽蔑の対象でしかない人間について、何かに強いられて敬語を使ったとするならば、それはもう人間の言葉ではない、奴隷の言葉になってしまう。そういう奴隷の言葉は使えない、と書いた。

考えてみると、日本のマスメディアは、一九四五年八月一五日の前も後ろも関係なしに、天皇に対してずっと敬語を使い続けてきた。戦後しばらくの間、天皇が全国各地を行幸と称して旅行したとき、天皇の行く先々で記者たちはそういう敬語記事を書かされた。また私が新聞記者になった時代もそうだが、国体とか植樹祭とか、いろんな機会に皇族が全国各地に行く。そのたびに全国各地の若い新聞記者たちは、それを記事にさせられる。そのとき、敬語を使って記事を書かされてきた。新聞記者にとって、敬語を使うかどうかというのは、会社の方針に従うかどうか、一種の踏絵みたいなものになっていたと思う。

マスメディアがなぜ天皇制に対して何も問題点を指摘できないのか、天皇制について批判的なことを書けないのか、その根っこにあるのは、記事の用語として、天皇に無条件に敬語を使えという、そういう迎合的な姿勢が戦後メディアの中にずっとあったからだと思う。そういうことを問わないまま、メディアが何を言ったところで、結局は天皇制を批判するものにはなりえないだろう。

　その当時、支局の会議で、ちょっとした笑い話をしたことがある。ある皇族が交通事故を起こしたとする、その事故の記事を書いたらどうなるか。「何々宮が追突された」。これではその皇族が加害者か被害者か分からないではないか。敬語の「追突された」なのか、受け身の「追突された」なのか。皇室への敬語は、加害と被害をゴッチャにしてしまうものだ、という皮肉を込めて、そんなことを話した。

　いわゆる枢軸国のドイツ、イタリア、日本で、ヒトラーもムソリーニも、自殺するか、あるいは殺された。しかし天皇裕仁は生き延びた。また、かつてのドイツ、イタリアの国旗は廃止された。しかし「日の丸」は、天皇同様に生き延びた。

　同じことが新聞にも言える。ドイツ、イタリアではファシズムの時代に発行されていた新聞すべてが廃刊になった。その責任をとって辞めた人もいる。しかし日本の新聞は、題字もそのまま、天皇に対する敬語もそのままで、生き延びた。侵略戦争を賛美する記事を書いた記者も生き延び、戦後、新聞社の幹部にもなった。そういう歴史がメディアの中にある。

　ご存知の方もおられると思うが、渡辺清さんという方の『砕かれた神』というすばらしい本がある。朝日選書に入っていて絶版になっていたが、最近、岩波現代文庫で復刊された。

　渡辺清さんは、撃沈された戦艦武蔵に少年兵として乗り組んで、九死に一生を得た方だが、自分は天皇を信じて戦争に行った、だから少なくとも天皇は敗戦の後、責任を取って退位されるであろうと、もしかすると自殺するのではないかというふうに考えた。それがずっと生き延びただけでなく、マッカーサーと一緒に並んで写真を撮っている。その姿を見て、自分はなんと情けない人間を「神」と信じたんだ、というふうなことを書かれている。この渡辺さんがメディアと天皇のことについても触れている。

　メディアは天皇の戦争責任を一切書かない。これについて渡辺さんは、もし天皇の責任を追及すれば、新聞社も同時に自分たちの報道の責任を追及される、自分たちも泥をかぶらなきゃいけない、だから天皇のことを何も言わないんだろうと考えた。まだ二〇歳ぐらいのときに、渡辺さんは、メディアの戦争責任の問題と天皇の戦争責任の問題を、自分の戦争体験と重ねて的確に認識されている。

　結局、メディアはそうやって戦争責任をとらないまま、「聖断神話」をばらまき、その後も天皇制を支えるための最大の役割を果たしてきた。天野恵一さんが『マスコミじかけの天皇制』（インパクト出版会、九〇年）という本を書かれているが、まさにマスコミ、メディアの仕掛けによって天皇制は維持されてきた。神話の再生産が、メディアによって繰り返されている。

その最たるものが、いわゆる「天皇崩御報道」だが、最近の例として、昭和天皇がA級戦犯合祀に怒って靖国参拝に行かなくなったという、いわゆる「富田メモ報道」がある。これについては『週刊金曜日』（〇六年八月一一日号）に書いたが（本書一二五頁参照）、小泉首相の靖国参拝を批判する一つの理屈として、「A級戦犯合祀に批判的な天皇の大御心に反するからいけない」というものがある。靖国参拝を天皇の権威で批判する。こういう論理で、メディアはいっせいに書いた。最近の『読売』もこの路線だ。そういう形で、メディアは今後も天皇を平和主義者に祀り上げる路線を続けるのだろうと思う。

改憲に向かう安倍政権

改憲の問題に移る。今なぜ改憲か、自民党の改憲案、新憲法草案のことを少し述べたい。

私は自民党改憲案を何回も繰り返し読んで、前文の中にその本質が表れていると理解するようになった。自民党の新憲法草案は、憲法の前文から、何を削除したのか。主に四点ある。

一つ目は、「政府の行為によって再び戦争の惨禍が起ることのないようにする」という侵略戦争の反省の問題。二つ目が、「国政は国民の厳粛な信託によるものである」という主権在民の原理。三つ目は、「平和を愛する諸国民の公正と信義に信頼してわれらの安全と生存を保持しようと決意した」という戦争と武力の放棄。武力でなく平和を愛する諸国民を信頼して自分たちの安全を保持するという考え方で、これは九条の基本的な原理だ。そして四つ目が、全世界の人々の平和的生存権。この四つはいわば、日本国憲法の精髄だ。これらが自民党の草案から全部削除されている。

これらを削除した代わりに何を入れたのかというと、まず「象徴天皇制はこれを維持する」という文言。続いて「日本国民は、帰属する国や社会を愛情と責任感と気概をもって自ら支え守る責務を有し」という愛国心・国防の責務、そして「正義と秩序を基調とする国際平和」。これを読んで、現在の憲法前文には象徴天皇制が入ってないということの意味に、あらためて気がついた。自民党の新憲法草案は、まず天皇制を明記し、それから愛国心や国防の責務、国際平和の名による海外派兵と続く文言が、憲法の基本として前文に入れられている。

この自民党草案が発表された当時、『朝日』や『毎日新聞』が、思ったほど復古調ではないとか、自民党らしくないとか、非常に甘い評価をした。そうした評価自体、とても危険だという気がした。ここには自民党の狙いがはっきり出ているのに、それに対する警戒心を解除させるような報道の仕方だ。

自民党の改憲案が標的にしているのは、まず九条。それから一二条。ここでは、「公共の福祉」という概念を、「公共の秩序」という概念にすり変えている。主権在民の考え方に対する真っ向からの改ざんだ。それから二〇条、つまり政教分離の原則の破壊。靖国参拝を、首相も天皇も含めて合憲にするための改悪だ。そして九六条。改憲の発議要件を国会議員の三分の二から半分にするという。

この改憲案が何度かに分けて公表される過程で、自民党新憲法草案の起草に事務局次長として携わった舛添要一がこう言った。「たとえば天皇制について、元首と明記せよという声も党内にあった。しかし、そういうことを今やると合意できない。当面、九条と九六条を変える、これで憲法に風穴を開ければいい」と。舛添は「憲法に風穴を開ける」とはっきり言った。九条をまずなくし、九六条で改憲要件を緩和すれば、後は何とでもできると。

改憲の動きは戦後、何回も出ているが、現在進行中の改憲の動きが表面化してきた要因、それを示すものとして、私は三つのことを考えている。

一つは、二〇〇〇年一〇月に発表されたアーミテージ・レポート。前の米国務副長官だが、アーミテージはつい先日も日本に来て、「日本が集団的自衛権をタブーにしていることが、両国の同盟協力を制約している」と、レポートの主張を繰り返し言った。アメリカの側からすれば、九条はどうしても邪魔になる。全世界規模で進めている米軍再編に即して、アジアで自衛隊が米軍と共同で行動できるようにしろという要求だ。これがまず、現在の改憲の第一の要因としてある。

二つ目が、財界の動き。日本の海外資本投下率は、日本全体の資本から見て今や三分の一を超えているといわれている。三〇%以上の資本が海外に投下されている。その海外資本を守るためには、日本の自衛隊をいざというとき派遣できる体制を作らなければいけないと、財界人があからさまに言うようになってきた。

「グローバル化とは、日本の資本や人材が世界中に広がっていくこと。これを守るためには何らかの方策が必要だ。だから米国と提携するのだが、ここだけは自分がやるというところがないと、いざというときも言いたいことが言えない」

二〇〇〇年五月二七日付『朝日』に、経済同友会の憲法問題の責任者である高坂節三の、こんな露骨な言葉が紹介されている。

三つ目の要因として、敗戦で中断した「天皇を中心とした神の国」つまり天皇制侵略国家を再編成しようという願望・動きがある。これが九〇年代半ば以降の「新しい歴史教科書をつくる会」、あるいは「つくる会」の政治部隊である安倍晋三たちの要求として出てきた。再び日本をアジアの盟主にという、日本ナショナリズムの動きだと思う。

こういう極右政治家の代表が、日本の首相になっているということの恐ろしさを、この半年間、私たちは何度も何度も感じてきたと思う。教育基本法を改悪し、防衛庁を防衛省に格上げした。改憲のための国民投票法案を強行採決し、そして米軍再編、イラク特措法を延長する。こういうことをわずか半年間に、次々とやった。かつてないすさまじい極右政権だ。

改憲をめぐるメディアの報道姿勢

改憲をめぐるメディアの姿勢について、大きな流れから言うと、戦後、メディア自身が改憲に露骨に賛成するということはずっとなかった。

ところが湾岸戦争の後、九三年の憲法記念日の社説で『読売』と『産経』が全面的に改憲に賛成する立場を明らかにする。『読売』社説は《憲法論議も新時代を迎えた／「護憲は平和」の時代は終わった》の題で、九条見直し論を打ち出した。『産経』はもっと露骨に《世界へ向けて日本の理念を／憲法改正へ国民は歩み始めた》と書いた。

それに対して、『朝日』は《憲法論争に何が欠けているか／めざせ憲法9条の地球化》、『日経』は《改憲の前にやることはある／国連の安全保障を》と改憲反対の社説を掲げた。『毎日』『東京新聞』社説は、どちらかというと「論憲」の立場。野党や一部学者の中に出てきた「九条を変えずに自衛隊の認知を」といった主張を評価し、憲法見直し論に参加している。

翌年の九四年一一月二日、『読売』は「憲法改正試案」を発表する。九条を二つに分割し、「一〇条　戦争の否認」「一一条　自衛のための組織」として九条を文字通り解体し、「自衛隊の容認」を求めた。戦後、いくつかの改憲案がさまざまな勢力から出されてきたが、憲法全体を見直した包括的改憲案というのは、実はこの読売試案が初めてだった。今、読み直すと、前文から削除したもの・前文に加えたものなど、自民党の新憲法草案と驚くほど似ている。自民党改憲案の原型といえるだろう。

その後二〇〇〇年に入ると、『日経』が全面的に改憲に賛成する立場を明らかにする。これは財界の改憲論の動きと完全に連動したものだ。二〇〇〇年五月三日に『日経』が打ち出した改憲論の特徴は、九条よりもむしろ、新自由主義に即した「自立と自己責任」を強調したものだった。そういう視点から経済的な規制を緩和・解除し、さらに「集団的自衛権」を明記せよという方向だ。以後、『日経』は財界の改憲主張と連動して積極的な改憲キャンペーンを展開してきた。

こうして改憲派が露骨にメディアの中で勢力を広げていく中で、『朝日』と『毎日』は二〇〇二年ごろから「論憲」という言葉を使い出し、「護憲」とは言わなくなった。『朝日』の二〇〇二年五月三日付社説のタイトルは《憲法論議を国民の手に／国民主権の50年》、同じく『毎日』は《タブーなき議論の空気を歓迎／不断の点検は国民の責務》と、あいまいなスタンスだ。

自民党が新憲法草案を発表したときの各紙社説の論評に、現在の大手メディアのスタンスがくっきり表れた。『読売』『産経』『日経』が全面的に賛成したのに対し、『朝日』『毎日』は「自民党らしくない」といった表現でその危険な本質を伝えない。つまり、反対しない。それまで、大手紙の改憲対護憲は三対二だったのが、三対〇になった。それに対して、ブロック紙、地方紙の間では、『北海道新聞』『東京新聞・中日新聞』『西日本新聞』『高知新聞』、沖縄の二紙などが、はっきり反対の立場を表明した。

今のメディアにおける憲法に対するスタンスは、全国紙がほぼ改憲の流れに同調しているのに対して、地方紙がそれにかろうじて抵抗している、そんな状況だと思う。

国民投票法案に関する報道も、その構図を反映している。法案の問題点は二年以上前から、いろんな運動体によって指摘されてきた。最低投票率の問題、自治体労働者や教職員の憲法論議の口を封じる規定、改憲派に有利な広報協議会や広告の規定など、「壊憲のための国民投票法」そのものだ。しかし、大手メディアはそうした重大な問題点を全く報道することはなかった。国会審議の終盤になって、ようやく『朝日』などが最低投票率などに言及したが、時すでに遅し。市民が法案の中身を知らないまま、自公民の談合で壊憲手続き法がつくられてしまった。

九条を一条に

憲法と天皇制の問題について言うと、「九条を一条に」というのが、私の基本的な主張だ。今の憲法は、一条から八条を除けば、これは世界でもっとも進んだ憲法ではないか。私の想像だが、この憲法の原案をつくったＧＨＱの若い人たち、いわゆるリベラル派の彼らがつくった原案では、前文の次にすぐ九条の戦争放棄が来ていたのではないか。前文の考え方と九条の考え方はすんなりとつながるし、それ以降の条文の考え方も全部つながる。ところが、一条から八条は、「異物」としか映らない。とすると、これは後からマッカーサーの指示で入れられたのではないか。

前文にある憲法の基本原理は、平和主義、民主主義、主権在民、自由と平等というものだ。ところが、一条から八条、つまり天皇制の基本原理は、それらと真っ向から対立する。天皇制は侵略戦争の思想的基盤、侵略の原動力だ。アジア侵略を正当化する「八紘一宇」の思想。それから、一君万民、家父長制、血統主義の差別思想、そしてあらゆる人権を統制・制限できる天皇大権。これらが憲法の前文の原理と合うはずがない。明らかに矛盾している。矛盾しているだけではなくて、対立している。その天皇制が、一条から八条として憲法の中に埋め込まれたことによって、いったい何が失われたのかということを考えてみたい。

憲法に天皇制を温存したことによって失われたもの、その最大の問題は、侵略戦争の責任、戦争責任を問う日本人全体の姿勢だったのではないか。天皇を象徴にする。それは、侵略戦争の最高責任者である天皇に責任がないというのと同じだ。天皇は誰が見ても最高責任者であるのにその責任が問われない。すると、天皇の命令の下で戦争に加担した誰にも責任はないというふうに、論理的にもなるし、感覚的にもそうなってしまう。

戦後の日本社会で、なぜ侵略戦争をしたのかを検証する動きが、天皇制を温存したことによって、ストップさせられてしまった。メディアも戦争責任を回避し、「仕方がなかった」で済ませた。一〜八条は、そういう機能を持ったと思う。結局、民衆レベルでも一人一人が戦争責任、加害の問題を問わないですんでしまう。そうして戦争と言えば被害体験だけになる。たとえば私の母が、あれだけ戦争で被害を受けながら、天皇のことは依然として尊敬しているという、そういう感覚の源になったのではないかと思う。

そうして侵略戦争の責任をあいまいにした戦後日本は、侵略戦争・植民地支配の被害国に対する謝罪、賠償責任もあいまいにした。当初は敗戦直後で「賠償の経済力がない」と言い、経済力ができると「賠償でなく経済協力だ」と言ってごまかす。さらに、被害国への「経済協力」、これは新たな経済侵略であることが多かったが、それをもって被害者個人の賠償要求には応じない。九〇年代、アジア各国の人々が起こした「戦後補償裁判」で日本政府が取った姿勢の根源も、ここにあると思う。

〇六年五月、『朝日』の読者欄で、天皇の戦争責任を問い、天皇制の廃止を含めた読者間の論争が起きた。このことについては、『週刊金曜日』（〇六年六月一六日号〈本書一一八頁参照〉）に書いた。論争を読みながら、読者のレベルでは天皇制の戦争責任論議が起きているのに、メディアの中ではまったくそうしたものがない。そのことに、メディアの退廃を強く感じた。今、私が『朝日』で毎日一生懸命に読むのは読者欄だけといっていい。読者欄だけに辛うじて『朝日』らしさ、言い換えれば、読者の新聞への期待がまだ息づいていると思う。

改憲のひとつの大きな根拠として、自民党や安倍晋三が「九条押し付け論」をしきりに主張している。しかし、押しつけと言うなら天皇制もそうだ。憲法九条と一条から八条、つまり戦争・武力放棄と天皇制は、いわば抱き合わせで日本に押しつけられたといっていい。

この間、憲法制定過程に関するいくつかの本を読んできた。とくに大きな示唆を与えられたのが、古関彰一さんが書かれた『「平和国家」日本の再検討』（岩波書店、〇二年）。それらを通して考えてきたことだが、マッカーサーは、東京裁判でオーストラリアをはじめ天皇訴追を求める各国を説得するとき、「天皇は平和主義者だ、日本は二度と戦争しないんだと憲法に書くから」といったのではないか。それを天皇訴追回避の道具に使ったとしか思えない。

マッカーサーは一九四六年二月、いわゆるマッカーサー三原則を出した。その三カ月後に東京裁判が始まっている。その間、四月に憲法の「改正草案」が発表された。つまり九条を含めた戦争放棄を憲法草案として出す、その代わりに東京裁判で天皇を被告人にしない、そういう密約を、マッカーサーと日本の支配層は結んだ。その結果つくられたのが現在の憲法ではないか。

当時、マッカーサーの念頭に強くあったのは、すでに始まっていた東西冷戦であって、日本を何としても共産化させないことが至上命題だった。そのためには日本の伝統的保守勢力を利用する。それには、保守勢力の中心にある天皇を温存しなければいけない。これがマッカーサーの考えたことだったと思う。その後、朝鮮戦争が始まり、自衛隊をつくることによって、平和憲法の基本的な仕組みは、早くも崩されてしまった。

もうひとつ、マッカーサーが考えていたのは、「九条で日本の軍備を放棄させても、沖縄全島を米軍の恒久的な基地として要塞化すればよい」ということだったと思う。その構想に裕仁はOKを出し、自分の地位と引き替えに沖縄をアメリカに売った。言い換えれば、憲法九条による日本本土の戦争放棄・軍備不保持は、戦争で大きな被害を受けた沖縄の人々を、天皇と本土の日本人がもう一度切り捨て、犠牲にすることで生まれたと、私は考えている。

憲法九条が、こうした天皇制温存、沖縄切り捨てとセットで生まれたことを、憲法を論議するとき、忘れてはならない。その点で、戦後の平和運動、護憲運動は、とても重要な問題を見過ごしてきた、あるいは見てみぬフリをしてきたと思う。ショックだったのは、八九年一月七日に裕仁が死んだとき、土井たか子さんが記帳に行ったことだ。私はそれまでは、彼女の護憲論や護憲運動に果してきた役割を評価していた。彼女の記帳に示されるように、日本の戦後の平和運動、護憲運動は天皇という問題を問わないできた。天皇制を不問に付してようやく成り立ってきたのが、戦後の平和運動、護憲運動だったのではないか。

一条から八条は、そもそも日本国憲法の中に潜んでいた寄生虫だった。敗戦で絶滅されるべきだった寄生虫が、次第に憲法全体を食い荒らし、今や丸ごと憲法を飲み込もうとしている。そうして今回、自民党が出した新憲法草案として全面的に復活した。自民党の改憲案は現在の憲法の改憲案ではない。大日本帝国憲法の現代的改定版ではないか。

いま自民党などが進める壊憲に反対していくとき、九条の問題だけで論じることは、もはや何の意味もない。本来の憲法の精神を書き込んだ前文と九条を直結させるような運動が必要だと思う。一条から八条をなくす。そして九条を一条にし、前文と直結させる。それこそが一九四五年八月一五日の時点に戻って日本政府、日本人の取るべき道であったということを、きちんと主張していく。それによってようやく、六十数年間、放棄してきた日本の侵略戦争に対する日本人全体の反省や、責任を取る行為も生まれてくるだろう。

こうした取り組みが、「平和を愛する諸国民を信頼して我々は武力を持たない」という、前文と九条の理念を世界に広げていく唯一の道筋だと思う。そうして、日本は初めてアジアの人たちからほんとうに信頼されるようになるだろうと。これからも「九条を一条に」を改憲反対の私のスローガンとして、いろんな場で訴えていきたい。

(〇七年四月二九日「やめろ！『昭和の日』集会講演記録を加筆修正)

裁判をリンチに変える「被害者参加制度」

（初出＝二〇〇七年一一月国賠ネット）

まともな論議も審議もなく成立した「被害者参加」制度

日本の刑事裁判の根幹に関わる重大な「制度改正」が、安倍政権末期の国会で「駆け込み成立」した。刑事裁判への「被害者参加制度」新設を含む刑事訴訟法の一部改正案だ。

この制度は、殺人や死亡ひき逃げなど、〇九年に始まる裁判員制度の対象となる重大事件で、被害者や遺族が「被害者参加人」として公判に出席し、証人・被告人に質問したり、検察官とは別に論告・求刑したりできるようにするものだ。あわせて、被告人への損害賠償請求を刑事裁判で付随審理する「損害賠償命令申し立て制度」も導入された。一連の制度は、裁判員制度が始まる前、〇八年度中に実施されることになった。

刑事裁判への被害者参加は、日本の刑事裁判の基本構造を変換する重大な問題であり、刑事裁判の法廷を被告人に対する「リンチ空間」に変質させる危険性を持っている。私は法制審の審議段階から注目して見守っていたが、法制審・国会での審議はきわめて短期間・おざなりで、メディアも問題点をほとんど伝えないまま、成立してしまった。

近代の刑事裁判は、検察官と被告人・弁護人が「当事者」として起訴事実の真否を争い、それを裁判所が判断するという「当事者主義」構造がとられてきた。

検察側が収集した証拠に基づいて被告人の有罪を立証し、無罪を推定される被告人・弁護人が憲法・刑事訴訟法で認められた被告人の権利に基づいて防御する。それを「公平な裁判所」が判断する、という仕組みだ。

その基本原理は、被害者が加害者に仇討ち・復讐することを禁じ、刑事裁判を感情的「報復の場」ではなく、冷静な「事実認定」の場にするものといってよいだろう。

成立した被害者参加制度は、その原理を根底から覆す内容をはらんでいる。

法廷に被害者・遺族が参加し、無罪を推定されている被告人に対して「犯人＝有罪」を前提に被害感情をぶつけ、厳罰を求める。それは、証人・被告人の法廷証言にも影響を及ぼす。さらに、裁判員制度では、裁判員に決定的な心証を与えかねない。

まさに裁判の根幹に関わる重大な制度転換だ。それが、「粗製濫造」と形容するしかない猛スピードで作られてしまった。

法相が法制審に諮問したのが〇六年九月。法制審刑事法部会は八回の審議で「要綱案」をまとめ、〇七年二月、法相に答申。政府はそれを三月一三日に閣議決定し、国会に上程した。この間わずか六カ月という「超促成栽培」ぶりだった。

日弁連は法案上程当日、「現時点において直ちに被害者参加制度を導入することは、刑事裁判の本質に照らし将来に取り返しのつかない禍根を残すことになる」との会長談話を発表し、慎重審議を求めた。衆院法務委員会で審議入りしたのは五月二三日。この時点で残り会期は一カ月しかなかった。それでも政府・与党は、「郵政選挙」で獲得した絶対多数にモノを言わせ、「審議無用の絶対主義体制」で法案を押し通した。

支援もなく放置されてきた被害者たち

被害者参加制度は、「全国犯罪被害者の会」（あすの会・岡村勲代表）が二〇〇〇年一月の発足以来、被害補償・救済制度と並んで強く求めてきたものだ。

同会は〇二年、同様の制度があるドイツ、フランスに調査団を送り、その報告書を基に制度の導入を政府・自民党に強く働きかけてきた。

それを受けて政府は〇四年、「犯罪被害者等基本法」を制定し、「被害者の権利」を明文化した。さらに〇五年に策定した「犯罪被害者等基本計画」に、「被害者が刑事裁判に直接参加できる制度の新設」を明記した。

この間、「あすの会」の活動は、新聞、テレビを中心に、大手メディアで大きく取り上げられてきた。中でもＮＨＫは二〇〇〇年から〇二年にかけ、ＮＨＫスペシャルなどで四本の関連番組を放映した。

一連の番組を制作した東大作氏は、『犯罪被害者の声が聞こえますか』（講談社、〇六年）で、「あすの会」の活動をレポート、《社会から孤立し、一人苦しんできた被害者の人たちが、自らの手で立ち上がり、社会に訴え、運動を巻き起こした》経緯を詳細に伝えた。

東氏の著書に描かれた被害者たちの体験は、すさまじい。突然襲った犯罪による深刻な打撃、その後の過酷な生活は、理不尽としか言いようがない。

事件に巻き込まれて全身の九〇％に火傷を負い、二五回に及ぶ皮膚移植に耐えた若い女性の闘病生活に、私は言葉を失った。加害者による賠償はなく、彼女は高額の医療費支払いを迫られた。行政は生活保護も認めない。支援もなく絶望する被害者と家族。私たちの社会は、そんな被害者の苦しみをこれまで「見て見ぬフリ」してきたのではなかったか。

私の姉の夫も三二年前の一九七五年、ひき逃げ交通事故（犯人不明）にあい、約半年間意識不明の状態になった。その後、「意識」を回復したが、大脳に著しい損傷を受け、一切の記憶を失って、二歳程度の言語能力しかなくなった。姉は働きながら幼い三人の子どもを育て、夫の看護・介護を続けた。その間、医療費・生活費など一切の行政支援もなかった。姉は三人の子どもを育て上げ、三年前、夫を見送った。

その苦労を見ていた私には、日本の犯罪被害者がいかに孤立無援の状態で放置され、苦しんできたかがよくわかる。『犯罪被害者の声が聞こえますか』に登場した被害者たちの苦闘は決して他人事ではなかった。

けれども、それでも、と私は思う。被害者がその苦しみ・怒りを「無罪を推定されている被告人」にぶつけるのは、間違っている。

厳罰化に利用される「被害者の怒り」

すでに、二〇〇〇年に一部導入された「被害者意見陳述制度」は、冷静であるべき法廷を、被告人糾弾の場に変えつつある。被害者の「報復感情」が法廷・メディアを支配し、厳罰化・死刑判決が急増している。

〇三年まで年間二〜七人だった死刑確定者は、〇四年以降、毎年二桁になり、〇五年まで五〇人台だった死刑確定者は〇七年、いっきに倍増、一〇〇人を超えた。

「殺せ、殺せ」のすさまじい死刑判決ラッシュ。事件当時少年だった「連続リンチ殺人事件」の三人に対する死刑判決（〇五年一〇月・名古屋高裁、一審では二人は無期懲役）、麻原彰晃・元オウム真理教代表の裁判打ち切り（同九月・最高裁）、被害者一人のケース（奈良女児誘拐殺人事件）での死刑判決（同九月・奈良地裁）……。

現在、最高裁係属中の死刑事件約四〇件のうち七件は、この三年間の高裁判決で一審・無期懲役が死刑に「厳刑化」されたものだ。

事件発生時の集中豪雨的「凶悪犯」報道、遺族の「復讐感情」を増幅する裁判報道が「世論」を煽り、裁判所がそれに応えて厳罰を科す。その典型が、九九年四月、当時一八歳の少年が母子を殺害したとして殺人罪などに問われた「光市事件」裁判だ。

〇六年六月二〇日、最高裁は二審の無期懲役判決を破棄し、審理を広島高裁に差し戻した。その判決はこう述べた。「遺族の被害感情は峻烈を極め、罪責は誠に重大で、特に酌量すべき事情がない限り、死刑の選択をするほかない」

テレビは遺族の会見の様子を繰り返し流し、新聞も遺族の言葉を大見出しにした。

《「死刑判決欲しかった」》＝『朝日新聞』、《「また歳月費やすのか」》＝『読売新聞』、《「人の心 取り戻して」／会見で語気強め》＝『毎日新聞』。

こんな強烈な「被害者感情」が法廷を覆う。この事件の差戻し審が〇七年五月二四日、広島高裁で始まったが、メディアは再び遺族の「被害・報復感情」を大きく報じた。その一方、最高裁・差戻し審の報道で各紙が触れなかったことがある。最高裁審理から弁護人になった安田好弘弁護士らが指摘する「犯行態様」に関する疑問だ。

この事件で、検察は「被告人は被害女性の首を両手で絞めて殺害し、女児の後頭部を床に叩きつけたうえ、紐で絞殺した」と主張、一・二審判決はそれを認定した。

ところが、安田弁護士らが裁判記録を調べ直すと、検察主張の犯行態様は、遺体鑑定書と矛盾していた。女性の首には「両手で絞めた」跡がなく、女児には「床に叩きつけられた」はずの後頭部の損傷も「紐による絞殺」の跡もなかったのだ。

また、元少年の供述調書も当初「殺意」を否定していたのに、不自然な変遷を経て、最後は検察主張と合致するものになっていた。

事件が起きたのは九九年。翌二〇〇〇年には戦後最大の少年法「改正」が行われている。検察は「少年厳罰化」に向け、この事件を利用した。犯行態様を最大限「残虐・凶悪」に描き、「こんな少年を許していいのか」と。

遺族は、検察が描いた犯行ストーリーを信じたのだろう。一審以来「少年に極刑を」と主張し続け、それが大きく報道されてきた。

彼は、差戻し審の初公判直後、『週刊新潮』六月七日号に「特別手記」を寄せた。その中で、一審の無期懲役判決後、検事からこう訴えかけられたと書いている。

「自分にも小さな娘がいる。母親のもとに必死にハイハイしていく赤ん坊を床に叩きつけて殺すような人間を司法が罰せられないなら、司法は要らない。たとえ上司が反対しても私は控訴する。司法を変えるため一緒に闘ってくれませんか」

意図的に「報復感情」を煽り、被害者遺族を「少年事件への死刑適用」という政治目的に利用する検察。そして、公正な審理を求める弁護人をバッシングするメディア。五月三〇日付『朝日』声欄には、こんな投書（四〇歳・女性）が掲載された。

《21人の大弁護団に問いたい。罪もない妻子を奪われ無念の遺族が無念を秘めて世論に訴える孤独な闘いを続ける一方で、プロの法曹が徒党を組んで詭弁を弄する。それが社会正義なのでしょうか》

差戻し審初公判から四日後の五月二九日には、日弁連に模造銃弾入りの脅迫状が届いた。脅迫状は「血命団」を名乗り、安田好弘・主任弁護人を名指して、「元少年を死刑に出来ぬのなら、元少年を助けようとする弁護士たちから処刑する」「裁判で裁けないなら、武力で裁く」などとテロを予告した。

「被害者感情」がメディアによって増幅され、それが弁護人攻撃となって、憲法で保障された「公正な裁判を受ける権利」を被告人から奪いかねない状況が生まれている。

冤罪・死刑、そして被害者同士が法廷で争わされる危険性

「あすの会」がモデルにしたドイツやフランスの被害者参加制度を、そのままでは導入できない重大な問題が、日本にはある。

第一に、日本が「先進国」で突出した冤罪大国であること。欧米のように冤罪を防ぐシステムがない。冤罪を誘発するさまざまな制度的欠陥を改善するよう国連から度重なる勧告を受けても、警察・検察は、一向に改めようとしない。密室での自白強要、代用監獄での長期勾留、否認すると接見を禁止し、保釈を認めない「人質司法」。

〇七年に入って相次ぎ発覚した「鹿児島・志布志事件」や「富山冤罪事件」などは、起こるべくして起きた冤罪だ。しかし、被害者・遺族は、被告人を「犯人」と信じて疑わない。メディアの犯人視報道で「被告人＝犯人」の予断を持ち、警察・検察に伝えられた事件像で「犯人の残虐性・凶悪さ」を信じた遺族は、法廷で被告人に怒りを向けてしまう。

それが「被告人に極刑を」の「論告・求刑」となるのは当然だろう。同じく報道で予断をもった「裁判員」が、遺族の怒りに影響されて判断する可能性はきわめて高い。

だが、「徳島ラジオ商事件」「ロス疑惑事件」のように、被害者・遺族が被告人席に座らされることもある。「松本サリン事件」で、もし河野義行さんが逮捕・起訴されていたら、法廷で被害者同士が対決させられたかもしれない。犯罪被害者が警察・検察が作る冤罪に加担させられ、権力犯罪の被害者を生む怖さを想像してほしい。

実際、現在福岡地裁小倉支部で一審審理中の「引野口事件」では、被害者男性の妹が「被告人席」に縛り付けられ、冤罪を訴えている。この事件・裁判を取材している今井恭平さんは、人権と報道・連絡会の〇七年一〇月定例会で、次のように話した。

《八月の第二八回公判で「被害者意見陳述」が行われ。被

害者の長男が、「父親を被告人に殺された」として、片岸さんに対する「憎しみ」や人格誹謗の文章を読み上げました。無罪を推定されている人に対して、公開の法廷で一方的に私的な制裁が行われ、弁護側はそれに異議申し立ても反対尋問も出来ない。立証内容を超えた「意見陳述」で受けた被告人の被害をどう回復するのか、これはリンチだと感じました》

第二の大きな問題として、日本には、欧州では廃止された死刑制度がある。「犯人に極刑を」と求める被害者の報復感情が、死刑判決に直結する。

地下鉄サリン事件被害者遺族・高橋シズヱさんは、〇六年八月二八日付『読売新聞』が掲載した《未執行死刑囚急増88人／「判決無視」批判も》という特集記事で、「被害者が加害者に報復したいという思いは、死刑でしか晴らすことができない」と語った。

死刑制度があるもとで、裁判員制度に被害者参加制度が組み込まれたらどうなるか。被害者・裁判員が「国家による殺人」の共犯者にさせられてしまう。そして、もし、その事件が冤罪だったら……。

被害者からも反対の声

法制審諮問以来、メディアはこの制度がはらむ問題点を指摘せず、「あすの会」の視点から肯定的に報じてきた。世論もそれに同調し、『読売』の世論調査（〇七年一月六日付）では、六八％が「制度に賛成」と答えた。だが、どれだけの人が、自分が冤罪に加担させられ、誤った死刑判決に関与させられる恐ろしさを自覚しているだろうか。

五月二九日の衆院法務委員会・参考人質疑で、「あすの会」の岡村代表は、法案の早期成立を求めた。一方、〇七年三月に発足した「被害者と司法を考える会」の片山徒有代表は、法務委員会で法案の見直しを求めた。ひき逃げ交通事故で息子を失った経験から、被害者支援・被害者の権利保障を求める活動だけでなく、「加害者」の立ち直り支援活動にも参加している片山さんは、人権と報道・連絡会の〇七年六月定例会で、次のように話した。

《被害者参加制度には、被害者としての経験上、見過ごせない問題があると思い、同じような心配をしている人たちと「被害者と司法を考える会」を立ち上げました。

被害者による論告・求刑は責任が重過ぎます。被告人を犯人と決めて論告・求刑し、万一間違った場合、被害者の自責はたいへんなことになります。裁判では、被害者が悲しみ・憎しみを被告人にぶつける場面が出てきます。しかし、冤罪の可能性もある。ほんとうに被告人が犯人かどうかわからないのに、その人を恨んでいいのか。

被害者にもいろいろあります。不起訴事件、未解決事件、被害届も出せないＤＶ（ドメスティック・バイオレンス）や性犯罪などでは声も聞いてもらえない被害者がいますが、そんな被害者への対応はありません。

被害者は公判前整理手続には参加できず、公判が始まるまで証拠は開示されません。証人尋問では、被害者が憶測で尋問したりする結果、地域社会で二次被害が起きる可能性があります。論告は被害者の訴えを聞いてくれる半面、逆恨みされる心配もあります。

争いがない場合、裁判は一～二回で結審することもありますが、その場合、被害者は事実関係がよく飲み込めないまま、意見を述べなければならなくなる。そうして「重い刑を望みます」と言うことになります。そんなケースでは、加害者が被害者に謝る機会がありません。加害者との謝罪のやりとりがないまま対立が深まり、恨みや憎しみが深まって求刑が重くなる。そうして出た判決にも、被害者は満足できなくなるでしょう。

被害者も、死刑を求めている人ばかりではありません。どうして命が奪われなければならなかったのか。その理由を知り、加害者が謝ってくれることを期待しているのです。しかし、被害者は「死刑を望む」と、応報感情を法廷で出すことを求められかねません。

今回の法案は、そういう被害者の不安や思いを満たしてくれるものにはなっていません。

刑事裁判の目的は何か、もう一度きちんと議論されるべきです。刑罰を矯正、生き直すプロセスとして考える。再犯しないために裁判が果たす役割がある。犯罪から回復できない人間にするのでは元も子もない。そのためにも事実認定を徹底してほしいし、量刑も議論して詰めてほしい。メディアはそうした過程を事実に則して報道してほしいのです》

被害者にも、さまざまな思いがある。それを自民党・政府・法務省が「重罰化」の方向でのみ利用しようとしているのが、「被害者参加制度」だ。

メディアがジャーナリズムであるために——あとがきに代えて

はじめに

「人権と報道・連絡会」（一九八五年発足）に参加し、報道被害者支援、メディア批判の活動に携わって二〇年余になる。

一九七三年に読売新聞社に入った当時、私はメディアが「書かれる側の人権」を侵す加害者だとは思ってもみなかった。

新聞に「商業紙」の限界があることは理解していた。だが、自分さえ「ジャーナリストの志」を失わなければ、その限界を越え、「人の役に立つ仕事」ができると思った。六〇年代半ば、「ベトナム戦争」報道は、高校生の私に戦争・政治・社会・歴史に目を向けるきっかけをもたらした。私は、戦争・差別・人権などの問題に取り組もうと、意気込んで記者の仕事に就いた。

入社後、地方支局で「警察回り」を担当し、愕然とした。事件報道は、被疑者＝犯人と断定し、そのプライバシーを暴き、裁判もなしに「社会的死刑」を宣告することだった。新聞は人権を守るどころか、日々人権侵害を繰り返している。記者である自分はまぎれもなく、加害者の一員であることを思い知った。

新聞記者＝ジャーナリストであるためには、新聞の「加害性」を問い、闘って、報道の加害システムを変えなければならない。そんな思いで悪戦苦闘を続け、報道被害者や同じ思いの記者たちと出会った。そうして取り組み始めたのが、自分の属する新聞社も「闘いの相手」となる人権と報道・連絡会の活動だった。

その体験を踏まえ、日本のメディアの人権侵害の実態と構造、それをどう克服するかを「記者の問題」として考えてみたい。

メディア企業の二面性

新聞記者の大半は、「ジャーナリストの志」を抱いて職に就く。批判精神を研ぎ澄まして社会を見、矛盾の根源を追い、探り当てた事実を伝え、少しでも世の中を暮らしやすく変えていきたいと。その批判的眼差しは、何よりも「権力」に向かう。

そんな「志」を持つはずの記者たちが作る新聞・テレビの報道が、現代日本では「権力の広報」化している。広報どころか、「戦争する国」作りへの地均しの役割さえ果たしている。二〇〇一年「九・一一」事件後のアフガン・イラク侵略戦争と自衛隊海外派遣、〇二年「九・一七」日朝首脳会談後の「拉致」「北の脅威」にかこつけた有事法制、そして憲法改悪・教育基本法改悪の濁流。どれも、メディアの加担なしに語れない。

なぜ、こんなことになっているのか。私は、メディアが根源的にはらむ二面性に目を向ける必要があると思う。

メディアは、言うまでもなく「ジャーナリズム」の器として存在する。批判精神に支えられた「民衆の視点」からの報道と論評。その最大の課題が権力監視であり、それを実現するのが個々のジャーナリストの活動だ。市民の「知る権利」に応える時、メディアは民主主義社会の不可欠な担い手となる。

新聞・テレビなどが「報道の自由」を主張し、取材・報道上のさまざまな便宜・特権を保障され、市民がそれを認めているのも、こうしたジャーナリズムとしての「公共性」による。

もう一つの側面は「企業」としての存在。商品である「報道」が売れなければ存続できない。部数・視聴率を争う激烈な競争。そこに「商品を売るため」という「企業の論理」が働く。

一人でも多く読者・視聴者を得ようと「受け入れやすい価値観」で報道する。時々の社会の支配的価値観に従い、多数派の感情に迎合する。そこに報道の差別性が生じる。社会にはびこる差別・偏見を容認し、助長・拡大する。典型的なのが、報道による性差別や「非・異性愛者」差別だ。在日朝鮮人、被差別部落、ハンセン病・精神疾患・エイズ患者……。マイノリティに関する報道の歴史は、メディアによる差別の歴史でもある。

ナショナリズム・排外主義が高まったとき、それに便乗し、「被害者意識・優越意識」を煽るのも同じ論理による。戦前、日本の新聞は、戦争のたびに戦意高揚・戦争賛美報道で部数を伸ばしてきた。日露戦争では『大阪朝日』が主戦論の急先鋒となり、部数を倍増、非戦論を唱えた『万朝報』は孤立し、やがて開戦論に転じた。「満州事変」では、『読売』が前後一〇年間で部数を七倍に増やした。

「報道商品」を売る企業の論理は、ニュースの面白さを競い、センセーショナリズムに走る。事件報道は、事件をわかりやすい勧善懲悪で報道商品化する。被害者の無念・遺族の悲しみを強調し、被疑者＝犯人として残虐性・凶悪性を誇張・断罪する。報道被害、冤罪加担の構造的原因はここにある。

取材・報道を、経費をかけず効率良くこなすには、手間のかかる調査報道より、権力情報が安上がりで手っ取り早い。記者クラブに流された情報を「公的機関情報＝中立・客観情報」にすりかえて垂れ流す。それが権力の情報操作を容易にする。

メディアが権力の広報機関化していく要因は、「企業の論理」にある。編集・経営幹部となった記者の多くが「企業の論理」になし崩しに屈服し、ジャーナリスト精神を失ってきた。

新聞記者がジャーナリストであるためには、常に「企業の論理」と格闘し続けなければならない。だが、その自覚と闘いは、これまであまりにも不十分だったと言わざるをえない。天皇報道と事件報道が、それを端的に示す。敗戦で「報道の自由」を手にしたメディアが、戦後も「菊のタブー」に脅え、侵略と差別の温床＝天皇制の最大の支柱となっている。その一方、事件報道では冤罪に加担し、延々と人権侵害を繰り返してきた。

新聞社に入ってまもなく、こんな言葉が頭に浮かんだ。

――「ペンは人の上に人を作り、人の下に人を作る」

不安を煽り、権力を肥大させるメディア

とはいえ、戦後メディアが、主に個々の優れた記者の努力により、ジャーナリズム本来の役割を果たしてきた

事実は記憶されるべきだ。敗戦後の破防法反対キャンペーン、『読売』のビキニ水爆実験被災スクープ、ベトナム戦争報道、ロッキード疑獄、リクルート疑惑報道……。そうした報道が読者・視聴者の反響を呼び、「企業の論理」を抑えた幸福な時期もあった。

だが、九〇年代半ば以降、メディアは急速にジャーナリズム機能を失い、企業の論理に全面支配されていった。九〇年代前半、日本軍「慰安婦」制度の被害者などが日本の侵略戦争の責任を問い、それに呼応する内外の動きが起き始めた。それに対するねじれた被害者意識から、バブル崩壊後の不況・社会不安を逆手に取った排外的ナショナリズムが急速に広がった。その中でメディアが煽った不安を権力が回収し、抑圧を強化した。

その最初の表れが、九五年のオウム報道だ。「オウムは怖い」から「オウムに対しては何をしてもいい」へ。警察による微罪・別件逮捕、人権侵害の容認、住民票不受理・就学拒否、地域ぐるみのオウム排斥運動。それは「九九年国会」で盗聴法、団体規制法に「結実」した。この国会は、改定住民基本台帳法、国旗・国歌法、周辺事態法を次々と成立させた。

「オウム」報道が煽った「わからなさへの不安」は、少年事件、精神疾患患者の事件でも、センセーショナルな報道によって被害・制裁感情を高め、権力の抑圧装置を強化させた。

九七年の「神戸・児童殺傷事件」、九八年に相次いだナイフ事件での「キレル少年」報道、二〇〇〇年「西鉄バスジャック」「岡山バット殺人」など「一七歳の闇」報道。少年事件報道は統計の事実に反して「少年事件の激増・凶悪化・低年齢化」を印象づけ、二〇〇〇年の少年法「改正」(刑事罰適用年齢引き下げ・重罰化)を容易にした。〇三年「長崎・男児殺害事件」、〇四年「佐世保・同級生刺殺事件」後には、再「改正」法案が上程され、可決された。

少年事件報道は、「ひきこもり」「パラサイトシングル」「ニート」など、メディアが報道商品化した「わからない子ども・若者」論とセットで「大人の不安」を増幅し、教育基本法「改正」にも利用される。教基法「改正」案上程を論じた〇六年四月二九日付『読売』社説は、《「公共の精神」「伝統」の尊重や、「我が国と郷土を愛する……態度」との表現で愛国心を養うことを盛り込んだ》と評価し、《犯罪の低年齢化や自己中心的な子どもの増大、

「ニート」に象徴される若者の職業観の乱れも深刻だ》と述べた。

九九年「全日空機ハイジャック事件」、二〇〇〇年「新潟女性監禁事件」で展開された、精神疾患患者に対する「野放し」報道は〇一年六月の「池田小事件」でピークに達した。

事件と精神疾患を短絡させ、不安を煽って「精神障害者の犯罪対策」を求める新聞・テレビの報道。《野放しだった「狂暴男」を「人権のカベ」で無罪放免するのか》(『週刊新潮』)などと、露骨な差別記事で偏見をばらまく週刊誌。それらで形成された「不安」世論を背景に、政府は〇三年、「心神喪失者等医療観察法」という名の「予防拘禁・強制収容法」を成立させた。

メディアが不安を煽り、権力がそれを利用・回収するシステムは、「小泉劇場」政権下でフル回転した。〇一年「九・一一」事件の衝撃的な報道、〇二年「九・一七」日朝首脳会談後の「拉致一色」報道は、「戦争する国」作りへの突破口を一気に開いた。

被害をセンセーショナルに伝えるだけで、「自爆攻撃」や拉致事件が起きた背景・歴史を問わず、「テロの恐怖」「北の脅威」を煽動する報道。それは、「テロとの戦い」を僭称したアフガン・イラク侵略への日本政府の加担、自衛隊の戦地派兵、「有事法制」を容認する世論を作り出す一方、在日朝鮮人・外国人への差別・攻撃、排外主義ナショナリズムを社会に浸透・蔓延させた。

その総仕上げ、憲法を「権力を縛るもの」から「人民を縛るもの」に変えようとする改憲＝壊憲が今、現実化しつつある。

企業の論理で自壊するメディア

五年余に及ぶ「小泉ネオリベ政治」は、「規制緩和」「民営化」の名で政治・行政の公共的使命を次々放棄し、グローバル巨大資本がほしいままに動ける弱肉強食社会を現出させた。それに障害となるもの、抵抗する者は容赦なく排除する法体系も着々と整えた。「小さな政府」と裏腹の「大きな権力」の誕生。

高齢者・病者など社会的「弱者」は切り捨てられ、マイノリティは排除される。中高年労働者はリストラされ、女性・低学歴の若年労働者は「非正規雇用」で使い捨てられる。長時間・不規則労働による過労死、ストレスによる心疾患、毎年三万人を超え続ける自殺……。「勝ち組」は最初から勝ち続け、「負け組」はひたすら負け続ける不平等・格差社会。鬱屈した「日本版プアー・ホワイト」の憤懣は、「反中国・嫌韓・ナショナリズム」に誘導され、「ネット右翼」に閉塞させられている。

こんな社会の現実を批判的に伝え、その構造まで掘り下げて報じる。それが、ジャーナリズムの役割だ。今まさにジャーナリズムが最も必要な時に、「企業の論理」に支配された大手メディアは、自身も弱肉強食の生き残り競争に明け暮れている。

新聞労連の美浦克教委員長(〇六年当時)は、「今、新聞経営者が考えているのは、第一に会社の生き残り。それも新聞の生き残りではない。ジャーナリズムとしての意識が極めて希薄な企業第一主義だ」と言った。この一〇年間に、新聞社の制作・印刷・発送部門は別会社化で人員が三分の一近くに減った。編集部門も整理などの分野に派遣労働者導入が進み、職場の待遇・賃金格差が広がっている。記者たちは新聞制作の電算化、パソコン・デジカメ・携帯電話導入で、仕事の密度・量ともに負担が増えた。紙面が増えても人員増はなく、ネット配信で「取材・即出稿」の二四時間速報が要求され、記者は常に原稿に追われるようになった。

新聞労連によると、在職死亡者は年間四〇人のペースが続き、三〇~四〇代の過労死が激増。休業者も一〇〇人を超え、その過半数が精神疾患と、メンタルヘルス問題が深刻化している。

労務管理面での「合理化」も進み、成果主義型の人事・賃金体系に移行。「何が記者の仕事の成果か」が議論されないまま、「質より量」で評価され、時間・手間のかかる調査報道より、安易な「発表もの」に頼る傾向がいっそう強まっている。

こうした中で〇五年夏から秋にかけ、「勝ち組」と見られてきた若い記者たちによる「事件・不祥事」が相次いで起きた。

八月、『朝日』長野総局記者の総選挙に絡む「虚偽メモ」作成、一〇月、『産経』写真記者の「月とコウノトリ」

合成写真、一一月、『埼玉新聞』記者の「体育祭記事」捏造、NHK大津放送局記者の「放火未遂容疑」逮捕。各社は会見などで「チェック体制の甘さ」は認めたものの、主な原因は「記者の個人的問題」とし、記者を処分した。だが、現場記者たちはこれを「メディア・会社の構造的問題」ととらえ、危機感を募らせた。

ジャーナリストであるための闘い

新聞労連のジャーナリスト・トレーニングセンター（JTC）は〇六年四月、「記者の働き方を考える」をテーマに第二一回記者研修会を開き、一連の若手記者の「事件」について議論した。

『朝日』記者は当日、塩尻―長野間を往復取材した後、泊まり勤務につき、校閲作業に携わった。『朝日』は九六年から校閲部門を縮小し、地方総局が出稿した記事は総局記者が校閲している。虚偽メモはその作業中、総局長の指示で作成された。『埼玉』記者の虚報も過重労働が生んだものだ。他紙との競争で増えた地域面を埋めるため、行政から提供された資料と前年の写真で記事を作り、中止された体育祭を確認せずに出稿したという。選挙の連載企画を準備中の「片手間」仕事だった。

「結果を出す」ことや上司の評価というプレッシャーも記者たちを追いつめている。『産経』記者は、「五日間も出張に出かけたが、良い写真が撮れなかった」と説明。『朝日』記者も「総局長に対して取り繕う気持ちがあった」と告白した。NHK記者は県警を担当。事件取材で先輩記者に注意される場面を他紙記者に目撃され、前年秋ごろから職場の悩みを周囲にもらし、不眠を訴えて薬を常用していたという。

これらの「事件・不祥事」について、JTC研修に参加した二二社の記者の多くが、「自分の社でも、同じようなことがいつ起きてもおかしくない」と会社・仕事の実情を訴えた。

『朝日』労組の久村俊介委員長は、「問題が起きた後、組合でアンケート調査した。記者はみんな初心を忘れず、やりたい仕事を持っている。それを許さない職場状況がある」と話した。

『埼玉』労組の吉田俊一委員長は、「提供資料だけで記事を書くことを問題とは思わない状況、何が読者に必要なニュースか、そういうことを職場で議論しにくい状況がある」と話した。

会社の「合理化」攻勢と闘っている『下野新聞』労組の三浦一久副委員長は「息苦しい職場で作られた新聞は、紙面も息苦しい。記者は何よりも一人のジャーナリストとして目の前で起きている問題、矛盾、不正義に声を上げなければ」と訴えた。

私も、そう思う。ジャーナリストとは、だれより矛盾を直視し、不正義と「闘う人」でなければならない。時代・状況が悪化すればするほど、ジャーナリストの責任は重くなる。しかし、それは大きな「やりがい」を感じさせてくれることでもある。

ベトナム戦争報道に代表されるジャーナリズムが生きていた時代も、報道の出発点は記者一人一人の志にあった。ジャーナリストであることが困難な現在も、そこから出発するしかない。

モデルは、最近の報道にもある。『テレビ朝日』『北海道新聞』『高知新聞』『愛媛新聞』などが取り組んだ「警察裏金」報道、『沖縄タイムス』『琉球新報』の基地問題・米軍再編報道、『北海道新聞』往住嘉文記者の「沖縄密約・吉野証言」スクープ、『信濃毎日新聞』畑谷史代記者の「差別とハンセン病」を問う長編ルポ《柊の垣根》……。

畑谷記者はJTC研修に参加した若い記者に、こう話した。

「私は入社した時の作文に、被差別者の声を届けたいと書いた。五〜六年たつと、忙しくて書くべきことが書けないと自分に言い訳するようになった。ハンセン病取材に関わり、差別を容認してきた私たちの罪を裁かなければいけないと思った。休業してでも取材したいと会社に申し出、専従取材を認められた。連載が進むにつれ、読者の反響が高まった。もっと読者を信じていいんだと思った。記者って何なのか、このままでいいのか、常に原点を問い返していかなければいけないと思う」

『道新』の裏金報道も読者の強い支持を得た。民衆の視点に立った優れた報道には、読者・視聴者の支持が得られる。一人一人の記者が「ジャーナリストの志」を持ち、「企業の論理」と闘う。それ以外に、メディアがジャーナリズムである道はない。闘わない記者はジャーナリストたりえない。

私が本書で繰り返し述べてきた〈壊憲〉が現実のものとなれば、「戦争する国」にとってジャマな存在でしかないジャーナリズムは、息の根を止められるだろう。

〈壊憲〉につながるあらゆる動きを取材し、伝え、警鐘を鳴らすこと――それが現代日本でジャーナリストであろうとする者の最も大きな使命だと思う。

（季刊「前夜」第八号〔二〇〇六年夏〕を改訂）

山口正紀

二〇〇八年七月

＊プロフィール
山口正紀
やまぐち・まさのり

「人権と報道・連絡会」世話人、ジャーナリスト。
1949年、大阪府生まれ。
1973年、読売新聞入社。
宇都宮支局、甲府支局、東京本社地方部、婦人部・生活情報部、
情報調査部、データベース部などを経て、2003年12月末退社。
以後、フリージャーナリストとして活動。

＊主な著作・共編著書
『資料集　人権と犯罪報道』(86年・日本評論社)、『情報の銃弾——検証「ロス疑惑」報道』(89年・日本評論社)、

『天皇とマスコミ報道』(89年・三一書房)、『男性改造講座——男たちの明日へ』(93年・ドメス出版)、

『匿名報道——メディア責任制度の確立を』(93年・学陽書房)、『報道の人権侵害と闘う本』(95年・三一書房)、

『無責任なマスメディア——権力介入の危機と報道被害』(96年・現代人文社)、

『テキストブック　現代の人権』(97年第二版、04年第三版・日本評論社)、

『〈男らしさ〉と〈男性問題〉——揺らぎ、動き始めた男たち』(98年・広島県女性会議)、

『ニュースの虚構　メディアの真実——現場で考えた'90〜'99報道検証』(99年・現代人文社)、

『人権読本』(01年・岩波書店)、『検証・「拉致帰国者」マスコミ報道』(03年・社会評論社)、

『メディアが市民の敵になる——さようなら読売新聞』(04年・現代人文社)、

『日本警察と裏金——底なしの腐敗』(05年・講談社)、『いま問い直す「自己責任論」』(05年・新曜社)など。

＊＊

壊憲《かいけん》 翼賛報道《よくさんほうどう》　04〜07年《ねん》メディア検証《けんしょう》

2008年8月23日　第1版第1刷

著　者：山口正紀
発行人：成澤壽信
編集人：木村暢恵
発行所：株式会社 現代人文社
〒160-0004東京都新宿区四谷2-10八ツ橋ビル7階
TEL：03-5379-0307(代表)　FAX：03-5379-5388
E-mail：henshu@genjin.jp(代表)　hanbai@genjin.jp(販売)
URL：http://www.genjin.jp
振替：00130-3-52366
装　幀：清水良洋(Malpu Design)
発売所：株式会社 大学図書
印刷所：株式会社 シナノ

検印省略　Printed in Japan
ISBN978-4-87798-385-7 C0036